Hans-Jürgen Pitsch

Zur Entwicklung von Tätigkeit und Handeln Geistigbehinderter

Lehren und Lernen mit behinderten Menschen

Band 5

Hans-Jürgen Pitsch

Zur Entwicklung von Tätigkeit und Handeln Geistigbehinderter

ATHENA

Die Deutsche Bibliothek - CIP-Einheitsaufnahme

Pitsch, Hans-Jürgen:
Zur Entwicklung von Tätigkeit und Handeln Geistigbehinderter /
Hans-Jürgen Pitsch. - 1. Aufl. - Oberhausen : Athena, 2002
(Lehren und Lernen mit behinderten Menschen ; Bd. 5)
ISBN 3-89896-136-2

1. Auflage 2002

Mellinghofer Straße 126, 46047 Oberhausen
www.athena-verlag.de

Druck und Bindung: Difo-Druck, Bamberg
Gedruckt auf alterungsbeständigem Papier (säurefrei)
Printed in Germany
ISBN 3-89896-136-2

Inhaltsverzeichnis

Vorwort

Die Beschäftigung mit dem Handeln und mit Möglichkeiten zur Förderung der Handlungsfähigkeit Geistigbehinderter[1] hat über das im Athena-Verlag Oberhausen erschienene Buch »Zur Didaktik und Methodik des Unterrichts mit Geistigbehinderten« (1998; 2. Aufl. 1999) hinaus zu einem 800 Seiten umfassenden Manuskript geführt. In dieser umfangreichen Studie wird der Rahmen der Erörterungen so weit gespannt, daß sich die Veröffentlichung in einem einzigen Band zum einen des Umfangs wegen verbietet, zum anderen der unterschiedlichen thematischen Schwerpunkte wegen nicht empfiehlt. Beide Gründe führen zu einer Aufteilung in drei separate Bände:

Band 1 »Zur Theorie und Didaktik des Handelns Geistigbehinderter« umfaßt neben einer Einleitung mit einer Übersicht über die drei Bände folgende Kapitel:

- Kap. 1: Problemaufriß und Theorien
- Kap. 2: Handlungstheorien
- Kap. 3: Pädagogisch relevante Aspekte des Handelns
- Kap. 4: Entwicklungslogische Didaktik und Methodik
- Kap. 5: Methoden, Verfahren, Konzepte
- Kap. 6: Erste Ergebnisse: Beantwortete Fragen

Band 2 »Zur Entwicklung von Tätigkeit und Handeln Geistigbehinderter« umfaßt neben der Übersicht über die drei Bände:

- Kap. 1: Grundorientierungen (zusammengefaßt aus den Kapiteln 1 bis 5 des ersten Bandes)

---

[1] In vorliegender Studie wird hinsichtlich der sprachlichen Fassung geistiger Behinderung von der Bezeichnung »Schule für Geistigbehinderte« in § 4, Abs. 4, Ziff. 3 des Schulordnungsgesetzes des Saarlandes (SchOG) vom 21. August 1996 ausgegangen, in welchem durchgängig nach dem Bezeichnungsteil »Schule für...« die jeweils gemeinte Schülergruppe in Form des einfachen (z. B. Blinde) bzw. des zusammengesetzten Substantivs (z. B. Sprachbehinderte) benannt wird. Eine Ausnahme bildet lediglich die »Schule für Erziehungshilfe« in § 4, Abs. 4, Ziff. 2 des SchOG des Saarlandes, für welche nicht die gemeinte Schülerpopulation, sondern ein pädagogischer Auftrag benannt wird. Solche pädagogischen Aufträge als Schulbezeichnung sind inzwischen in einigen Bundesländern eingeführt worden (z. B. Schule für individuelle Lebenshilfe, Schule mit dem Förderschwerpunkt ganzheitliche Entwicklung), nicht jedoch im Bundesland des Verfassers. Mit dieser schulrechtlichen Bezeichnung der Schulform »Schule für Geistigbehinderte« ist verbunden, daß die sie besuchenden Schüler(innen) »Geistigbehinderte« genannt werden und nicht »geistig Behinderte«, wie es internationalem Sprachgebrauch entspricht, oder – dem Vorschlag der Bundesvereinigung Lebenshilfe folgend – »Schüler(innen) mit geistiger Behinderung«. Für die adjektivische Form gilt entsprechend die Zusammenschreibung »geistigbehindert«, die im übrigen auch in der Fachliteratur für die Bezeichnung aller anderen schulorganisatorisch faßbaren Behinderungen weiterhin benutzt wird (körperbehindert, lernbehindert, sehbehindert usw.).
Auch wenn es gute Argumente für andere Bezeichnungen und andere Schreibweisen gibt (neben Verfremdwörterungen wie »mental beeinträchtigt« etwa bei Bach 2001), und auch wenn ein Rest Unzufriedenheit zurückbleibt, so sind die hier benutzten Bezeichnungen – wenigstens im Bundesland des Verfassers – juristisch bestandsfest.

Kap. 2: Ausgangspunkte
Kap. 3: Grundlagen der Entwicklung der kindlichen Tätigkeit
Kap. 4: Entwicklung einer basalen Handlungsfähigkeit
Kap. 5: Lernen, die Hände zu gebrauchen
Kap. 6: Lernen, die Dinge zu gebrauchen
Kap. 7: Die Aneignung von Rollen und Regeln
Kap. 8: Schulisches Lernen
Kap. 9: Synopse und Kritik

Band 3 »Zur Methodik der Förderung der Handlungsfähigkeit Geistigbehinderter« umfaßt neben der Übersicht über die drei Bände:

Kap. 1: Einführung (Zusammenfassung der Ergebnisse der Bände 1 und 2)
Kap. 2: Aufbau einer grundlegenden Handlungsorientierung
Kap. 3: Basales Handelnlernen
Kap. 4: Lernen, die Dinge zu gebrauchen
Kap. 5: Auf dem Weg zum selbständigen Handeln
Kap. 6: Ergebnisse: Fragen und Antworten
Anhang: Tabellen

Es war nicht zu vermeiden, daß sich kleinere Teile des ursprünglichen Textes in den separaten Veröffentlichungen wiederholen. Der Verzicht auf diese Wiederholungen hätte den Textzusammenhang zerstört und den Leser gezwungen, in zwei oder gar drei Büchern parallel zu lesen, wodurch auch – unter Umständen unerwünschte – Kosten entstehen würden.

Seit der Arbeit an dem Band »Zur Didaktik und Methodik des Unterrichts mit Geistigbehinderten« konnten die Bemühungen um das Problem der Handlungsfähigkeit Geistigbehinderter und ihrer Förderung in drei Richtungen weitergeführt werden:

- in der theoretischen Grundlegung, der Auseinandersetzung mit pädagogischen, philosophischen, soziologischen, psychologischen und insbesondere arbeitspsychologischen Handlungstheorien, die sich in den ersten drei Kapiteln des Bandes 1 »Zur Theorie und Didaktik des Handelns Geistigbehinderter« niederschlägt wie auch in der dort vorfindlichen theoretischen Beschäftigung mit Methoden, Verfahren und Konzepten;
- im Versuch einer Beschreibung der Entwicklung kindlichen Handelns unter besonderer Berücksichtigung auch der motorischen Entwicklung, dessen Ergebnisse den Inhalt von Band 2 »Zur Entwicklung von Tätigkeit und Handeln Geistigbehinderter« bilden;
- in der Vertiefung und Ausweitung der Beschäftigung mit Formen des Unterrichts mit Geistigbehinderten, die insbesondere durch kritische Anmerkungen von Erhard Fischer in seiner Rezension meiner »Didaktik und Methodik« in der Zeitschrift für Heilpädagogik (Heft 12/1999) angestoßen wurde. Diesen Impuls

zur Befassung mit Formen des Offenen Unterrichts habe ich gerne aufgenommen und gemeinsam mit meinen Student(inn)en im Seminar »Psychopédagogie des apprentissages cognitifs chez l'enfant affecté d'un handicap mental« am Institut d'Etudes Educatives et Sociales in Fentange-Livange (Großherzogtum Luxemburg) weiter verfolgt, wie auch die Beschäftigung mit Stellenwert, Formen und Funktionen des Spielens, Bauens und Konstruierens. Die Ergebnisse dieser Bemühungen finden sich in Band 3 »Zur Methodik der Förderung der Handlungsfähigkeit Geistigbehinderter«, in welchem auch der Versuch unternommen wird, geistigbehindertenspezifische Verfahren hinsichtlich ihrer Austauschbarkeit, Effektivität und Effizienz zu beurteilen und Abfolgelinien zu skizzieren, die dem/der Erzieher(in) oder dem/der Lehrer(in) Geistigbehinderter eine Orientierungshilfe anbieten können.

Dank ist den luxemburger Student(inn)en zu sagen, die zu einzelnen Aspekten dieser Ausweitungen weitere Anregungen beigetragen haben; Dank ist zu sagen den Professoren Dr. Heinz Mühl (Universität Oldenburg) und Dr. Peter Rödler (Universität Koblenz-Landau) für die Mühe des aufmerksamen Lesens wie für kritische Rückfragen, dem Verleger Rolf Duscha für das Wagnis der Publikation, der Bundesvereinigung Lebenshilfe für Menschen mit geistiger Behinderung e. V. für ihre Bereitschaft zur Kooperation, und ganz besonders Frau Corinna Amann, die mit unendlicher Geduld über Jahre hinweg die ständig veränderten Texte geschrieben, Tabellen gesetzt und vor allem die Abbildungen im PC angefertigt hat.

Fentange-Livange (Lux.) und Dillingen (Saar) Hans-Jürgen Pitsch

1 Grundorientierungen

1.1 Die pädagogische Praxis

Bereits 1925 beklagte August Messer, daß »die überreiche Fülle der modernen pädagogischen Literatur und das Chaos der oft sich widerstreitenden pädagogischen Bestrebungen [...] auch für den Fachmann kaum noch zu übersehen« (MESSER 1931, 7) seien. Was damals galt, gilt zu Beginn des 21. Jahrhunderts um so mehr, auch in pädagogischen Teilbereichen. In der gegenwärtigen pädagogischen Praxis herrscht auch bei den Lehrer(inne)n und Erzieher(inne)n geistigbehinderter Kinder und Jugendlicher erhebliche Desorientierung. Der Markt der Fachliteratur, Fachzeitschriften, Fortbildungsangebote ist überfüllt mit den unterschiedlichsten Methoden, Verfahren, Konzepten, Materialien, die häufig als alleine hilfreich und nützlich und oft in guruhafter Weise angeboten werden. Viele hauptamtliche Mitarbeiter(innen), aber auch viele Eltern behinderter Kinder fallen solcher Werbung zum Opfer[1] und fordern »das« umfassend taugliche Verfahren zum Einsatz ein, häufig auch noch festgeschrieben im Stundenplan. Skeptische Kolleg(inn)en dagegen lehnen – oft vorschnell und zu unrecht – neue Konzepte ab, und eine dritte Gruppe schließlich nimmt die Vielfalt der Konzeptangebote nur noch irritiert zur Kenntnis. Schließlich retten sich diese Kolleg(inn)en aus ihrem Orientierungsdilemma, indem sie genau so unterrichten, wie sie es früher einmal gelernt hatten, aus Überforderung blind geworden für alles Abweichende und Neue und konservativ geworden bis in die Knochen.

Diese Entwicklung ist sicher auch begünstigt worden durch die zunehmende Aufnahme schwerst und mehrfach behinderter Schüler(innen)[2] und die dadurch be-

---

[1] Über marktschreierische Angebote wie über unkritische Erwartungen von Lehrer(inne)n wie Kultusbürokratie neuen »Konzepten« oder »Methoden« gegenüber amüsiert sich der Kommentator Henry Gelhausen im luxemburger »tageblatt« vom 23. Februar 2000 anläßlich einer Fortbildungsveranstaltung »Kinesiologie« für Lehrer: »Wir finden hier [bei den Lehrern; H.J.P.] eine ähnliche Mystik, Irrationalität, Naivität und Beeinflußbarkeit. In ihrem aufrechten Bemühen, neue Methoden der Pädagogik zu finden, fallen die Lehrer [...] auf Scharlatane herein, die dazu noch vom Ministerium bezahlt werden, das sich oft als nicht weniger naiv erweist« (GELHAUSEN 2000, 14). Und weiter: »Manche pädagogischen Experten benehmen sich wie pseudoreligiöse Sekten. Sie haben Erfolg, wenn sie extravagante Begriffe einführen. Der pädagogische Jargon, wie der theologische, wirkt verführerisch auf unkritische Gemüter« (GELHAUSEN a.a.O.). Gelhausens Kritik gilt weit über Luxemburg hinaus.
Zur wissenschaftlichen Kritik am Konzept »Kinesiologie« vgl. Breitenbach (1999, 195-203).

[2] Der Begriff »schwerstbehindert« ist umstritten, da von einer »nur« schweren Behinderung kaum abzugrenzen, und wird zumindest von der Bundesvereinigung Lebenshilfe abgelehnt. In der Alltagspraxis wird er dennoch benutzt, im wesentlichen, um Schüler(innen) zu benennen, mit denen kaum eine oder gar keine verbalsprachliche Kommunikation möglich ist. In etwa trifft der Begriff Thalhammers Gruppe der »ausdrucksfähigen« Geistigbehinderten. Diese gelten nach § 13 (1) des Saarländischen Schulpflichtgesetzes vom 21. August 1996 (!) als »nicht förderungsfähig« durch eine Schule für Behinderte oder durch sonstigen Sonderunterricht, wenn sie »nicht über die Sprache Verbindung aufnehmen können« und wenn von ihnen »anzunehmen ist, daß sie durch eine schulische, sonderpädagogische Betreuung nicht zu sinnvoller Tätigkeit und ausreichender sozia-

dingte zusätzliche und erhebliche Erweiterung des Verfahrensrepertoires in Schulen für Geistigbehinderte. Wie die Methodik der Schule für Lernbehinderte ist traditionell auch diejenige der Schule für Geistigbehinderte gekennzeichnet durch eine Zwiespältigkeit, die sich bewegt zwischen der Berücksichtigung der besonderen Eigenarten ihrer Schüler(innen) und der Angleichung an die traditionellen Verfahren der Normalschulen. Wocken beschreibt als Theoreme der klassischen Hilfs- (= Lernbehinderten-)schulmethodik:

»1. Wesen und Eigenart der Hilfsschüler sind die ausschließliche Grundlage hilfsschulgemäßer Unterrichtsmethoden.
2. Hilfsschulmethodik ist eine graduelle Modifikation der Volksschulmethodik.
3. Hilfsschulmethodik ist eine abnehmende Größe« (WOCKEN 1978, 470).

Für die Schule für Geistigbehinderte müssen wir heute im Gegensatz zu der Meinung Wockens die *Spezifizierung der Methoden als zunehmende Größe* feststellen. Die zunehmende schulische Betreuung schwerst- und schwerstmehrfachbehinderter Schüler(innen) hat die Grenzen der Tragfähigkeit der in den Gründerjahren der Schule für Geistigbehinderte eingesetzten Methoden längst gesprengt. Die Schule für Geistigbehinderte arbeitet heute mit Verfahren der aktivierenden Pflege und der Förderpflege, die aus medizinischen Tätigkeitsbereichen übernommen sind, mit körperorientierten und körperzentrierten Verfahren, die zunächst als psychologische Interventionsverfahren entwickelt worden sind, mit verhaltenstherapeutischen Techniken, deren Ursprung ebenfalls klinisch ist, bis hin zu Unterrichtsverfahren, die kaum noch Unterschiede zur Regulärmethodik erkennen lassen. Die Bandbreite des methodischen Instrumentariums der Schule für Geistigbehinderte hat also erheblich zugenommen und ist kaum noch überschaubar. Eine geschlossene Systematik dieser Methoden ist kaum zu erkennen, wenn überhaupt, dann in dem Kontinuum zwischen vollständiger körperlicher Abhängigkeit des Schülers auf dem einen Pol und weitmöglicher individueller Selbständigkeit auf dem anderen Pol oder von der körperlich-somatischen Kommunikation zur symbolischen Kommunikation auf verbal- und schriftsprachlicher Ebene. In dieser Orientierungslosigkeit eine Orien-

---

ler Anpassung geführt werden können« (SAARLAND 1996b, 864). Folgen wir diesem Rechtsverständnis, können viele der Schüler(innen) der Schule für Geistigbehinderte als »schwerst«-behindert gelten.

Klauß und Lamers verweisen auf Studien, die »den hohen, möglicherweise steigenden Anteil von Schülerinnen und Schülern mit schweren und häufig auch mehrfachen Behinderungen« (KLAUß, LAMERS 2000, 287) in der Schule für Geistigbehinderte belegen, ohne jedoch deren relativen Anteil anzugeben. Dieser läßt sich aus dem vom Autorenteam Mülheim a. d. Ruhr vorgestellten Klassenbeispiel abschätzen: Von zwölf Schüler(inne)n erscheinen drei als in den persönlichen Verrichtungen (Hygiene, Nahrungsaufnahme) voll von fremder Hilfe abhängig (25%), zwei weitere fordern »starke Zuwendung« (AUTORENTEAM MÜLHEIM 1999, 2), Zahlen, welche sich mit der von Duscha (1998) für Nordrhein-Westfalen mitgeteilten Schätzung von 30 bis 40% schwerstbehinderter Schüler(innen) in Schulen für Geistigbehinderte gut decken. Auch hält das Mülheimer Autorenteam diesen Anteil eher für »den Regelfall an Heterogenität« (AUTORENTEAM MÜLHEIM 1999, 3).

tierungshilfe zu bieten, etwas Ordnung in das »Chaos« des Methoden-Marktes zu bringen, ist dringendes Erfordernis der pädagogischen Praxis.

Eine Ordnung und Systematisierung der unterrichtlichen Verfahren, Methoden und Konzepte bedarf jedoch ihrerseits einer Orientierung, die wir einerseits finden in der Ausrichtung auf die (künftige) Handlungsfähigkeit unserer Schüler(innen), welche zu fördern wiederum die Orientierung an der Entwicklung kindlichen Handelns erfordert. Diese Entwicklung des kindlichen Handelns zu beschreiben ist Anliegen vorliegender Studie.

Wie die in Schulen für Geistigbehinderte tätigen Lehrer(innen), Erzieher(innen) und sonstigen Mitarbeiter(innen) eine grundlegende Orientierung suchen, so bedarf auch diese Studie einer solchen. Diese Grundorientierung muß klar, eindeutig, einfach und akzeptabel sein, soll sie praktischen Nutzen haben.

1.2 Erste Orientierung: Geistigbehinderte sind handelnde Menschen

Die erste Orientierung beschäftigt sich mit der Frage: »Sind Geistigbehinderte handlungsfähig?«, aus der wir eine erste Annahme ableiten: »Geistigbehinderte sind per definitionem handlungsfähige Menschen«.

Allgemein akzeptiert wird das Erziehungsziel »Selbständigkeit«, wie es als Leitidee der »Selbstverwirklichung in sozialer Integration« in die Empfehlungen für den Unterricht an Schulen für Geistigbehinderte der Kultusministerkonferenz vom 09.02. 1979 (SEKRETARIAT 1980) eingegangen ist. Selbständigkeit wird verstanden als Unabhängigkeit von fremder Versorgung und Hilfe, von fremden Entscheidungen und Fremdsteuerung des eigenen Verhaltens, also als Handlungsfähigkeit. Dabei wird in der Schulpraxis durchaus gesehen, daß es bei Geistigbehinderten nicht darum gehen kann, die von Hiller und Schönberger (1977) reklamierte volle »Geschäftsfähigkeit« zu erreichen, sich dieser jedoch weitestmöglich anzunähern.

Geistigbehinderte sind auch in der Vergangenheit in der Fachliteratur implizit, ohne Bezugnahme auf eine schulpädagogisch valide Handlungstheorie, immer wieder als handelnde, handlungsfähige, aber auch in ihren Handlungsmöglichkeiten begrenzte Menschen beschrieben werden. Die pragmatische Grenze wird dabei für die in Schulen für Geistigbehinderte Unterrichtenden definiert durch die Anforderungen der Werkstatt für Behinderte, dem gegenwärtig einzig realistisch erreichbaren Arbeitsplatz für die Mehrzahl der Geistigbehinderten nach Ende ihrer Schulpflicht. Handlungsfähigkeit meint, so orientiert, nicht nur, aber auch Arbeitsfähigkeit. Arbeit gilt z. B. den Vertretern der Kulturhistorischen Schule als »das höchste Niveau menschlicher Tätigkeit«, welches »allen menschlichen Tätigkeitsformen ihre Struktur aufdrücke« (JANTZEN 1988, 362).

Geistige Behinderung

Der Neukonstituierung eines Bildungssystems für Geistigbehinderte in der Bundesrepublik Deutschland[1] nach dem Zweiten Weltkrieg dienten zahlreiche Veröffentlichungen, in welchen zunächst der Versuch unternommen wurde, »Geistigbehinderte« von »Lernbehinderten« abzugrenzen und mit dem Nachweis der Förderunfähigkeit der Schule für Lernbehinderte gegenüber Geistigbehinderten einerseits wie mit dem Nachweis abweichender, geistigbehindertenspezifischer Verhaltens-, insbesondere Lernverhaltensweisen andererseits die Notwendigkeit einer neuen, spezifischen Erziehungs- und Bildungsorganisation für den so abgegrenzten Teil der Kinder und Jugendlichen zu begründen. Solche Begründungen bedienten sich in einer ersten Annäherung der negativen Beschreibung Geistigbehinderter als Schulversager in der Schule für Lernbehinderte.

Beschreibungen am Handlungskonzept vorbei

Mit der Einführung des Begriffs »handeln« bzw. »Handlung« in die Geistigbehindertenpädagogik durch Speck (1972) und Mühl (1979) ist auf eine vorher vergessene, übersehene oder vernachlässigte Dimension des Menschseins Geistigbehinderter hingewiesen worden: Geistigbehinderte sind prinzipiell handlungsfähige Menschen, wenn auch mit besonderen Einschränkungen und besonderem Hilfebedarf bei der Ausführung von Handlungen, auf welche Pfeffer (1982; 1984) verweist. Die Analyse zeitlich früherer wie zeitgleicher Beschreibungen geistiger Behinderung zeigt jedoch, daß Geistigbehinderte immer schon in Kategorien des Handelns und mit auf Handlung bezogenen Begriffen beschrieben worden sind, ohne daß die speziellen Wörter »handeln« bzw. »Handlung« zu Leitbegriffen gemacht worden wären. Diese Beschreibungen und Definitionen lassen sich ex post aus handlungstheoretischer Sicht re-interpretieren, was an anderer Stelle (PITSCH 1998; 1999c) an ausgewählten Beispielen dargestellt worden ist.

Abgrenzungsversuch »Intelligenz«

Viele Autoren haben sich mit der Beschreibung und der Erklärung des Phänomens geistiger Behinderung und des Personenkreises Geistigbehinderter befaßt. Sie haben sich dabei vielfacher Kriterien bedient, um zum einen Geistigbehinderte gegen andersartig Behinderte, insbesondere gegen Lernbehinderte abzugrenzen, zum anderen auch, um innerhalb der Gruppe Geistigbehinderter weitere Differenzierungen vornehmen zu können.

Intelligenztestergebnisse als Kriterium

Vielfach und kaum mehr überschaubar sind die verschiedensten Versuche, den Personenkreis der Geistigbehinderten durch Intelligenzmaße einzugrenzen, entweder durch die Angabe von Intelligenzalterswerten oder durch die Angabe von Intelli-

---

[1] Im folgenden mit »BRD« abgekürzt.

genzquotienten (IQ). Als Beispiel seien hier die 1968 durch die Weltgesundheitsorganisation (WHO) veröffentlichten Kriterien genannt (siehe Tab. 1).

borderline	(Grenzfälle)	IQ ≈	70-85
mild	(leicht)		56-69
moderate	(mittel)		40-55
severe	(schwer)		26-39
profound	(sehr schwer)		< 25

Tab. 1: WHO-Klassifikation[1] (MEYER 1977, 5; vgl. auch KIRSCH 1979, 479)

Die hier aufgeführten englischen Begriffe lassen sich auch gut zur internationalen Verständigung über Geistigbehinderte benutzen.

Auch ist seit langer Zeit und immer wieder der Versuch unternommen worden, quasi-objektive oder gar objektive Kriterien zu finden, mittels derer es gelingen könnte, die Gruppe der Geistigbehinderten zumindest von der der Lernbehinderten abzugrenzen. Einen solchen Vorschlag macht Bach mit seiner Grenzziehung bei IQ = 55 bis IQ = 60 (1979a; 1979b). Aber auch das Kriterium der Intelligenz ist als Trennkriterium immer wieder kritisiert worden. Zu dieser Kritik schreibt Dittmann: »Besonders häufig wird von psychologischer Seite aus geistige Behinderung in enger Beziehung zur Intelligenz definiert, indem ein globales Intelligenzdefizit oder eine Intelligenzschädigung als »Grundzug oder Hauptkriterium« angenommen wird. Ein solches Intelligenzdefizit wird von vielen Autoren als ein wesentliches Kriterium der geistigen Behinderung betrachtet [...] und üblicherweise mit Hilfe von Intelligenztests ermittelt« (DITTMANN 1974, 96).

Der Grenzwert schwankt dabei je nach Autor zwischen IQ = 50 und IQ = 70[2]. Bei heranwachsenden oder erwachsenen Geistigbehinderten wird das Nichterreichen

---

[1] Ganz ähnlich liest sich die von Wendeler (1976, 18) berichtete AAMD-Klassifikation, bei der lediglich die »borderline«-Gruppe fehlt, im Gegensatz zu der komplexen, länderspezifisch differenzierten Zusammenstellung bei Liungman (1973, 83). Liungman macht auch darauf aufmerksam, daß die ursprüngliche »Oligophrenieeinteilung der WHO« (1973, 83) in verschiedenen Ländern durchaus unterschiedlich umgesetzt wird.

[2] Die einstige AAMD, inzwischen in AAMR (American Association on Mental Retardation) umbenannt, hat nach ihren früheren Definitionen geistiger Behinderung (Heber 1959; 1961; Grossman 1973; 1977; 1983) eine dritte Definition vorgelegt (Luckasson et al. 1992), welche auf ein IQ-Kriterium von 75 und auf das Versagen in wenigstens zwei von zehn Bereichen adaptiven Verhaltens abhebt. Diese zehn Bereiche adaptiven Verhaltens sind nach den Vineland Domain Scales Communication, Self-Care, Home Living, Social Skills, Community Use, Self-Direction, Health and Safety, Functional Academics, Leisure, Works (vgl. MACMILLAN, GRESHAM, SIPERSTEIN 1993, 331).

Macmillan, Gresham und Siperstein halten diese 1992er AAMR-Definition aus mehreren Gründen für völlig ungeeignet für klassifikatorische Entscheidungen:

1. Unter Berücksichtigung der Meßfehler von Intelligenztests und der beobachtbaren Normenverschiebungen über die Jahre seit der letzten Normierung hinweg müßten 2,62 % der weißen,

eines Intelligenzalters (IA) von mehr als 7 Jahren als Kriterium für das Vorliegen einer geistigen Behinderung betrachtet.

Als Erträge seiner eigenen Forschungsarbeit faßt Dittmann (1974) zusammen:

- Geistigbehinderte Kinder haben eine *geringere intellektuelle Zuwachsrate* als gesunde Kinder. Jantzen präzisiert diesen Hinweis insoweit, daß die Entwicklung von Kindern mit Down-Syndrom in den ersten fünf Lebensjahren »etwa im halben Tempo« (JANTZEN 1998, 227) nichtbehinderter Kinder erfolgt.
- Ihre Leistungen *stagnieren auf* einem *niedrigeren Intelligenzalters-Niveau*, d. h. das Normalniveau wird nicht erreicht (DITTMANN 1974). Für Kinder mit Down-Syndrom berichtet auch Jantzen einen »Deckeneffekt [...] bei einem Intelligenzalter von ca. fünf Jahren« (1998, 227).

---

aber 18,4 % der schwarzen Bevölkerung der USA als »mental retarded« eingestuft werden. Auch bei Verwendung anderer cut-off-scores wäre in jedem Fall »a far greater proportion of black individuals being eligible for mental retardation on IQ criteria alone« (MACMILLAN, GRESHAM, SIPERSTEIN 1993, 329).

2. Bezüglich des Anpassungsverhaltens finden die Autoren lediglich zwei Verfahren, die wissenschaftlichen Kriterien entsprechen. Bei einer derart schwerwiegenden Entscheidung wie der Klassifikation eines Menschen als »mental retarded« fordern sie von dem benutzten Verfahren eine Meßgenauigkeit, die sich in einem Reliabilitätskoeffizienten von .94 oder höher ausdrückt (MACMILLAN, GRESHAM, SIPERSTEIN 1993, 330-331). Die split-half-Koeffizienten der Vineland Domain Scales erreichen bei sechs Skalen diese Höhe bei weitem nicht; bei vier Skalen sind keine Reliabilitätskoeffizienten mitgeteilt. Von der AAMR wird also eine Entscheidung auf der Basis unzulänglicher Meßverfahren verlangt.

3. Das Anheben des cut-off-scores auf IQ 75 unter Hereinrechnung des Standardmeßfehlers und der zeitbedingten Normenverschiebungen auf 85 erweitert die Population der Geistigbehinderten erheblich, und zwar um die »borderlines« und die »mild«-Formen in den Bereich der Lernbehinderung und der nicht durch organische Störungen bzw. Schädigungen faßbaren kognitiven Beeinträchtigungen hinein, die sich erst unter den Anforderungen der Schule darstellen: »The adaption problems of children with the familial type araise primarily, if not exclusively, in schools. They are inefficient learners [...]« (MACMILLAN, GRESHAM, SIPERSTEIN 1993, 333). Damit würden auch deren von schwereren geistigen Behinderungen abweichende Förderbedürfnisse und Entwicklungschancen verschleiert.

4. Die von Luckasson et al. eingeführten vier Niveaus der Hilfen (levels of supports) »*intermittend, limited, extensive*, and *pervasive*« (MACMILLAN, GRESHAM, SIPERSTEIN 1993, 332; H.i.O.) würden den früher benannten Ausprägungsgraden der Behinderung (levels of retardation) »mild, moderate, severe and profound« (MACMILLAN, GRESHAM, SIPERSTEIN a.a.O.) entsprechen. Zu einem Wechsel der Bezeichnungen sehen Macmillan, Gresham und Siperstein keinen Anlaß.

Macmillan, Gresham und Siperstein fassen ihre Kritik in dem Satz »Regardless of correspondence, the new-classification system is *less precise and less reliable* than the one it replaces« (1993, 332; H.i.O.) zusammen und schlagen statt dessen die Orientierung an der DSM-IV-Definition vor: »Legal and educational definitions adapted by states could be modeled after the forthcoming DSM-IV definition of mental retardation, which from all indications will resemble more closely the definitions utilized currently in legal and educational codes and which were, in many cases, modeled after the Grossmann (1983) definition« (MACMILLAN, GRESHAM, SIPERSTEIN 1993, 333) und betonen die Untauglichkeit der neuen Definition »to delineate between higher functioning individuals with mental retardation, those with learning disabities, and low-functioning individuals without handicaps« (MACMILLAN, GRESHAM, SIPERSTEIN 1993, 334).

Die Schwächen all dieser Überlegungen bringen Eggert zu der generellen Maxime: »In Fällen, bei denen keine eindeutige Entscheidung für eine Schulart aus den Testergebnissen abzuleiten war, wurde versucht, den Kindern *immer die Chance der anspruchsvolleren Ausbildungsmöglichkeit* zu bieten« (EGGERT 1974, 78), was sicherlich auch dadurch erleichtert wird, daß bei Down-Syndrom-Kindern »die sozialen Fähigkeiten« verglichen mit den schulischen Fähigkeiten »höher eingeschätzt« (JANTZEN 1998, 227) werden, diese Kinder also weniger auffälliges Sozialverhalten zeigen.

Mit solchen Definitionen und Abgrenzungen wird »geistige Behinderung« verständlich nur vor der Folie der jeweils beigezogenen Intelligenztheorien und des statistischen Normalverteilungsmodells. Die Beiziehung solcher Intelligenztheorien führt uns sehr schnell wieder zu Begriffen der Handlungstheorie.

Zur Förderbarkeit geistiger Fähigkeiten

Die materialistische Psychologie sieht es als Aufgabe des Menschen, sich Fähigkeiten und Erkenntnisse anzueignen und diese in bewußter, aktiver und zielgerichteter gegenständlicher Tätigkeit zu verinnerlichen. Durch solche aktive, bewußte und zielgerichtete Tätigkeit werden auch die Strukturen und Funktionsweisen der Großhirnrinde in ihrer ontogenetischen (individuellen) Entwicklung beeinflußt, also durch den Aneignungsprozeß selbst. Geistige Fähigkeiten entfalten sich aus der Tätigkeit heraus von außen nach innen. Sie sind nicht Voraussetzung für die Teilnahme am gesellschaftlichen Leben, sondern deren Resultat. Die Erschließung menschlicher Erkenntnisse und Fähigkeiten geschieht in der gegenständlichen Tätigkeit. Um solche gegenständliche Tätigkeit zu vollziehen, muß sich das Individuum Fähigkeiten aneignen. Hierzu müssen die entsprechenden Gegenstände zugänglich sein. Begrenzt wird der individuelle Erwerb von Erkenntnissen und Fähigkeiten durch

- das Entwicklungsniveau der Gesellschaft (Gibt es z. B. Schulen für Geistigbehinderte oder nicht?) und
- das individuelle Entwicklungsniveau.

Außer der Zugänglichkeit der Gegenstände muß ein Bedürfnis im Individuum vorausgesetzt werden. Damit wird Motivation zur Bedingung von Bildung und zum integralen Bestandteil der Fähigkeiten. Das Zugänglichmachen der Gegenstände selbst ist eine pädagogische Aufgabe, ist pädagogisch sinnvolle und notwendige Einwirkung. Zum »zugänglich sein« der Gegenstände gehört »jedoch keineswegs nur, daß die Gegenstände vorhanden sind, sie müssen auch »begreifbar« sein, um überhaupt Inhalt der individuellen Aneignung zu werden« (SEIDEL, ULMANN 1978, 105). Zur pädagogischen Einwirkung gehört auch, daß »in der Regel auch die gegenständliche Tätigkeit [des Lernenden, des Kindes; H.J.P.] selbst gelenkt und unterstützt [wird. Es] muß die Beziehung zwischen Subjekt und Objekt über die Beziehung zu anderen Menschen vermittelt werden« (SEIDEL, ULMANN 1978, 105).

Die Notwendigkeit dieser pädagogischen Einwirkung begründen Seidel und Ulmann ganz drastisch: »Wollte man abwarten, bis die Individuen spontan, von selbst die Bedeutung der Gegenstände erschließen, so würden sie sich während ihres Lebens höchstens einen elementaren Grundbestand menschlicher Fähigkeiten aneignen« (SEIDEL, ULMANN 1978, 105).

Damit formulieren Seidel und Ulmann einen unbedingten pädagogischen Auftrag zum Einwirken im Gegensatz zu gegenwärtigen Auffassungen, die Versuche zur pädagogischen Förderung lediglich auf »Angebote« reduzieren (z. B. Wagner (1995)) und es dem Individuum als »autopoiëtischem, selbstreferentiellem System« (MATURANA) überlassen, inwieweit es sich von solchen Angeboten »perturbieren« (MATURANA 1985; 1987) läßt. Fördern geschieht nicht durch Anbieten, sondern durch Fordern, durch unmittelbare pädagogische Einwirkung.

Wechslers Verständnis von Intelligenz erlaubt uns einen unmittelbaren Übergang vom »Intelligenz«- zum »Handlungs«begriff, der in Abb. 1 dargestellt wird.

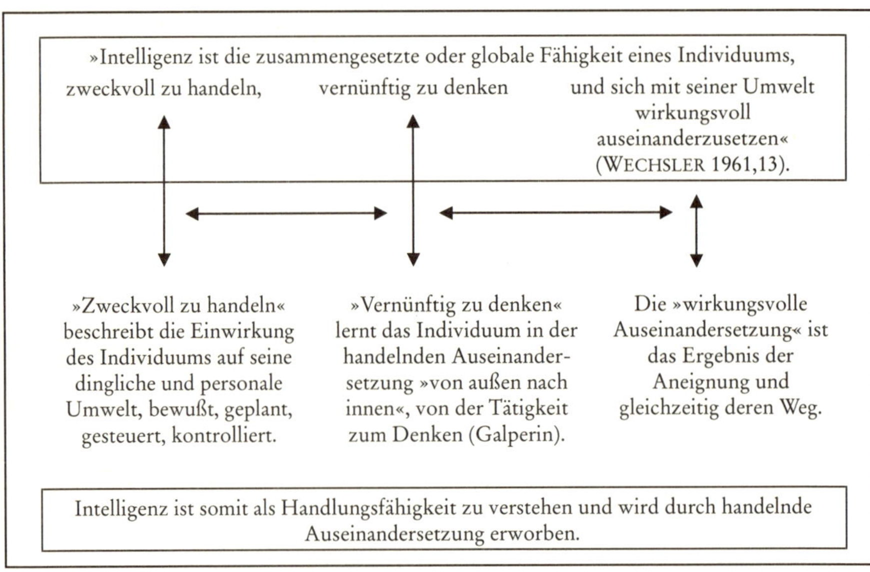

Abb. 1: Intelligenz und Handeln nach Wechsler (1961, 13)

Zweckvolles Handeln verlangt Zielsetzung, Planung des Weges zum Erreichen des Ziels, Verlaufs- und Ergebniskontrolle. Die Einwirkung des Individuums auf seine dingliche und personale Umwelt geschieht bewußt, geplant, gesteuert und kontrolliert, ist somit Handlung. Vernünftig zu denken lernt das Individuum nach Piaget in der tätigen Auseinandersetzung mit der Umwelt durch Akkommodation und Assimilation, welche in dialektischer Verschränkung zur Adaptation führen. Für Piaget ist Intelligenz die höchste bewegliche Form der Adaptation des Organismus an die

Umwelt. Bei den Prozessen der Akkommodation und Assimilation werden nach Piaget »Schemata« erworben und angewandt, Denk- und Handlungsstrukturen. Somit ist Wechslers »sich mit seiner Umwelt wirkungsvoll auseinanderzusetzen« (1961, 13) sowohl der Weg der handelnd-denkenden Aneignung als auch deren Ergebnis. Wechslers »Intelligenz« meint nichts anderes als Handlungsfähigkeit und wird durch handelnde Auseinandersetzung erworben. »Intelligenz« als Prozeßmerkmal kann damit mit Seidel und Ulmann (1978) mit »Aneignungsfähigkeit« gleichgesetzt werden.

Damit gilt die *erste Annahme:* »Geistigbehinderte sind per definitionem handlungsfähige Menschen« als *bestätigt.*

1.3 Zweite Orientierung: Theorien des Handelns

Die zweite Orientierung gilt der Beantwortung der *Frage 2:* »Verfügt die Pädagogik über eine adressatenorientierte förderungsleitende Theorie des Handelns?« und der daraus abgeleiteten *zweiten Annahme: »Die Pädagogik verfügt über eine adressatenorientierte förderungsleitende Theorie des Handelns«.* Da Annahme 2 zurückzuweisen sein wird, gilt die weitere Erörterung der *Frage 3: »Kann Pädagogik eine adressatenorientierte förderungsleitende Theorie des Handelns aus anderen Disziplinen nutzbar machen?«* sowie der daraus abgeleiteten *dritten Annahme: »Die Pädagogik kann eine adressatenorientierte förderungsleitende Theorie des Handelns aus anderen Disziplinen nutzbar machen«.*

Soll die Grundorientierung am Konzept der Handlungsfähigkeit erfolgen und Handlungsfähigkeit sich auch auf die Arbeitstätigkeit beziehen, so sind die Begriffe des Handelns und der Handlung so zu bestimmen, daß »Handlung« und »Handeln« praxisrelevant werden können.

Daß Pädagogik »sich immer auch handlungstheoretisch verstanden« (KIVELÄ 1998, 603) hat, mag als trivial gelten. Daß sie zur Herausbildung einer Theorie ihres eigenen Handelns auf andere »Handlungswissenschaften und Praxen« (BENNER 1995, 299) zurückzugreifen hat, verweist Pädagogik auf den Status einer synthetischen Wissenschaft. Synthetisiert in dieser Wissenschaft sind unter anderem Konzepte des Interaktivismus, wie sich in Benners Maxime der »Aufforderung zur Selbsttätigkeit« zeigt. Solche Aufforderung zur Selbsttätigkeit schafft eine gemeinsame und resultiert aus einer gemeinsamen Handlungsorientierung zwischen Erzieher und Zu-Erziehenden, welche den gemeinsamen Kern »pädagogischer Normativität« und einer »Verantwortungsethik«[1] (KIVELÄ 1998, 604) darstellt. Solche gemeinsame Handlungsorientierung setzt nach Kivelä ihre gemeinsame diskursive und reflexive Erarbeitung voraus (1998, 604), womit wir in Bezug auf geistigbehinderte Schüler(innen) auf Grenzen verwiesen werden. Vielmehr greift, Peukert folgend, pädagogische Interaktion der Autonomie des Zu-Erziehenden immer voraus und sucht sie erst zu ermöglichen (vgl. KIVELÄ 1998, 604). Pädagogische Interaktion dient gerade dem »Aufbau persönlicher Identität und sozialer Handlungsfähigkeit und damit [dem] Erwerb einer Orientierung interaktiven Handelns« (PEUKERT 1981, 67) des Zu-Erziehenden.

Obwohl die Pädagogik nach Langewand (1995) über keinen eigenwissenschaftlichen Handlungsbegriff verfügt, unterscheidet er zwischen Handlungsobjekten, Handlungen als Prozessen und dem Sprechen über Handlungen und grenzt Handeln gegen Verhalten ab. Benner (1995) bezieht pädagogisches Handeln auf das Handeln des Lehrers/Erziehers, nicht auf das Handeln des Lernenden. Professionelles pädagogisches Handeln ist ihm die »Aufforderung zur Selbsttätigkeit« (BENNER 1995, 294) des Lernenden, die weder unter- noch überfordern darf und auch zum passenden Zeitpunkt erfolgen müsse. Damit verweist Benner auf didaktisch-methodisches Handeln des Pädagogen und die Notwendigkeit der Berücksichtigung des Lern- und Entwicklungsstandes des Lernenden, dem er eine umfassende Bildung zugesteht.

Für die Erziehung fordert Benner »methodische Offenheit« (1995, 298), wie sie gerade für die Schule für Geistigbehinderte kennzeichnend ist, für die Bildung »thematische Offenheit« (1995, 299), wie sie in den KMK-Empfehlungen für die Schule für Geistigbehinderte (SEKRETARIAT 1980) ihren beispielhaften Niederschlag gefunden hat, und die »institutionelle Offenheit« (BENNER a.a.O.), wie sie Schule für Geistigbehinderte in der Vielfalt ihrer Lernorte kennzeichnet.

Die Forderung nach einer Theorie des Handelns der Lernenden und nach pädagogischen Maximen zur Förderung ihrer Handlungsfähigkeit wird allerdings weder von Langewand (1995) noch von Benner (1995) eingelöst, von Kivelä (1998) mit seiner Feststellung, pädagogische Handlungsprinzipien würden eine Handlungstheorie verunmöglichen, geradezu für uneinlösbar erklärt. Dagegen weist Kivelä mit seiner Beschreibung des Zu-Erziehenden als Zielvorstellung, als »Fiktionalität«, dem Lehrer/Erzieher eine pädagogische Aufgabe zu, die der »Aufforderung zur Selbsttätigkeit« (1998, 609), ohne Formen solcher Aufforderung näher zu spezifizieren. Wichtiger ist jedoch sein Hinweis, daß der zur Selbsttätigkeit Aufzufordernde grundsätzlich »als ein vernünftiges und freies Wesen anzuerkennen« (KIVELÄ 1998, 610) sei. Der Zu-Erziehende, hier: das geistigbehinderte Kind, der geistig-

[1] Kivelä bezieht sich hier auf Peukerts Beitrag »Pädagogik – Ethik – Politik. Normative Implikationen pädagogischer Interaktion« von 1981 (Zeitschrift für Pädagogik, 17. Beiheft, 61-70).

behinderte Jugendliche, wird »zu etwas aufgefordert, was er [noch; H.J.P.] nicht kann, und als jemand anerkannt, der er noch gar nicht ist« (KIVELÄ 1998, 611).

Bezogen auf die Möglichkeit der Formulierung einer pädagogischen Handlungstheorie läßt Kivelä allerdings die Frage offen, ob »durch die Einführung der Prinzips der Fiktionalität die Möglichkeit der Formulierung einer pädagogischen Handlungstheorie nicht selbst zu einer Fiktion« (KIVELÄ 1998, 614) wird. Die Unbestimmtheit des Fiktionalen läßt in der Tat die Formulierung einer empirischen Theorie nicht zu, lediglich die Formulierung von (empirischen) Teil-Theorien konkreten pädagogischen Handelns. Fiktionalität verweist auf das deterministisch Unbestimmbare, welches gegenwärtig im Begriff des »Chaos«[1] zu fassen versucht wird. Solche die Pädagogik geradezu konstituierende Unbestimmtheit verunmöglicht die Konzeption einer Art pädagogischer Weltformel; ihretwegen kann es »eine vollständige, vereinheitlichte Theorie [...], die alles festlegt« (HAWKING 1997, 207; 212) nicht geben. Statt dessen, so Hawkings Résumée, »haben wir Fortschritte erzielt, indem wir Teiltheorien erarbeiteten, die einen begrenzten Ausschnitt von Ereignissen beschreiben, und indem wir andere Effekte außer acht ließen« (1997, 212). Was für Hawkings Kosmologie gilt, gilt ebenso für pädagogische Handlungstheorien: Sie sind Teiltheorien des pädagogischen Handelns, des Handelns der Pädagogen. Das Handeln der von Pädagogik gemeinten Menschen, der Kinder und Schüler(innen), wird damit nicht erfaßt.

> Mit dieser Feststellung ist die *Annahme 2:* »Die Pädagogik verfügt über eine adressatenorientierte förderungsleitende Theorie des Handelns« *zurückzuweisen.* In Konsequenz dieser Feststellung sind nunmehr *Frage 3: »Kann Pädagogik eine adressatenorientierte förderungsleitende Theorie des Handelns aus anderen Disziplinen nutzbar machen?«* und die daraus abgeleitete *dritte Annahme: »Die Pädagogik kann eine adressatenorientierte förderungsleitende Theorie des Handelns aus anderen Disziplinen nutzbar machen«* zu erörtern.

Handeln und Handelnlernen der Schüler(innen) versuchen wir nunmehr nach den Handlungstheorien anderer Wissenschaften zu beschreiben.

Unter Berufung auf Aristoteles und seine Nikomachische Ethik bietet die Philosophie insbesondere eine Wertorientierung an, die das Nützliche menschlichen Handelns mit dem »Guten«, dem moralisch Wertvollen zu verbinden sucht. Insbesondere ist es die von Aristoteles als »poietisch« bezeichnete praktische Tätigkeit des Einwirkens in die dingliche Umwelt, die, von Rubinstein und Leontjew aufgegriffen, als »gegenständliche Tätigkeit« in das Aneignungskonzept der Kulturhistorischen Schule einfließt. Bereits die philosophische Betrachtung menschlichen Han-

---

[1] Vgl. z. B. Cohen und Stewart (1997); zu Versuchen der mathematischen Fassung Prigogine (1998); bezogen auf behinderte Kinder und Jugendliche Feuser (1995).

delns betont den Willen, der zum Handlungsentschluß führt, wie den Aspekt der Handlungsplanung (vgl. VON BRANDENSTEIN 1973, 683), die Zielorientierung, den praktischen Zweck, die Handlungskontrolle und die Beteiligung des Bewußtseins.

Steht im Mittelpunkt philosophischer Betrachtungen durchaus noch der einzelne Mensch, wenn auch als Teil einer sozialen Gemeinschaft, so rückt diese Gemeinschaft als soziales Phänomen, als Gesellschaft, in den Fokus soziologischer Betrachtungen. Die in der Philosophie betonte Orientierung an Zweck und Wert wird durch die Kategorie »Sinn« ersetzt, der sowohl gesellschaftlich als auch individuell gesehen wird. Individuelle Sinnbetrachtung, wie sie etwa Schaeffler (1974) vornimmt, leitet bereits über in psychologische Bemühungen zur Erklärung individuellen Handelns.

Pädagogisch bedeutsam erscheint Webers Typologie des Handelns als zweckrationales, wertrationales, affektuelles und traditionelles Handeln (vgl. MÜHL 1979, 69), welche bereits auf Besonderheiten des Handelns Geistigbehinderter hinweist, die vielbeschriebenen Schwächen der Rationalität, die Bindung an das Affektuelle und die Gewohnheitsbildungen. Wichtig ist auch die von Habermas vorgenommene Gleichsetzung von »zweckrationalem Handeln« mit »Arbeit« (1972, 93), welche dem Handelnlernen Geistigbehinderter eine Lebensorientierung im Sinne der Kulturhistorischen Schule gibt. Auch die von Leontjew beschriebene Ontogenese menschlicher Tätigkeit findet ihren Gipfelpunkt in der »Arbeit«.

Luckmann (1986) macht auf die Trennung von Handlungsentwurf (»Plan«), Handlungsausführung (»Handeln«) und Handlungsergebnis (»Handlung«) aufmerksam, womit er die alltagssprachliche Verständigung nicht erleichtert.

Der strukturell-funktionalen Systemtheorie Parsons' entnehmen wir die Sicht des Menschen als biologisch-organisches System, welches nicht als geschlossenes und damit von seiner Umwelt abgeschottetes, sondern als – im Sinne der Konflikttheorie – offenes System zu sehen ist, welches mit seiner Umwelt in Austauschbeziehungen steht. Ausschließlich die Annahme von Umwelt-Wirkungen auf das menschliche Individuum kann pädagogische Bemühungen um die Veränderung individueller Zustände begründen, wobei insbesondere die Kulturhistorische Schule dem Erwachsenen als Vermittler zwischen Gesellschaft und heranwachsendem Individuum herausragende Bedeutung beimißt.

Bei der Betrachtung menschlichen Handelns aus psychologischer Sicht greifen wir zunächst auf Aebli zurück, der Handlungskompetenz als Verfügbarkeit von Handlungsschemata versteht und diese unter dem Aspekt des Sachwissens und des prozeduralen Wissens beschreibt. Der Kern des Handelns ist eine Tätigkeit; in dem Handeln beschreibenden Satz (der Aeblischen »Proposition«) können Handelnder und Handlungsgegenstand als unbesetzte Endpunkte (terminals) bzw. als Leerstellen oder Platzhalter (slots) notiert werden. Aus solcher Tätigkeit geht nach Aebli Denken hervor. Was Aebli als das »Stiften von Beziehungen« (1993, 13) beschreibt, kann ebenso als »Einwirkung in die Umwelt« bezeichnet werden.

Aebli bezeichnet Handeln als »eine Abfolge von Episoden in der Zeit« (1993, 83) und beschreibt damit etwas entlang des Zeitpfeils ständig Fließendes, wofür Dörner und Kaminski (1988, 381) den Begriff »Verhaltensstrom« und Oesterreich (1987) den des »Aktivitätsflusses« einsetzen. Diesen Abfolgefluß unterteilt die Volitionspsychologie, beispielhaft dargestellt an Heckhausens »Rubikon«-Modell (HECKHAUSEN 1989), in Bezug auf eine einzelne Handlung in mehrere Phasen, die bereits in den philosophischen Erörterungen angeklungen sind:

- Motivation prädezisional: Auswählen, Entscheiden;
- Volition präaktional: Planen;
- Volition aktional: Ausführen;
- Motivation postdezisional: Bewerten.

Insbesondere Galperin macht darauf aufmerksam, daß Bewertungen und permanente Anpassungen bereits während der Handlungsausführung geschehen und zu geschehen haben, soll das intendierte Ziel erreicht werden. Die Volitionspsychologie Heckhausens und anderer Autoren, z. B. Bagozzis, macht uns zusätzlich auf individuelle Phänomene aufmerksam, die bei der gesellschaftsorientierten Betrachtung der Kulturhistoriker weniger Beachtung finden.

Deren Leistung besteht zunächst in der Einbettung von »Handeln« in »Verhalten« und »Tätigkeit« und in der Aufgliederung des Handlungsflusses in »Operationen« und »Bewegungen« mit abnehmender Bewußtseinspflicht. Handlungssteuerung, Handlungsregulation wird als kybernetisches System modelliert, welches die Verarbeitung von Informationen aus der Umwelt ausdrücklich vorsieht und den Menschen dabei als – zumindest teilweise – offenes System ansieht. Innerhalb dieser kybernetischen Betrachtung bietet Hacker (1986) als sensomotorische Grundeinheit die VVR-Einheit an, die mit anderen Einheiten verbunden als Tätigkeitsablauf entlang des Zeitpfeils sequentiell angeordnet wie als Über- und Unterordnung von Regelungseinheiten in einer psychologischen Hierarchie beschrieben werden kann. Dieses Modell der hierarchisch-sequentiellen Handlungsorganisation bietet sich zur pädagogischen Nutzbarmachung an.

Oesterreich (1987) greift auf die von der Kulturhistorischen Schule maßgeblich beeinflußten Konzepte von Hacker (1986) und Volpert (1974; 1983) zurück und bereichert sie um die Erörterung von Handlungsmöglichkeiten als Handlungszielen und Handlungswegen quasi topologisch in Handlungsräumen, die er als Handlungsfelder und Handlungsbereiche beschreibt, bezogen auf das dem jeweiligen Individuum Mögliche und damit unterhalb der Ebene der Gesamtheit des Menschenmöglichen. Mit dieser Einengung bleiben Oesterreichs (1987) Felder und Bereiche jedoch individuell überschaubar. Erst mit dem Hinweis auf eine »Erschließungsplanung« deutet Oesterreich die Möglichkeit des Menschen an, über den Rand des gegenwärtigen Tellers hinauszusehen und sich einen Raum bislang nicht möglichen Handelns zumindest als Möglichkeitsraum zu eröffnen. Bei solchem Eröffnen neuer Handlungsmöglichkeiten, also neuem Lernen, kann die Orientierung an Hackers drei Ebenen der Handlungsregulation (1986) nützlich werden, wie sie auch von Oesterreich (1987, 63) dargestellt wird.

Weitere pädagogisch fruchtbare Aspekte der Theorien und Konzepte der Kulturhistorischen Schule,

- die Theorie der dominierenden Tätigkeit als Abfolgelinie der Entwicklung kindlicher Tätigkeit,
- die Theorie der Aneignung,
- Galperins Abfolgekonzept der individuellen Aneignung,
- seine Parameter des Lernprozesses sowie
- Wygotzkis Konzept der Zone der nächsten Entwicklung

können die Erarbeitung eines Konzepts des Handelns von Kindern und Schüler(inne)n mit ermöglichen.

Die letzten Erörterungen haben die *Frage 3 nur teilweise beantworten* können, so daß eine Entscheidung über Akzeptieren oder Verwerfen der Annahme 3 noch nicht getroffen werden kann. Hierzu sind weitere Überlegungen erforderlich.

1.4 Dritte Orientierung: Das Handeln und die Handlung

In dem vielfältigen Angebot an Handlungstheorien der unterschiedlichsten Provenienz erscheint derjenige Handlungsbegriff nutzbringend, der von Hacker (1986) auf der Grundlage der Tätigkeitstheorie der Kulturhistorischen Schule (Wygotzki; Leontjew; Galperin u. a.) entwickelt worden ist. Hackers Handlungskonzept stellt die einzelne Handlung in den Gesamtzusammenhang menschlicher Tätigkeit, erlaubt die Aufgliederung der Handlung in einzelne Teilhandlungen, Operationen, und weiter in einzelne Bewegungseinheiten, und bietet damit Ansatzpunkte zur Konzeption pädagogischer Förderung der Handlungsfähigkeit durch die Ausbildung einzelner Handlungen. Letzteres hat Parallelen im Konzept des »chaining«, wie es aus der Verhaltenstherapie bekannt ist.

Kossakowski und Otto folgend gilt »Tätigkeit« als »übergreifende Bezeichnung für alle Arten der weitgehend bewußten Wechselwirkung eines menschlichen Individuums mit seinen Lebensbedingungen sowie [...] mit sich selbst« (KOSSAKOWSKI, OTTO 1977, 37), die »Handlung«, hierin eingebettet, als »die kleinste Einheit der willensmäßig gesteuerten Tätigkeit«, die sich als selbständige Einheit der Tätigkeit »nur Kraft ihres Ziels« (ebd.) abgrenzen läßt. Als »Operationen« werden solche Teile der Handlung bezeichnet, deren »Resultate nicht als selbständige Ziele auftreten bzw. bewußt werden« (KOSSAKOWSKI, OTTO 1977, 37). Zu solchen Operationen zählen Kossakowski und Otto

- die Bestimmung des Handlungsziels (Zielfindung),
- die Auswahl der Handlungsverfahren (Handlungsplanung),

- die Regulation des Handlungsverlaufs (Handlungssteuerung, Handlungskontrolle).

Operationen sind in diesem Verständnis nicht bewußtseinspflichtig, aber bewußtseinsfähig. Sie können auf die Ebene der Bewußtheit gehoben, somit Handlungen werden und als Handlungen – bewußt – gelernt werden.

Eine Handlung hat nach Kossakowski und Otto

- einen Anfang: die Aufgaben- oder Zielstellung aus einem Bedürfnis, einem Motiv heraus;
- ein Ende: das Resultat, das Ergebnis, welches auf seine Erreichtheit hin überprüft werden kann;
- eine zeitliche Struktur: einen Ablauf Schritt für Schritt, der z. B. in der Form des Flußdiagramms dargestellt werden kann;
- eine logische Struktur: eine Struktur inhaltlicher Zusammenhänge und Abhängigkeiten, die nicht mit der zeitlichen Ablaufstruktur übereinstimmen muß.

Ziel jeglicher Erziehung, auch und gerade der Erziehung von geistigbehinderten Kindern und Jugendlichen, ist das Erreichen individueller Handlungsfähigkeit des zu Erziehenden. Handlungsfähigkeit verstehen wir als Zuschreibung und als Konstituente menschlichen Seins, welches sich nach Begemann (1993) in den drei Formen

- aktiv: einwirken,
- pathisch: wahrnehmen,
- passiv: auf sich einwirken lassen

äußern kann. Handlungskompetenz bezeichnet Aebli als das Verfügen über Handlungswissen, welches zugleich Sachwissen ist und damit Sachkompetenz (AEBLI 1993, 98). Der Handelnde »verfügt über ein Repertoire von Handlungsschemata« (AEBLI 1993, 99), womit der Schema Begriff in das Handlungskonzept eingeführt wird.

> Mit der Hinzunahme des Handlungsbegriffs der Kulturhistorischen Schule kann nunmehr *Frage 3:* »Kann Pädagogik eine adressatenorientierte förderungsleitende Theorie des Handelns aus anderen Disziplinen nutzbar machen?« eindeutig *bejaht* werden. Die aus dieser Teilfrage abgeleitete *Annahme 3:* »Die Pädagogik kann eine adressatenorientierte förderungsleitende Theorie des Handelns aus anderen Disziplinen nutzbar machen« ist als *bestätigt* anzusehen.

Handlungskomponenten und ihre Interdependenzen

Die weiter vorne benannten Komponenten Handlungsorientierung, Handlungsplanung, Handlungsausführung und Handlungskontrolle sind keineswegs disjunkt, unabhängig voneinander. Vielmehr beeinflußt jede dieser Komponenten jede andere und wird ihrerseits von jeder anderen beeinflußt. Wir sehen einen komplexen Zusammenhang, aus dem »im richtigen Leben« kein Teil herausgelöst werden kann. Wir nehmen an dieser Stelle diese Trennung lediglich aus analytischen Gründen vor, weil wir uns nacheinander, Stück für Stück, in die Zusammenhänge eindenken und einarbeiten müssen. Und nur dieser Übersichtlichkeit wegen stellen wir die Komponenten des Handelns noch einmal in einer Übersicht dar (vgl. Abb. 2, S. 27).

Wegen dieser engen Verflochtenheit der vier Komponenten ist es auch nur sehr eingeschränkt möglich, bestimmte Behinderungsarten einem einzigen Bereich zuzuordnen, wie es in der Vergangenheit einmal mit der Klassifikation

- Aufnahmegeschädigte,
- Verarbeitungsgeschädigte,
- Ausgabegeschädigte

versucht worden ist. Jede Aufnahme(Wahrnehmungs-)störung beeinflußt auch die Verarbeitung des Wahrgenommenen (das Denken), was wiederum zu unangemessenem äußerem Handeln (Ausgabe) führen kann. Jede Ausgabeschädigung, z. B. eine starke motorische Beeinträchtigung, eine Lähmung, beeinträchtigt nicht nur das äußere Handeln, sondern auch die Wahrnehmungsmöglichkeiten etwa dadurch, daß der Mensch sich nicht zu den interessanten Dingen oder Personen hinbewegen kann. Und wenn wir uns erinnern, daß bewußte Wahrnehmung selbst bereits ein Prozeß des aktiven Handelns ist, der vom Gehirn gesteuert wird, dann wird einsichtig, daß ein Hirnschaden oder eine Hirnfunktionsstörung nicht nur die Denkprozesse beeinträchtigen kann, sondern bereits die Wahrnehmung der Umwelt wie des eigenen Selbst.

1.5 Vierte Orientierung: Handlungsregulation

> Nunmehr ist nach einer Antwort auf die Frage 4: »Erlaubt eine solche aus einer nicht-pädagogischen Disziplin adaptierte Handlungstheorie den pädagogischen Zugang zur Förderung der Handlungsfähigkeit von Schüler(inne)n?« zu suchen, damit die daraus abgeleitete vierte Annahme: »Eine pädagogisch adaptierte ursprünglich nicht-pädagogische Handlungstheorie eignet sich als Grundlage zur Förderung der Handlungsfähigkeit von Schüler(inne)n« bestätigt oder zurückgewiesen werden kann.

Handlungsfähigkeit äußert sich in vier unterscheidbaren Komponenten,

- der Handlungsorientierung,
- der Handlungsplanung,
- der Handlungsausführung,
- der Handlungskontrolle.

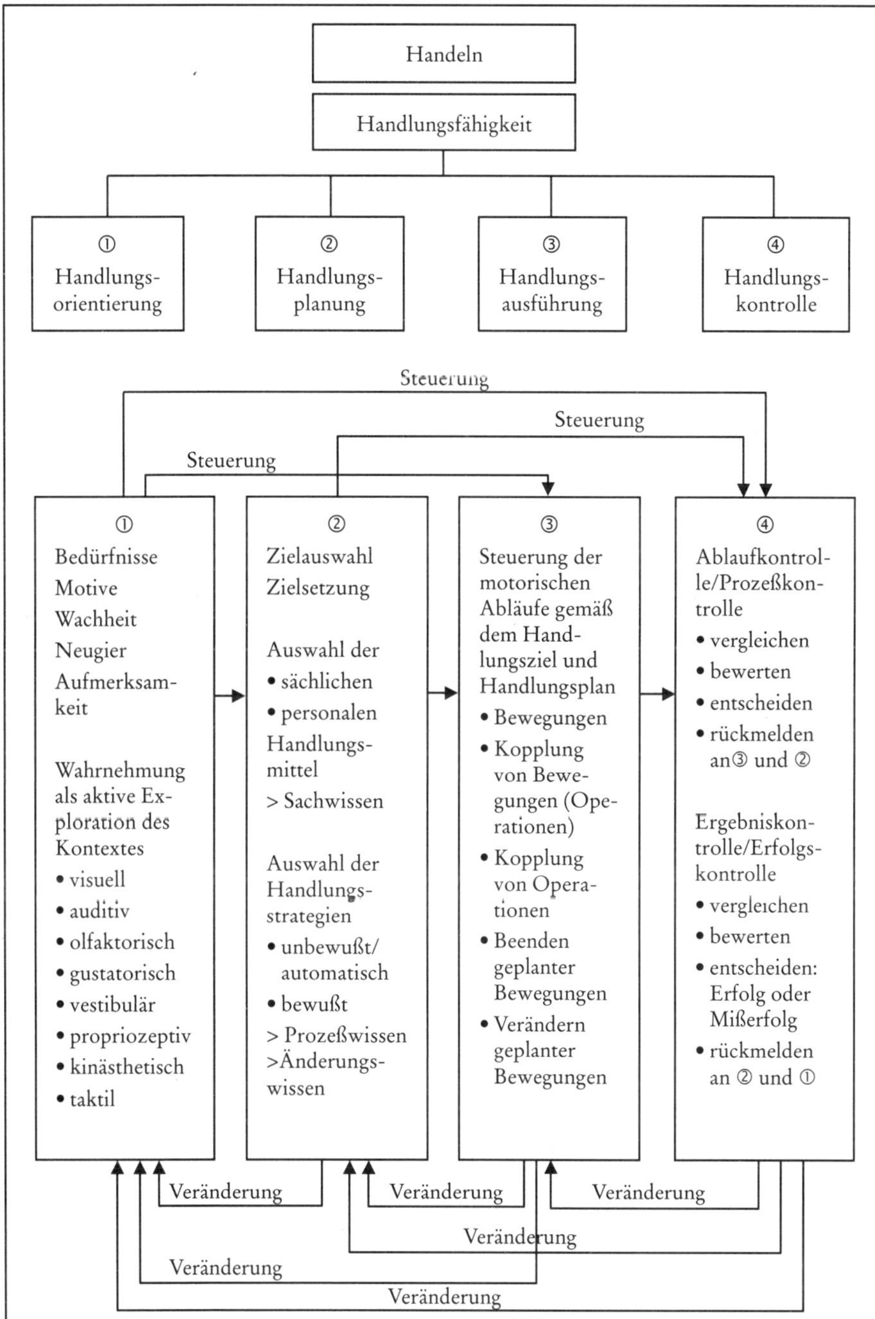

Abb. 2: Komponenten des Handelns und deren wechselseitige Verflochtenheit

Handlungsorientierung ist wie jede Orientierungstätigkeit eine aktive Tätigkeit der Wahrnehmung eines Kontextes, einer Situation, ihrer Elemente, Möglichkeiten, Bedrohungen, die es angezeigt erscheinen lassen, selbst aktiv zu werden. Wahrnehmung führt so zu einer Absicht, die eine Entscheidung verlangt. Im hier verfolgten Zusammenhang gilt es zu beachten, daß gerade geistige Behinderung »eine tiefgreifende Einschränkung der Orientierungstätigkeit, der geistigen Antizipation der Tätigkeit« (JANTZEN 1988, 357) bedeutet.

Handlungsplanung ist die gedankliche wie materielle und/oder materialisierte Vorbereitung der auszuführenden Handlung. Ihr Ausgangspunkt ist »offensichtlich das Handlungsziel oder, diesem noch vorgeordnet, ein Bedürfnis oder ein diffuser Drang etwas zu tun« (AEBLI 1993, 149). Aebli unterscheidet zwei Fälle von Handlungsplanung:

- Der Handlungsablauf ist bekannt, das Handlungswissen verfügbar: Die Routinehandlung.
- Der Handlungsweg zum Ziel und die Handlungsmittel sind noch nicht bekannt. In diesem Fall ist ein regelrechter Planungsprozeß durchzuführen, der
  - top-down, von der Zielvorstellung über die Teilhandlungen rückwärts oder
  - bottom-up, von »unten« nach »oben« verläuft, wobei jede Teilhandlung die Voraussetzung für die nächste schafft.

Handlungsausführung ist eine Aktivität, im Falle äußerer, gegenständlicher Handlungen die Ausführung beobachtbarer Bewegungen, in welchen Denken mit Sensomotorik ausdrücklich verknüpft wird. Bezieht sich Oesterreich (1987) auf diese sensumotorische Regulation, deren Betrachtung Guski (1989) noch um biomechanische Variablen ergänzt, so erweitert Hacker (1986) auf drei Ebenen der kognitiv zunehmend anspruchsvolleren Handlungsregulation:

- die sensumotorische Regulationsebene,
- die begrifflich-perzeptive Regulationsebene,
- die intellektuelle Regulationsebene.

Die Ausdifferenzierung dieses Drei-Ebenen-Modells durch Oesterreich (1987) bietet Ansatzpunkte zur Förderung der Regulationsfähigkeiten Geistigbehinderter.

Handlungskontrolle hat die Aufgabe,

- den Handlungsablauf vor Fehlern und Abweichungen zu bewahren (Verlaufskontrolle) und
- das Handlungsergebnis mit dem geplanten Handlungsziel zu vergleichen und zu bewerten (Ergebniskontrolle).

Die *Verlaufskontrolle* hat die einzelnen Teilziele zu bewerten, den kürzest möglichen, »optimalen Handlungsweg« (OESTERREICH 1987, 45) zu sichern und bereits bei minimalen Abweichungen gegenzusteuern. Die *Ergebniskontrolle* vergleicht mit dem antizipierten Produkt oder mit einem Modell, bedient sich also der Prozesse des Vergleichens, Beurteilens und Bewertens. Diese Prozesse bedürfen bei Geistigbehinderten der Förderung (vgl. auch MIESSLER, BAUER 1994).

In Abb. 3 werden diese vier Komponenten der Handlungsfähigkeit grafisch dargestellt.

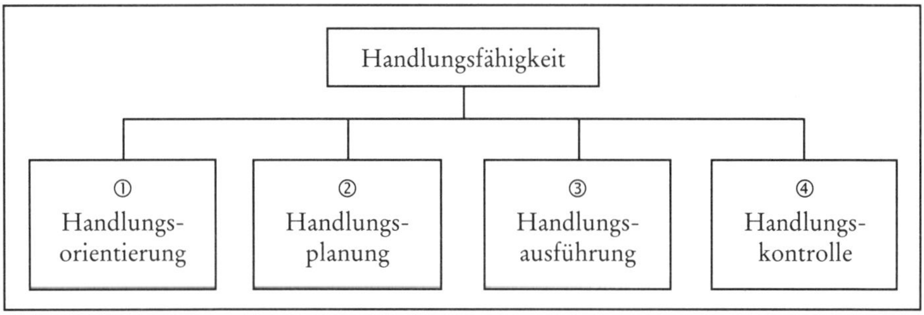

Abb. 3: Komponenten des Handelns und der Handlungsfähigkeit

Der Erwerb der Handlungsfähigkeit wird in den oben genannten Konzepten der Kulturhistorischen Schule als »Aneignung« beschrieben. Das Konzept der Aneignung, wie es von Leontjew beschrieben wird, wird als pädagogisch nützlich angesehen. Es beschreibt die Wechselwirkungen zwischen Individuum und Umwelt durch die individuelle Tätigkeit als Interiorisation und Exteriorisation, Prozesse in zwei gegensätzlichen Richtungen, die zusammen den Prozeß des Lernens, der Aneignung beschreiben, wie sie in Abb. 4 dargestellt sind.

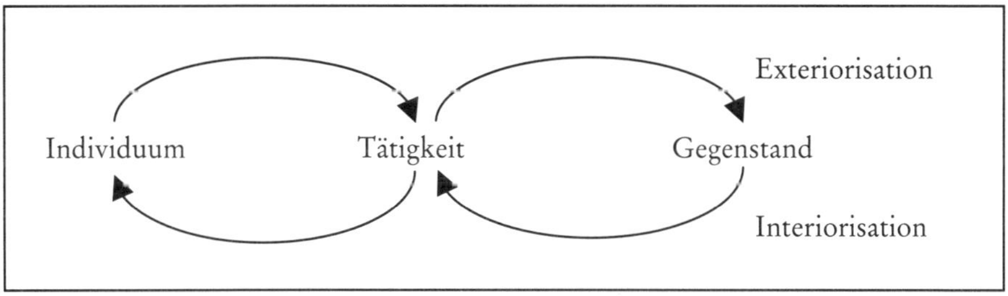

Abb. 4: Leontjews Konzept der Übergänge in der Tätigkeit

Da von der Kulturhistorischen Schule der Erwerb von Handlungsfähigkeit als Aneignung, damit als ein vom Erwachsenen vermittelter Lernprozeß beschrieben wird, ist die *Frage 4:* »Erlaubt eine solche aus einer nicht-pädagogischen Disziplin adaptierte Handlungstheorie den pädagogischen Zugang zur Förderung der Handlungsfähigkeit von Schüler(inne)n?« eindeutig *positiv beantwortet*. Die aus Frage 4 abgeleitete *Annahme 4:* »Eine pädagogisch adaptierte ursprünglich nicht-pädagogische Handlungstheorie eignet sich als Grundlage zur Förderung der Handlungsfähigkeit von Schüler(inne)n« ist *bestätigt*.

1.6 Fünfte Orientierung: Entwicklung des kindlichen Handelns

Eine letzte Orientierung fehlt uns noch, um die Frage 5: »Wenn Handlungsfähigkeit von Schüler(inne)n pädagogisch förderbar ist, an welchen Leitlinien soll sich diese Förderung dann orientieren?« zu beantworten und die daraus abgeleitete fünfte Annahme zu beurteilen, daß nämlich die Beschreibung der Entwicklung des kindlichen Handelns eine solche Orientierung bieten könne.

Bevor das Modell einer handlungsorientierten Didaktik konzipiert werden kann, ist die Orientierung an der Ontogenese menschlichen Handelns zu suchen. Diese Orientierung kann in Stufen zunehmender Differenziertheit gewonnen werden.

Eine *erste Orientierungslinie* gewinnen wir aus dem Konzept der Entwicklung der »dominierenden Tätigkeiten«, die Leontjew beschreibt als Abfolge von

- perzeptiver Tätigkeit (Ausbildung der Reflexe),
- manipulativer Tätigkeit,
- gegenständlicher Tätigkeit,
- Spieltätigkeit,
- (schulischer) Lerntätigkeit,
- Arbeitstätigkeit,

wobei das zeitliche Festschreiben dieser Tätigkeitsarten und deren Festmachen an sozialen Phänomenen (z. B. Spieltätigkeit während des Kindergartenbesuchs; vgl. ELKONIN 1980) in Bezug auf Geistigbehinderte kritisch zu diskutieren ist.

Die *zweite Orientierungslinie* gewinnen wir aus den Arbeiten von Piaget, insbesondere denen zur sensomotorischen Entwicklung. Zu diesem Aspekt kann auf die Darstellung bei Bigger (1993) zurückgegriffen werden. Die bei Bigger (1993) dargestellte Entwicklung des Verhaltens und der Nachahmung wird entlang einer *dritten Orientierungslinie* durch die Darstellung der Bewegungsentwicklung des Kindes nach Stemme und von Eickstedt (1998) ergänzt und vervollständigt. Die entlang der Zeitachse zunehmenden Handlungsmöglichkeiten werden als Ausnutzung zunehmend sich erweiternder Möglichkeitsräume beschrieben, deren Grundraster wie in Abb. 5 (S. 31) dargestellt werden kann.

Zusammenfassend wird die Entwicklung des kindlichen Handelns beschrieben als die zunehmende Umwandlung von Möglichkeitsräumen in Wirklichkeitsräume, was es gestattet, die Entwicklung des Handelns geistigbehinderter Kinder als Einengung der Umwandlungsmöglichkeit von Möglichkeitsräumen in Wirklichkeitsräume zu beschreiben (siehe Abb. 10 in Kapitel 2).

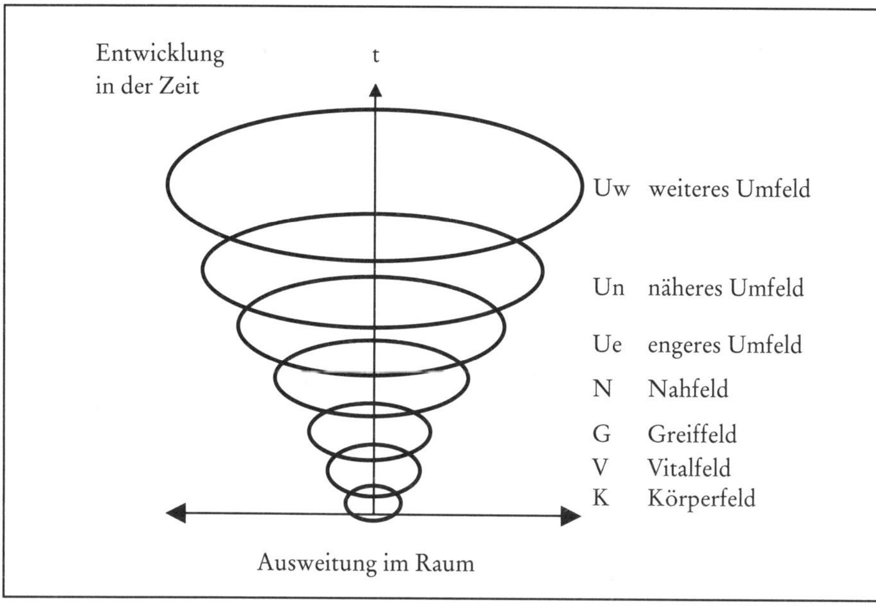

Abb. 5: Ausweitungen der Möglichkeitsräume in zeitabhängiger Ausweitung der Adaptation

Sollte uns eine angemessene Beschreibung der Entwicklung kindlicher Handlungsfähigkeit gelingen, so wäre damit die *Frage 5:* »Wenn Handlungsfähigkeit von Schüler(inne)n pädagogisch förderbar ist, an welchen Leitlinien soll sich diese Förderung dann orientieren?« *eindeutig beantwortet*. Die aus Frage 5 abgeleitete *fünfte Annahme:* »Eine am Handeln von Kindern orientierte Beschreibung der kindlichen Entwicklung kann als Orientierung zur Förderung kindlicher Handlungsfähigkeit dienen« könnte dann als *bestätigt* gelten. In den folgenden Kapiteln 2 bis 8 wird der Versuch einer solchen Beschreibung unternommen; in Kapitel 9 werden abschließend übergreifende Aspekte erörtert.

2 Ausgangspunkte

> In Ergänzung zu Leontjew und mit dem Ziel der Integration der beiden Konzepte werden die Grundannahmen in Piagets Entwicklungslehre und seine Begriffe dargestellt. Hieraus wird ein zweidimensionales Modell zur Entwicklung der Handlungsfähigkeit in einer zeitlichen (akkomodativen) und einer räumlichen (assimilativen) Dimension abgeleitet. Da Handeln sich – als äußeres Handeln – in Bewegung ereignet, ist unter Bezugnahme auf Stemme und von Eickstedt auf die Bewegungsentwicklung und deren Prinzipien einzugehen.

Viele Programme zur dezidierten Förderung einzelner Fähigkeiten bei geistig-behinderten Kindern, so nach Heidemarie Adam die »Mehrzahl der Programme zur Förderung von Sprache und Kommunikation« (ADAM 1993, 81) gehen von der Vorstellung des gleichen Entwicklungsverlaufes bei allen Kindern aus. Dabei wird angenommen, daß unabhängig von Art und Ausmaß einer Beeinträchtigung alle Kinder die gleichen Entwicklungsstufen nacheinander durchlaufen. Auch die von Heidemarie Adam (1978; 1997) vorgestellten entwicklungspsychologisch orientierten Curricula basieren auf der gleichen »Annahme, daß die Entwicklung von Kindern mit Behinderungen mit derjenigen von nichtbehinderten Kindern vergleichbar ist« (ADAM 1993, 81)[1].

Solche Curricula fußen auf der Annahme, daß Entwicklung entlang einer jeweils gleichen Abfolge in Sequenzen verläuft, die nacheinander durchlaufen werden müssen und nicht übersprungen oder in anderer Reihenfolge durchlaufen werden kön-

---

[1] Heidemarie Adam weist aber auch darauf hin, daß es durchaus Abweichungen von dieser Annahme gibt. So verläuft die Entwicklung des Laufens bei blinden Kindern nach de Jong (1968) nicht in der gleichen Abfolge wie bei sehenden Kindern:

Entwicklungssequenzen des Laufenlernens	
bei sehenden Kindern	bei blinden Kindern
1. Stützt sich mit den Armen ab 2. Sitzt für kurze Zeit allein 3. Rollt vom Rücken auf den Bauch 4. Kann frei sitzen 5. Kriecht, krabbelt 6. Kommt vom Liegen zum Sitzen 7. Zieht sich hoch und steht 8. Läuft langsam und hält sich an den Möbeln fest 9. Geht frei durch den Raum	1. Sitzt für kurze Zeit allein und hebt den Kopf 2. Rollt vom Rücken auf den Bauch 3. Kann frei sitzen 4. Stützt sich mit den Armen ab und hebt den Kopf 5. Läuft seitwärts und hält sich an den Möbeln fest 6. Kommt vom Liegen zum Sitzen 7. Zieht sich hoch und steht 8. Kriecht, krabbelt 9. Geht frei durch den Raum

(aus ADAM 1993, 84)

nen. Die bekannteste dieser Stadientheorien ist die von Piaget, auf welche viele Konzepte innerhalb der Geistigbehindertenpädagogik Bezug nehmen.

2.1 Grundannahmen in Piagets Entwicklungslehre

Piaget, von Hause aus Biologe, hat einige Grundannahmen der Biologie, so z. B. die systemtheoretische Betrachtung, auf die Entwicklungspsychologie übertragen. »Er betrachtet die psychologische Entwicklung wie einen biologischen Prozeß« (BIGGER 1993, 58). Zu diesen Grundannahmen aus der Biologie zog er die Beobachtung von Kindern in möglichst freien Situationen zusätzlich hinzu.

Piagets Theorie befaßt sich hauptsächlich mit den Altersunterschieden in der Intelligenz und konzentriert sich »auf das Erwerben von Operationen mit der Eigenschaft, Anpassung zu erleichtern, also auf Denken, Schlußfolgern, Problemlösen und Begriffsbildung« (MUSSEN, CONGER, KAGAN 1981, 337). Das Wesen der Intelligenz sieht Piaget »im logischen Denken oder formalen Schlußfolgern, mithin in Fähigkeiten, die sich im Stadium der formalen Operationen, der letzten Phase der kognitiven Entwicklung manifestieren« (MUSSEN, CONGER, KAGAN 1981, 337). Piaget bedient sich bei seinen Darlegungen bestimmter Begriffe, die in der Regel das Verständnis seiner Entwicklungslehre nicht unbedingt erleichtern. Diese Begriffe seien daher zunächst erläutert.

Organisation

Der Begriff der Organisation »bezeichnet die Tendenz bei allen Spezies, ihre Prozesse in geschlossenen Systemen zu systematisieren oder zu organisieren, die entweder physische oder psychologische sind« (GINSBURG, OPPER 1975, 32). Ginsburg und Opper geben hierzu ein Beispiel:

> »Der Säugling zum Beispiel hat nur alternativ die voneinander unabhängigen Verhaltensstrukturen verfügbar, Gegenstände entweder anzusehen oder sie zu greifen. Anfangs vermag er die beiden nicht zu verbinden. Nach einer gewissen Zeit der Entwicklung organisiert er diese beiden unabhängigen Strukturen in einer Struktur höherer Ordnung, die ihn befähigt, etwas gleichzeitig zu greifen und zu betrachten« (GINSBURG, OPPER 1975, 32).

Ginsburg und Opper beschreiben hier zunächst das Phänomen der einkanaligen Wahrnehmung über lediglich eine einzige Sinnesmodalität, die wegen dieser Modalitätsbegrenzung von Félicie Affolter »unimodal« genannt wird (AFFOLTER 1990), um sich in der Tätigkeit zur miteinander verbundenen mehrkanaligen, multimodalen Wahrnehmung weiterzuentwickeln (»intermodal« nach AFFOLTER 1990). Neisser (1976; 1979), Miller, Galanter und Pribram (1960; 1973) und Piaget (1947; 1961; 1969) bezeichnen Wahrnehmung als etwas Aktives; Neisser spricht dezidiert von einem »Wahrnehmungs- und Handlungszyklus«, wobei der Wahrnehmungszyklus mit einem Schema beginne (vgl. BISCHOFBERGER 1989). Nach Neissers Annahme erkundet der Wahrnehmende aktiv seine Umwelt, wobei dieses Erkunden von einem Schema geleitet wird. »Das Erkunden führt zu einer Informationsauswahl und damit zu einer Veränderung des Schemas. Ein Wahrnehmungszyklus ist damit abgeschlossen, aber das Erkunden noch nicht beendet« (BISCHOFBERGER 1989, 6). Vielmehr wird das veränderte Schema »zum Ausgangspunkt für weiteres Erkunden der Umwelt. Ein neuer Wahrnehmungszyklus kann beginnen« (BISCHOFBERGER a.a.O.).

Assimilation

Die *Assimilation* beschreibt im Konzept Piagets diejenige (geistige) Tätigkeit des Kindes, durch die eine äußere Situation so wahrgenommen oder gehandhabt werden kann, daß sie durch ein vorhandenes Schema bewältigt werden kann. Solche vorhandenen Schemata können z. B. ursprüngliche Umwelteindrücke, Sachverhalte oder Beziehungen sein. Assimilation ist »Strukturierung durch Einverleibung der äußeren Wirklichkeit in die aus dem eigenen Tun herausgewachsenen Formen« (PIAGET 1975; nach BIGGER 1993, 61) oder mit Mussen, Conger und Kagan »das Anwenden alter Gedanken und Gewohnheiten auf neue Objekte und bedeutet, daß neue Ereignisse als ein Teil bestehender Schemata gesehen werden« (MUSSEN, CONGER, KAGAN 1981, 49). »Assimilation« beschreibt damit die Anwendung des durch Akkommodation Angeeigneten.

> Beispiel: Wenn ein Kind gelernt hat, eine Rassel zu bewegen, die an einem Haken aufgehängt ist, und diese Handlung auf eine hängende Puppe anwendet, ist diese Verallgemeinerung ein Akt der Assimilation.

Assimilation heißt also etwas wiedererkennen, etwas in bestehende Handlungs- und Wissensstrukturen einordnen. Ginsburg und Opper (1975) unterscheiden drei Forman der Assimilation:

- funktionale Assimilation (GINSBURG, OPPER 1975, 48 ff, 53, 56 f, 59, 65, 72, 80, 116),
- verallgemeinernde Assimilation (GINSBURG, OPPER 1975, 48 ff, 57, 73),
- wiedererkennende Assimilation (GINSBURG, OPPER 1975, 48 ff, 54, 67).

Funktionale Assimilation

> Beispiel: »Am zweiten Tag beginnt Laurent zwischen Mahlzeiten im Leeren zu saugen [...]: Die Lippen öffnen und schließen sich wie beim richtigen Saugen, aber ohne Gegenstand« (PIAGET: Das Erwachen..., S. 36; GINSBURG, OPPER 1975, 47).

Erklärungsversuche:

1. Es kann ein Reflex im Spiel sein. So kann Laurents »leeres« Saugen etwa durch einen Finger als nicht bedingten Reiz ausgelöst sein (vgl. GINSBURG, OPPER 1975, 47).
2. »Kein äußerer Reiz ist der Aktivität vorausgegangen« (GINSBURG, OPPER 1975, 47).

3. Saugen – als konditionierter Reiz – könnte Lustgefühle wie beim Stillen erwekken.

Piaget verwirft alle drei Erklärungsversuche und erklärt dieses Verhalten »mit einer Form der Assimilation« (GINSBURG, OPPER 1975, 47), und zwar als funktionale Assimilation. Deren Prinzip besagt, »daß der Organismus die grundlegende *Tendenz* aufweist, *eine Struktur* – wenn er sie schon verfügbar hat – *auch anzuwenden*. Dies trifft besonders dann zu, wenn die Struktur *nicht sehr ausgebildet* oder in irgendeiner Hinsicht *unvollständig* ist« (GINSBURG, OPPER 1975, 48; H. d. H.J.P.). Dies gilt für angeborene wie für erworbene Strukturen. Das heißt, »daß Laurents Saugen ohne Nahrungsaufnahme schlicht die Tendenz des Saugreflexes darstellt, sich selbst zur Anwendung zu bringen. Dieses einfache Verhaltensschema ist noch nicht genügend ausgebildet und bedarf der Übung, um sich selbst zu festigen« (GINSBURG, OPPER 1975, 48). Verfügbare Schemata verlangen ihre Anwendung. Damit bringen sie »das Verhalten des Neugeborenen in Gang« (GINSBURG, OPPER 1975, 48). Ist so hervorgebrachtes Verhalten für das Kind von irgendwelcher subjektiven Bedeutung (nach Leontjew von »Sinn«), so versucht das Kind, derart interessante Ereignisse reproduzieren (GINSBURG, OPPER 1975, 80).

Nachahmung (aus funktionaler Assimilation)

Frühe Lautimitationen, für welche das Phänomen der »Vokalansteckung« als Bezeichnung bemüht wird (→ Modell-Lernen) führen zur Selbstimitation. Der Säugling produziert, »von den Lauten des Modells angetrieben, weiterhin viele verschiedene Vokalisationen, die wenig mit den Lauten des Modells zu tun haben. »Vokalansteckung« heißt also, daß das Modell verschwommene stimmliche Aktivität beim Säugling verursacht« (GINSBURG, OPPER 1975, 59). Darüber hinaus handelt es sich um »wechselseitige Nachahmung«. »Wenn das Modell einen Laut reproduziert, den der Säugling gerade ausstößt, wird das Kind veranlaßt, den gleichen Laut zu wiederholen. Ahmt das Modell nun seinerseits wieder das Kind nach, wird ein Muster von sich zwischen Kind und Modell ablösender Nachahmungen in Bewegung gesetzt [...]« (GINSBURG, OPPER 1975, 59).

Übertragung wie wechselseitige Imitation erklärt Piaget »unter Rückgriff auf das Prinzip der funktionalen Assimilation« (Tendenzen, Schemata zu wiederholen). Dabei wird unterstellt, daß der Säugling den vom Modell erzeugten Laut für seinen eigenen hält und »seinen eigenen« Laut wiederholt (vgl. GINSBURG, OPPER 1975, 59).

Assimilationen dienen gemeinsam mit den ihnen komplementären Akkommodationen der Anpassung des Individuums an seine Umwelt, welche in der Interaktion zwischen Individuum und Umwelt geschieht.

Verallgemeinernde Assimilation

ist eine der funktionalen Assimilationen »sehr verwandte Tendenz« (GINSBURG, OPPER 1975, 48). Ginsburg und Opper weiter: »Da Schemata der Übung und Wiederholung bedürfen, benötigen sie auch Gegenstände, die bei der Befriedigung dieses Bedürfnisses zu verwenden sind. Das Saug-Schema hat deshalb die Tendenz, sich auf eine Vielzahl von Gegenständen auszudehnen: es ›verallgemeinert‹« (1975, 48).

Piaget behauptet dabei Aktivität auf seiten des Kindes. »Der Saugreflex wird nicht einfach durch eine Reihe von Reizen aktiviert, sondern das Kind sucht – seinerseits aktiv – im Bemühen, sein Schema zu üben (funktionale Assimilation), nach einem Gegenstand, der die Anwendung des Schemas erlaubt« (GINSBURG, OPPER 1975, 48).

Damit ist auch die verallgemeinernde Assimilation als energetisch anzusehen: Über sein Handeln hat das Kind »die Möglichkeit, etwas über die Umgebung zu lernen. Der Saugreflex wird ›differenziert‹« (GINSBURG, OPPER 1975, 48).

Neugier (aus verallgemeinerter Assimilation)

»Während des dritten Monats« erforscht das Kind »auch neue Gegenstände oder Bewegungen«. Piagets Erklärung für dieses Neugierverhalten »verlangt eine Erweiterung, oder besser weitere Aufgliederung des Prinzips der verallgemeinernden Assimilation. Das Seh-Schema des Säuglings strebt nach Piaget danach, die Anzahl der Gegenstände, die es »benutzt«, zu vergrößern. [...] Er [der Säugling; H.J.P.] entwickelt visuelle Präferenzen, verhält sich selektiv. Seine Aufmerksamkeit ziehen solche Dinge an, die *gemäßigt neu* sind« (GINSBURG, OPPER 1975, 57; H.i.O.).

Piaget sagt, »das Kind suche aktiv nach neuen Reizen« (GINSBURG, OPPER 1975, 58) [Pöppel: das Gehirn]. Er hält diese Neugier für »eine Funktion der Beziehung zwischen dem neuen Gegenstand und der bisherigen Erfahrung des Individuums« (GINSBURG, OPPER 1975, 58; H.i.O.). »Das Neuheitsprinzip besagt also, daß Neugier nicht von der physischen Beschaffenheit des Gegenstandes abhängig ist, sondern vom Ausmaß der Verschiedenheit zwischen ihm und solchen Gegenständen, die der Person vertraut sind. Dies ist natürlich von der Erfahrung des Individuums abhängig« (GINSBURG, OPPER 1975, 58).

Wiedererkennende Assimilation

Wiedererkennende Assimilation nennt Piaget ein Verhalten des Kindes in den ersten Lebensmonaten, welches darauf schließen läßt, daß es »sehr einfache Akte des Wiedererkennens [...] vollziehen« (GINSBURG, OPPER 1975, 49) kann.

Beispiel: Das zufällige Finden der Brustwarze mit sofort einsetzendem Saugen (GINSBURG, OPPER 1975, 48-49).

»Wenn der Hunger sich [...] stärker bemerkbar macht, übt der Säugling Selektivität und Unterscheidungsfähigkeit bei der Auswahl der Gegenstände, an denen er saugt« (GINSBURG, OPPER 1975, 49). Ginsburg und Opper sprechen von einer »Rohform des Wiedererkennens« (a.a.O.) und meinen damit, daß der Säugling, »wenn nötig, den Unterschied zwischen der Brustwarze und anderen Dingen wahrnehmen kann« (1975, 49). Dabei muß Lernen eine Rolle spielen. »Eine Reihe von Erfahrungen ist notwendig, die das Wiedererkennen entwickeln helfen« (GINSBURG, OPPER 1975, 49). Das Kind kommt mit vielerlei Reizen in Berührung:

- visuellen,
- taktil-kinästhetischen,
- lagebedingten (vestibulären).

Allmählich lernt es, »zwischen vielen Aspekten zu unterscheiden«. »Wenn der Säugling die Brustwarze wiedererkennt, unterscheidet er also zwischen mehreren Erinnerungen. Er kommt über wiederholte Erfahrungen, die die Folge funktionaler und verallgemeinernder Assimilation sind, zu dieser Unterscheidung« (GINSBURG, OPPER 1975, 49). »Das Säuglingsverhalten offenbart also wiedererkennende Assimilation, wenn die Schemata den verschiedenen Aspekten der Umgebung selektiv zugeordnet werden« (GINSBURG, OPPER 1975, 67).

Akkommodation

Akkommodation meint »die Tendenz der Person [...], sich in Antwort auf Anforderungen der Umwelt zu verändern« (GINSBURG, OPPER 1975, 33); sie verlangt die Veränderung von (kognitiven) Schemata, um die aufzunehmende neue Information an ein vorhandenes Schema anzupassen oder um Widersprüche zu anderen Schemata oder der kognitiven Gesamtstruktur aufzulösen. Akkommodation ist damit eine – geistige – Tätigkeit, die dazu dient, Schemata so zu verändern, daß sie einer neuen Situation angepaßt werden können. Akkommodationen dienen damit der Bewältigung einer neuen Situation mit neuen Situationsmerkmalen und damit im Sinne Leontjews der Aneignung.

> Beispiel: Piagets Tochter befand sich im Laufställchen. Er reichte ihr einen Hahn aus Pappe so, daß dieser sich quer zu den Stäben befand, und beobachtete, wie das Kind versuchte, ihn zu sich heranzuziehen. Nach mehreren Versuchen gelang es dem Kind zufällig, den Hahn in aufrechte Position zu bringen und ihn zu sich hereinzuziehen.

Die Variation des Schemas »Ziehen« war also: greifen, drehen, dann ziehen. Der um das Drehen angereicherte Vorgang des Ziehens bildet nun ein verändertes, akkommodiertes Assimilationsschema, das neben den bisher erworbenen existieren wird.

Dieses Beispiel schildert die Koordination von visueller und taktil-kinästhetischer Wahrnehmung, auf welche Piaget die Herausbildung von Größenkonstanzen zurückführt. Visuelle Größenkonstanzen sind beim Säugling von sechs Monaten an zu beobachten (vgl. BISCHOFBERGER 1989, 7). Dabei bleibt die – subjektiv empfundene – taktil-kinästhetische Größe eines Gegenstandes gleich; die – subjektiv wahrgenommene – visuelle Größe dagegen verändert sich (vgl. BISCHOFBERGER 1989, 8). Bischofberger betont, daß Wahrnehmung an der kognitiven Entwicklung »wesentlich beteiligt« ist, jedoch »nur, wenn sie in der Aktion eingebettet ist« und stellt abschließend fest: »Wahrnehmung ist ein aktiver und konstruktiver Prozeß« (BISCHOFBERGER 1989, 8).

Auch Bach-y-Rita (1984) sowie Liberman, Cooper, Harris und MacNeilage (1963) betonen in ihren Motor-Theorien der kognitiven Prozesse, daß Erkennen an das vorgängige Selbst-Ausführen gebunden sei (vgl. auch BISCHOFBERGER 1989, 20). Dieser Ansicht widerspricht nicht, daß die signalschaffende Bewegung bei taktil-wahrnehmungsgestörten oder bei bewegungsbeeinträchtigten Kindern von einem Dritten durch »Führen« im Sinne Affolters ausgeführt wird. Entscheidend ist, daß die Wahrnehmung durch den Geführten erfolgt. »Deshalb ist Informationsvermittlung durch ›Führen‹ auch möglich bei Kindern und Erwachsenen, die die ›verursachenden Bewegungen‹ beim Lösen von alltäglichen Problemen nicht selbst vollziehen können: Das heisst aber auch, dass man durch ›geführtes‹ Problemlösen in Alltagssituationen Lernen hervorrufen kann« (BISCHOFBERGER 1989, 20).

Anpassung (Adaptation)

Die Wechselwirkung zwischen Assimilation und Akkommodation bezeichnet Piaget als Adaptation. Mit der menschlichen Tendenz zur ständigen Adaptation meint Piaget dann einen *aktiven Anpassungsvorgang*. Der Mensch paßt sich nicht nur an seine Umweltverhältnisse an, er gestaltet sie auch so um, daß sie sich ihm anpassen. »Alle Organismen werden mit der Tendenz geboren, sich der Umwelt anzupassen. Wie die Anpassung geschieht, ist von Spezies zu Spezies [...] verschieden. [...] Anpassung kann durch die Begriffe zweier komplementärer Prozesse beschrieben werden: ›Assimilation‹ und ›Akkommodation‹« (GINSBURG, OPPER 1975, 33).

Adaptation, immer wieder neue Anpassung von Assimilation und Akkommodation, dient dem Erlangen eines neuen dynamischen Gleichgewichts auf jeweils höherem Niveau. Diesen Prozeß bezeichnet Piaget als »Äquilibration«. *Äquilibration* meint Ausgleichung, Herstellung eines Ausgleichs, und ist der »einer biologischen Organisation zugrunde liegende Regelungsfaktor« (FURTH 1981, 189), der sich insbesondere »bei der Entwicklung und Wirkungsweise der Intelligenz« (FURTH 1981, 189) offenbart. Der Begriff beschreibt »die sich selbst regulierenden Prozesse des Kindes, auf Grund derer es von Entwicklungsstadium zu Entwicklungsstadium einen zunehmend höher werdenden Gleichgewichtszustand erreicht. Der Äquilibrationsprozeß ist die Grundlage des geistigen Wachstums« (GINSBURG, OPPER 1975, 217).

Das Kind interagiert mit seiner Umwelt. Veränderungen in seiner Umwelt kompensiert es mit Hilfe von gegenständlichen oder geistigen Handlungen. Hierdurch beseitigt das Kind Störungen in der bisher ausgewogenen (gleichgewichtigen) Beziehung zur Umwelt und stellt eine neue Ausgewogenheit, nunmehr auf höherer Ebene, her. »Äquilibration ist also ein intellektueller Entwicklungsprozeß, in dem Zustände eines gestörten Gleichgewichtes abgelöst werden und in dem auf Zeiten eines mangelhaften Realitätsverständnisses Zeiten größeren Verständisses folgen« (GINSBURG, OPPER 1975, 221).

Schema

Piagets die kognitive Entwicklung leitender Begriff ist, wie bei den »psychologischen Faktoren« genannt, das »Schema«, womit ein organisiertes Verhaltensmuster gemeint ist. »In Piagets Theorie wird solches organisiertes Verhaltensmuster »Schema« (schème) genannt« (GINSBURG, OPPER 1975, 35). Ginsburg und Opper machen darauf aufmerksam, daß der Begriff »Schema« eine sehr weite Bedeutung hat und sich auch auf Reflexe und angeborenes Verhalten beziehen kann. So spricht Piaget z. B. vom »Saug-Schema«. »Aber die große Mehrzahl der Schemata ist«, schränken Ginsburg und Opper (1975, 35) ein, »nicht angeboren. Sie gründen sich in irgendeiner Weise auf Erfahrung.« Es genügt jedoch eine kleinere Anzahl angeborener Schemata: Die allerersten Erfahrungen, die das Kind bei und nach seiner Geburt macht, gründen sich auf »Reflexe« bzw. auf angeborene Verhaltensprogramme.

Von diesen Grundannahmen aus beschreibt Piaget *vier Hauptabschnitte* der kognitiven Entwicklung des Menschen:

- Die Phase der *sensomotorischen Entwicklung*[1] (Geburt bis ca. 2;00 Jahre).
- Die Phase der *präoperativen Denkoperationen*[2] (ca. 2;00 bis ca. 7;00 Jahre), darin
    - die Phase des *vorbegrifflich-anschaulichen Denkens*[3] (ca. 2;00 bis ca. 4;00 Jahre),
    - die Phase des *anschaulichen Denkens*[4] (ca. 4;00 bis ca. 7;00 Jahre).
- Die Phase der *konkreten Denkoperationen*[5] (ca. 7;00 bis ca. 11;00 Jahre).
- Die Phase der *abstrakten Denkoperationen*[6] (ab ca. 11;00 Jahre).

Piaget geht davon aus, daß die Entwicklungsschritte, so wie er sie bezeichnet, alle aufeinander aufbauen. Das bedeutet nun aber nicht, daß alle Menschen auch die Stufe der formalen Operationen erreichen. Es bedeutet jedoch, daß die vorhergehende Stufe der Intelligenzentwicklung bewältigt sein muß, um die jeweils nächsthöhere Stufe erreichen zu können.

Insbesondere die sensomotorische Entwicklungsphase, die von Piaget auch am ausführlichsten beschrieben ist, ist auch für die Geistigbehindertenpädagogik von grundlegender Bedeutung. Die sensomotorische Intelligenz entwickelt sich aus den vorintelligenten Formen der Anpassung wie Reflexen, Reiz-Reaktions-Kopplungen und den intentionalen Handlungen. Intentionale Handlungen sind auf ein bestimmtes Ziel gerichtet, sind zweckbestimmte Handlungen, Vorhaben, welche die Anpassung der »geistigen Kräfte« auf dieses Ziel hin erfordern.

Folgen wir Piagets Konzept, dann vollzieht sich kognitive menschliche Entwicklung als zunehmende Anpassung des Individuums an die Umwelt, damit auch die

---

[1] im folgenden mit SME abgekürzt

[2] im folgenden mit POD abgekürzt

[3] im folgenden mit VAD abgekürzt

[4] im folgenden mit AD abgekürzt

[5] im folgenden mit KDO abgekürzt

[6] im folgenden mit ADO abgekürzt

Entwicklung seiner Handlungsmöglichkeiten, in den Paradigmata der Akkommodation und der Assimilation, die nicht als Gegensätze oder Pole eines Kontinuums gesehen werden dürfen, sondern in dialektischer Verschränkung zu betrachten sind. In dieser Verschränkung führen Akkommodation und Assimilation zur Aneignung und Anwendung neuer Schemata auf einem höheren Niveau, von Piaget als »majorierende Äquilibration« bezeichnet.

Akkommodation beschreibt einen individuellen Neuerwerb, eine Aneignung, und läßt sich durch einen dem Verlauf der Zeitachse von unten nach oben weisenden Pfeil darstellen (s. Abb. 6):

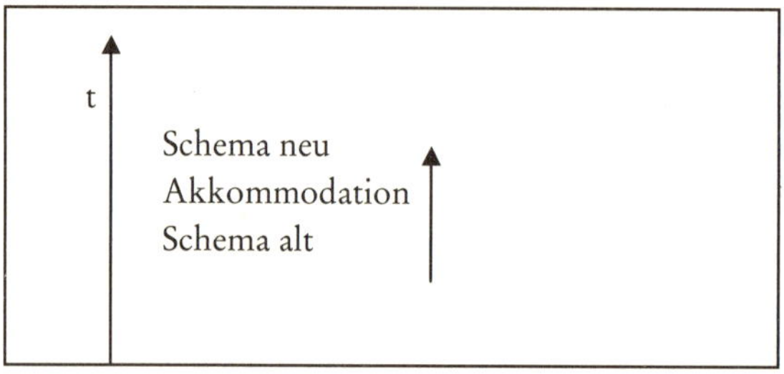

Abb. 6: Verlauf der Akkommodation

Assimilation beschreibt die Anwendung des neu angeeigneten Schemas auf weitere Sachverhalte und dient damit dem horizontalen Transfer. Analog läßt sie sich durch einen im rechten Winkel zur Zeitachse verlaufenden Pfeil darstellen (s. Abb. 7)

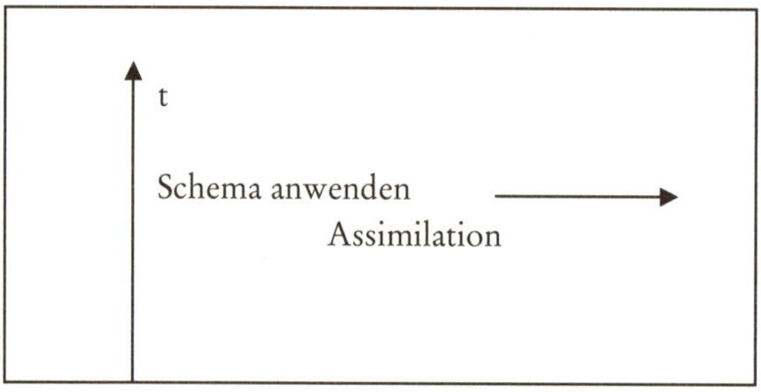

Abb. 7: Verlauf der Assimilation

Die Komplementarität von Akkommodation und Assimilation wird in der Sprache Piagets als »Adaptation« beschrieben (vgl. GINSBURG, OPPER 1975, 33), was sich als Kombination der beiden Pfeile darstellen läßt (s. Abb. 8):

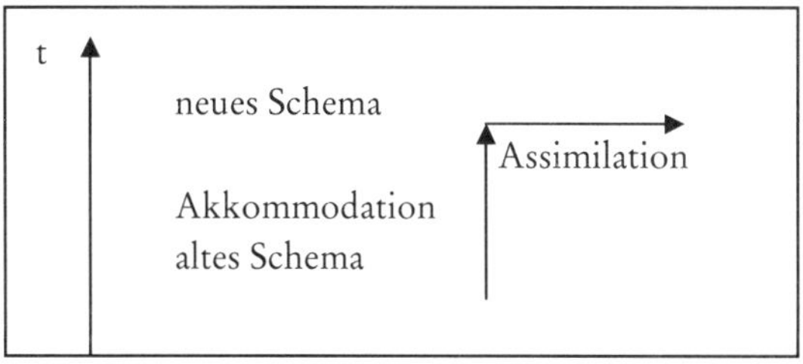

Abb. 8: Zusammenhang zwischen Akkommodation und Assimilation

2.2 Möglichkeits- und Handlungsräume

Anders ausgedrückt beschreibt Akkommodation den Erwerb einer neuen Handlungsmöglichkeit, damit einen qualitativen Entwicklungsgewinn bzw. die qualitative Anhebung der Handlungsmöglichkeiten, Assimilation die Nutzbarmachung dieser neuen Handlungsmöglichkeit an anderen Handlungsdingen, damit die quantitative Erweiterung des Handlungsraumes. Dieser dem Kind zugängliche *Handlungsraum* beschreibt nur einen Teil des Raumes überhaupt möglicher Handlungen, den wir als *Möglichkeitsraum* bezeichnen wollen. Zur Anwendung des neu erworbenen Schemas »ergreifen« (= greifen *und* festhalten) ist dem Kind die Menge tatsächlich erreichbarer Gegenstände zugänglich (z. B. Klapper, Holzklotz), (noch) nicht die Menge räumlich entfernter Gegenstände (z. B. Griff der Autotür in der Garage) und (noch) nicht abstrakter Gegenstände wie z. B. »eine Gelegenheit«, »eine Chance«. Letztere Dinge liegen für Säuglinge außerhalb des hic et nunc aneignenbaren Möglichkeitsraumes.

Es ist daher angebracht, zu unterscheiden zwischen einem

- *realistischen Möglichkeitsraum*, der durch assimilatives Handeln mit den gegenwärtig verfügbaren Handlungsschemata zum Raum der eigenen Verfügbarkeit, zum tatsächlichen Handlungsraum werden kann, und einem
- *potentiellen Möglichkeitsraum*, in welchem prinzipiell alle menschlichen Handlungsmöglichkeiten angesiedelt sind.

Zu einer ersten versuchsweisen Darstellung solcher Möglichkeits- und Handlungsräume bietet sich der Rückgriff auf die Darstellung pädagogischer Handlungsfelder bei Breitinger und Fischer (1993, 147) an (s. Abb. 9, S. 42).

Diese zweidimensionale Abbildung beschreibt, ähnlich wie die Kreise bei Günzburg (PAC, S-PAC usw.), den zeitlichen Ablauf nur unzureichend. Unter Einbeziehung des Zeitpfeils ist eine dreidimensionale Modellierung (s. Abb. 5 weiter vorne) vorzuziehen, die wegen des Zwangs zur Zweidimensionalität nur unzureichend angedeutet werden kann.

Die mit Nahen des Lebensendes eintretende Verengung der Möglichkeits- und Handlungsräume ist hier nicht berücksichtigt. Innerhalb der hier dargestellten Seg-

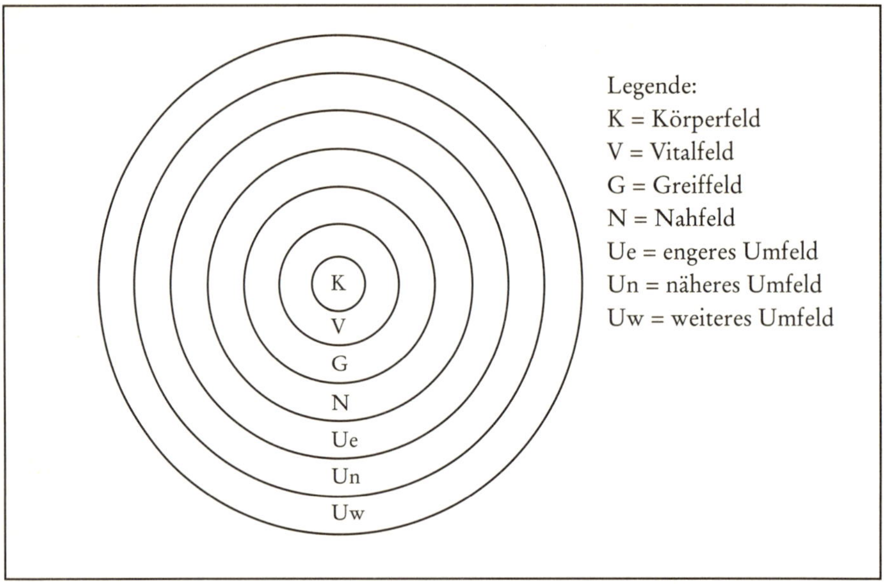

Abb. 9: Pädagogische Handlungsfelder
(nach BREITINGER, FISCHER 1993, 147; erweitert durch H.J.P.)

mente lassen sich auch die von Pfeffer als »Handlungsfelder« beschriebenen Möglichkeitsräume geistig (schwer) Behinderter so darstellen (s. Abb. 10), daß deren Einengung gegenüber dem dem Menschen potentiell Möglichen eindrücklich wird.

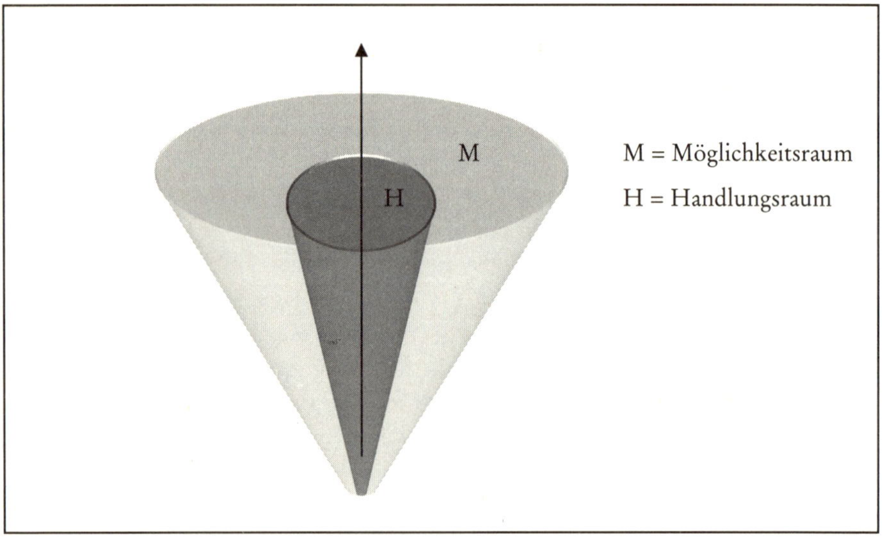

Abb. 10: Möglichkeits- und Handlungsräume geistig (schwer) Behinderter

2.3 Handlungsschema

In vorliegendem Modell wird davon ausgegangen, daß die Aneignung/Akkommodation vorgängig ist und erst nach erfolgter Aneignung neuer oder veränderter Schemata/Schemakombinationen deren Anwendung auf neue Gegenstände/Inhalte erfolgen kann. Die assimilationstauglichen Schemata entsprechen Aeblis Beschreibung des Handlungsschemas, von dem er fordert

»1. Ein Handlungsschema ist wiederholbar.
2. Es ist auf neue Aufgaben und auf neue Situationen übertragbar.
3. Ein Handlungsschema ist durch seine im wiederholten Vollzug invariante Struktur definiert« (AEBLI 1993a, 84).

Aebli geht aber auch davon aus, daß »dem Handlungsschema [...] ein organisiertes Wissen zugrunde [liegt], aus dem heraus sie erzeugt werden und das ihren sicheren und geläufigen Vollzug ermöglicht« (AEBLI 1993a, 84). Der Erwerb eines neuen Schemas setzt demnach »organisiertes Wissen«, also ein tiefergestuftes Schema voraus, welches zu seiner Herausbildung wiederum ein noch tiefer einzustufendes Schema voraussetzt, welches... Aeblis Argumentation führt zum infiniten Regreß. Er selbst läßt die Ableitungskette im Dunkel der individuellen Geschichte verschwinden und bemüht als letzte Quelle gar noch eine Gottheit (vgl. AEBLI 1994, 396). Ein solches Verschwimmen des Beginns individueller Entwicklung im Nebulosen kann nicht befriedigen.

Präziser äußert sich Piaget. Nach ihm kommt ein Neugeborenes nicht als »weißes Blatt« zur Welt, das dieser Welt hilflos ausgeliefert wäre. Es verfügt vielmehr von Anfang an über eine Anzahl von Verhaltensweisen, die es trainieren muß. Es kann z. B. hören, schmecken, sehen, schreien, saugen und seinen Körper bewegen.

Als biologische Faktoren des Kognitiven und der kognitiven Entwicklung betrachtet Piaget

- erbbedingte körperliche Strukturen, wie z. B. das Ohr, den Bewegungsapparat usw.;
- Reflexe und die Modifizierbarkeit der Reflexe;
- unveränderliche biologische Funktionen (Invarianzen) wie
  - das Organisieren und
  - das Anpassen (Adaptieren),
- welches im Wechselspiel zwischen Akkommodation und Assimilation geschieht;
- die Fähigkeit, ausgehend von Reflexen durch Lernprozesse neue psychische Strukturen aufbauen zu können;
- das Streben des Organismus nach stets neuem Gleichgewicht mit seiner Umgebung (Äquilibration) sowie
- das Bedürfnis nach Tätigkeit.

Als psychologische, d. h. nichtbiologische und veränderbare Faktoren betrachtet Piaget

- psychische Strukturen, also ein veränderliches, aber organisiertes System von Schemata, sowie die
- Schemata, worunter er organisierte Operationen versteht: Verhaltensmuster, Handlungsmuster, Denkmuster.

Den eigentlichen Entwicklungsprozeß der Kognition bestimmen nach Piaget die Faktoren

- majorierende Äquilibration, das Streben nach immer höherem, flexiblerem und besserem kognitiven Gleichgewicht,
- das Prinzip der von ihm beschriebenen Stufenabfolge,
- das Neuheitsprinzip und
- das Lernen durch Tätigkeit.

2.4 Bewegung

Alle Tätigkeit als äußere Tätigkeit (Leontjew) erfordert Bewegungen und ist nur als ausgeführte Bewegung beobachtbar. Entwicklung der Tätigkeit und damit Entwicklung des Handelns setzt die Entwicklung der Bewegungsfähigkeit voraus. Alles Leben ist Bewegung. Aber jede Bewegung »bekommt ihre besondere Bedeutung [erst] durch die Handlung, der sie dient« (STEMME, VON EICKSTEDT 1998, 8). Mit dieser Aussage stellen die Autorinnen Bewegung in einen umfassenderen Sinnzusammenhang, den der Handlung, der zielgerichteten und erfolgskontrollierten Tätigkeit. »Die Bewegungsentwicklung kann nicht losgelöst aus dem Sinnzusammenhang der jeweiligen Handlungen des Kindes verstanden werden« (STEMME, VON EICKSTEDT 1998, 49). Erst die Handlung gibt einer Bewegung ihren Sinn, verändert oder beendet sie und bestimmt deren Ziel und Ausmaß. Die gleiche Bewegung kann somit in einem anderen Handlungszusammenhang einen anderen individuellen Sinn haben.

Bewegungen, die Bewegungsfähigkeit des Kindes, entwickeln sich. Diese Entwicklung ist nur von der Position des außenstehenden Beobachters her beschreibbar, wenn sie das für alle Menschen gleichermaßen Gültige erfassen will. Die Beschreibung der Bewegungsentwicklung hebt also nicht auf den individuellen Sinn ab, sondern auf die im sozialen Kontext gültige Bedeutung.

Bewegung hebt sich von dem ab, was sich nicht oder anders bewegt, schafft Unterschiede und damit Möglichkeiten zur Unterscheidung, damit wiederum Möglichkeiten zur Wahrnehmung, zum Denken, zum Entscheiden, zum Handeln. Unterscheidungen, Vergleiche benötigen einen Bezugspunkt. Bei Bewegungen ist dieser Bezugspunkt das, was sich nicht bewegt, das Stabile. In diesem Spannungsverhältnis zwischen Stabilem und Bewegtem, zwischen Statik und Dynamik, kann die Entwicklung des kindlichen Bewegungsverhaltens beschrieben werden.

Auf menschliche Bewegungen und Bewegungsentwicklung bezogen, stellt sich dieser Dualismus dar als die scheinbaren Gegensätze von Bewegung (Dynamik) und

Haltung (Statik). Diese scheinbare Gegensätzlichkeit hebt sich dadurch zu einem eng verflochtenen Zusammenhang auf, daß Bewegung stets eines stabilen »Haltungshintergrundes« (STEMME, VON EICKSTEDT 1998, 17) bedarf und zu einer neuen stabilen Haltung führt. Das Homöostase-Modell erklärt auch diese Zusammenhänge als Finden eines neuen Gleichgewichts, als Äquilibration (Piaget). Bewegung dient somit der Akkommodation, die jeweils durch akkommodative Bewegung erworbene neue Haltung ist Basis der Assimilation. Diese Zusammenhänge beschreiben Stemme und von Eickstedt (1998, 18): »Haltung und Bewegung bilden in unserem Körper gemeinsam eine Einheit, deren Anteile gut aufeinander abgestimmt sind. Das ausgewogene Zusammenspiel von mobilen und stabilen Körperelementen bewirkt die Steuerung und Feinabstimmung unserer Bewegungen«.

Stemme und von Eickstedt beschreiben für die Bewegungsentwicklung fünf Prinzipien:

Erstes Prinzip: Aufrichtung gegen die Schwerkraft

Das neugeborene Kind ruht zunächst mit dem gesamten Körper auf der Unterlage, auf der es sich allmählich »sicheren Halt für seine Positionen und Bewegungen« (STEMME, VON EICKSTEDT 1998, 56) zu verschaffen lernt. Von diesem sicheren Halt aus richtet es sich Schritt für Schritt gegen die Schwerkraft in den Raum auf, wobei die stabile Basis immer kleiner und der Körperschwerpunkt weiter nach oben verlagert wird. Aus dem stabilen Gleichgewicht in der tiefen Lage wird ein labileres Gleichgewicht in den höheren Positionen, was mit zunehmend höheren Anforderungen an die Balance verbunden ist. Der Entwicklungsgewinn dieser Aufrichtung besteht in der deutlichen Vergrößerung von Bewegungsfreiheit und Handlungsraum.

Zweites Prinzip: Entwicklungsrichtungen

Die Dialektik der Bewegungsentwicklung zwischen Statik/Assimilation und Dynamik/Akkommodation findet sich wieder in den gegenläufigen Richtungen der Bewegungsentwicklung: sowohl von oben nach unten als auch von unten nach oben und sowohl von der Mitte nach außen als auch von außen zur Mitte.

Als allererste Bewegungen stehen dem Säugling die Mundbewegungen zur Verfügung, später erst die Hand- und Fingerbewegungen und danach die Fuß- und Zehenbewegungen. Dementsprechend erfolgen die »ersten Erkundungen über das Saugen« (STEMME, VON EICKSTEDT 1998, 57); danach erst übernehmen die Hände die führende Rolle. Diese wiederum erforschen zuerst die obere Körperregion, dann Bauch, Beine und Füße.

Aus der Bauchlage wird zuerst der Kopf gegen die Schwerkraft aufgerichtet, danach Schultern, Brust und Bauch, noch später das Becken. Auch beim Abstützen werden die oberen Gliedmaßen zuerst eingesetzt. Gleichzeitig wirken gegenläufige Aktivitäten von unten nach oben, z. B. das Einstemmen der Zehen in die Unterlage oder gegen die stabile Seite des Bettes, und beeinflussen die Entwicklung.

Die peripheren Körperteile Hände und Füße benötigen ihrerseits »den Halt der zentralen Körperabschnitte (Rumpf, Schultern und Hüften)« (STEMME, VON EICKSTEDT 1998, 59), deren Entwicklung wiederum von den Aktivitäten der peripheren Teile beeinflußt wird. So setzt z. B. das Greifen »eine gewisse Mindest-Stabilität im Körper voraus« (STEMME, VON EICKSTEDT 1998, 59), deren Herausbildung wiederum die ständig wiederholten Stütz- und Abstemmtätigkeiten der Gliedmaßen dienen. Handlungsfähigkeit in der Peripherie setzt den Halt vom Körperzentrum her voraus. Diesen stabilen Halt des Körperzentrums verschafft sich das Kind, indem es sich in eine Ecke seines Bettchens oder seines Kinderwagens bewegt und dann erst zu strampeln oder mit Dingen zu manipulieren, zu »spielen«, beginnt.

Drittes Prinzip: Symmetrie und Asymmetrie

Der symmetrische Bau des Körpers schafft beidseits Stützpunkte als Basis für Haltung und Bewegung. Symmetrie = Doppelseitigkeit gewährleistet Statik und Stabilität. Diese Stabilität erst ermöglicht die Verlagerung des Schwerpunktes auf die eine oder die andere Seite, wodurch die Symmetrie aufgelöst wird und die Beweglichkeit zunimmt. Gleichzeitig damit stellen sich »höhere Anforderungen an die Bewahrung der Haltung« (STEMME, VON EICKSTEDT 1998, 61).

Symmetriebetonte Phasen in der Bewegungsentwicklung wechseln sich mit asymmetrischen Haltungen und Bewegungen ab. Zu den Funktionen von Symmetrie und Asymmetrie sagen Stemme und von Eickstedt: »Immer, wenn es um Sicherheit geht, steht die Symmetrie im Vordergrund. Ist die Sicherheit einer Position jedoch annähernd gewonnen, läßt sich das Risiko eingehen, die Position beweglicher zu gestalten und die statische Symmetrie mehr und mehr aufzugeben« (STEMME, VON EICKSTEDT 1998, 61).

Es gilt also zunächst, die Position des Körpers symmetrisch abzusichern, um dann, wie beim Vor- und Zurückschaukeln, zunächst in symmetrische Bewegungen überzugehen, bevor Gleichgewichtsverlagerungen zur Seite hin erfolgen. Diese wiederum erschließen neue Bewegungsräume und -übergänge, z. B. das Absetzen zur Seite. Stemme und von Eickstedt veranschaulichen den Zusammenhang von Symmetrie und Asymmetrie in gegenüberstehender Grafik (Abb. 11, S. 47).

Dort, wo aus der symmetrischen Stabilität heraus neue Bewegungen möglich werden, erschließt sich dem Kind Neues, kann es neue Bewegungsschemata erwerben, sich aneignen. Diese Neuaneignung ist eine Veränderung im Individuum, mit Piaget eine Akkommodation. Solche Akkommodation eines neuen Bewegungsschemas führt zu einer neuen Stabilität, aus der heraus das Kind – nun aus neuer Position – handeln kann: Assimilation. Symmetrie, Stabilität steht somit für Sicherheit, die es erlaubt, bekannte Bewegungsstrategien einzusetzen. Erst wenn das Kind z. B. frei sitzen kann, beginnt es sich nach vorne zu bewegen, um einen Gegenstand zu ergreifen.

Abb. 11: Symmetrie und Asymmetrie (aus STEMME, VON EICKSTEDT 1998, 64)

Viertes Prinzip: Gleichzeitigkeit des Auftretens verschiedener Entwicklungsstufen

Reifungs- und Entwicklungsphasen folgen einander nicht in Schritt für Schritt abgrenzbarer Aneinanderreihung; vielmehr treten sie durchaus gleichzeitig auf und beeinflussen sich gegenseitig. Das bisher Angeeignete/Erworbene repräsentiert dabei den Bezug zur Vergangenheit und umfaßt die beherrschten Fähigkeiten als Repertoire an Erfahrungen, die Sicherheit verleihen. Aus dieser Überlegung heraus setzen Stemme und von Eickstedt »Vergangenheit« gleich mit »Sicherheit« (1998, 63).

Das, was neu angeeignet/gelernt wird, vollzieht sich in der Gegenwart. »Gegenwart« steht somit für die Dynamik des akkomodativen Vorgangs, aber auch für den assimilativen Vorgang des Anwendens und Übens, nach Stemme und von Eickstedt für »Sicher-Werden« (1998, 63).

»Zukunft« wird in dieser Betrachtung repräsentiert durch »bisher unbekannte und daher ungeübte Tätigkeiten« (STEMME, VON EICKSTEDT 1998, 63), die erprobt werden, die erst noch angeeignet werden wollen. Insoweit setzen die beiden Autorinnen »Zukunft« mit »Unsicherheit« gleich (a.a.O.).

Fünftes Prinzip: Höhere Fähigkeiten benötigen längere Entwicklungszeit

Dieses von Stemme und von Eickstedt (1998, 66) benannte Entwicklungsprinzip darf als trivial gelten und bedarf keiner weiteren Erläuterung. Es verweist uns jedoch auf die Notwendigkeit der Wiederholungen und Übungen, die, zum sonderpädagogischen »Prinzip« erhoben, auch mit dem Begriff der »Festigung« belegt, von vielen Autoren betont wird (z. B. JOSEF 1974; GRZESKOWIAK, KLEUKER 1979, SPECK 1977; 1993; HACKER 1986; F. VESTER 1993; vgl. PITSCH 1998, 164-166).

In ihrer Entwicklung erheblich eingeschränkte Kinder benötigen zuweilen äußerst lange Phasen der Übung und Festigung des Angeeigneten, bevor ein Neuerwerb möglich wird. Beispielhaft sei dies dargestellt am Entwicklungsverlauf des Kindes C. (weiblich) aus der vom Verfasser früher geleiteten Tagesstätte für Behinderte (s. Abb. 12).

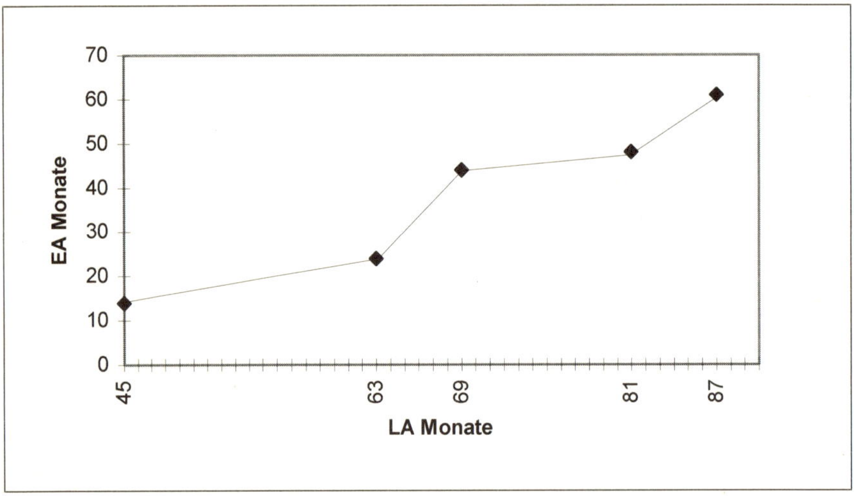

EA = Entwicklungsalter LA = Lebensalter

Abb. 12: Verlauf der psychosozialen Entwicklung von C. (weibl.); Quelle: Akte C. (1995); Archiv der Schule für Geistigbehinderte und Tagesstätte der AWO Dillingen (Saar)

3 Grundlagen der Entwicklung der kindlichen Tätigkeit

Nunmehr sind Grundlagen der und Grundannahmen zur Entwicklung der Tätigkeit darzustellen: Leontjews Konzept der Übergänge in einem interaktional erweiterten Modell, frühe sensomotorische Routinen sowie die bereits vorgeburtliche Entwicklung der Tätigkeit.

3.1 Grundannahmen zur kindlichen Handlungsfähigkeit

3.1.1 Interaktion

Handlungen finden in und als Interaktionen statt, als Interaktionen zwischen Individuen (soziale Handlungen), Interaktionen zwischen Individuum und Gegenstand (manipulative und gegenständliche Handlungen) sowie als gegenstandsorientierte Handlungen, bei welchen ein weiteres Individuum, häufig ein Erwachsener, nicht unmittelbar, sondern als Gestalter der Handlungs-(Umwelt-)bedingungen beteiligt ist (vermittelte Handlungen). Diese extraaktionale Beteiligung Dritter kann sich darstellen als bewußte Organisation des Handlungsfeldes, indem Handlungsgegenstände bereitgestellt/angeboten werden, oder als Modifikation des kindlichen Handlungsablaufs ohne Veränderung der kindlichen Zielorientierung.

Leontjews Konzept der Übergänge (welches in Abb. 13 noch einmal dargestellt wird, damit es auch als optischer Ausgangspunkt zur Weiterentwicklung dienen kann),

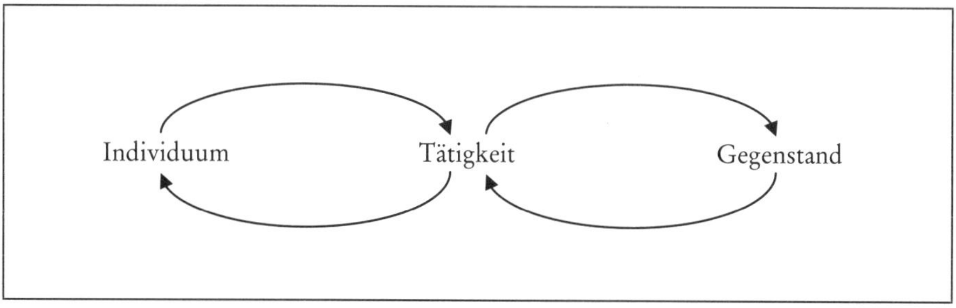

Abb. 13: Leontjews Konzept der Übergänge in der Tätigkeit

welches in der Reafferenz-(Rückkopplungs-)schleife die volle Aneignung beschreibt, kann dann um den Erwachsenen erweitert werden (s. Abb. 14):

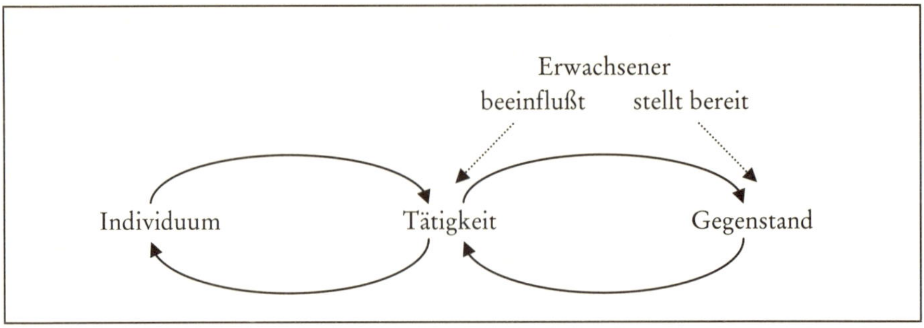

Abb. 14: Leontjews Konzept der Übergänge, erweitert um den Erwachsenen

Wird weiterhin berücksichtigt, daß der Handlungsgegenstand nicht ein Ding, eine Sache sein muß, sondern auch eine Person sein kann, sowohl die individuell-eigene wie eine andere, verändert sich das Schema (s. Abb. 15) in folgender Weise:

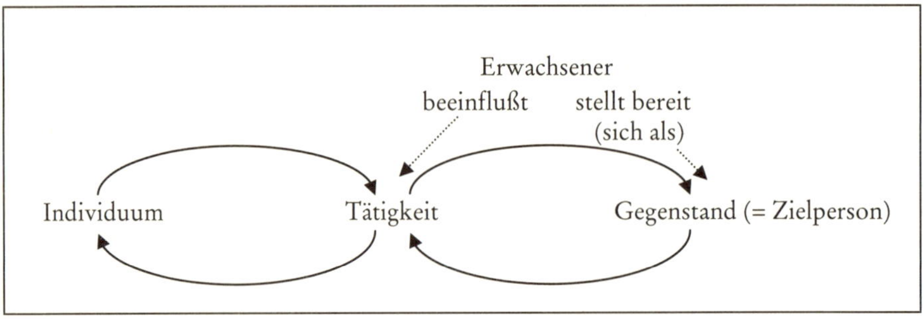

Abb. 15: Der Erwachsene als Vermittler und Ziel in der erweiterten Fassung des Leontjewschen Konzepts der Übergänge

Ist die Zielperson eine andere als das tätige Individuum, so sprechen wir von einer sozialen Handlung. Enthält diese Handlung Zeichen, die von der jeweils anderen Person zu deuten sind, so handelt es sich um (zunächst einseitige) Kommunikation. Einseitige Kommunikation ist bereits Handlung, wenn hierdurch eine vom Individuum intendierte Veränderung in der Umwelt erzeugt wird. Hierbei ist es unerheblich, ob die individuelle Tätigkeit unter Kriterien der »Bewußtheit« betrachtet werden kann oder nicht-bewußt geschieht. Auch das, was als »Bewußtsein/Bewußtheit« bezeichnet wird, unterliegt einer Entwicklung und bezeichnet deren Ergebnis. Es empfiehlt sich daher, zielorientierte Tätigkeiten des Neugeborenen und des Säuglings nicht nach Kriterien eines ohnehin bisher nicht klar definierten Bewußtseins zu beurteilen, sondern nur nach den beobachtbaren Kriterien der Tätigkeit (Bewegung) und der Ziel- bzw. Effektgerichtetheit.

Die Fähigkeit zu sehr frühem Informationsaustausch bezeichnet Furtado als »Kommunikative Kompetenz« (1992, 140) des Säuglings, wobei er »Kompetenz«

für »eine angeborene Fertigkeit« hält, »die sich gegenüber Umweltanforderungen entwickelt« (FURTADO 1992, 140). Da aufgrund des Effektivitätskriteriums »kommunikative Kompetenz« eine Handlungskompetenz ist, kann dem Neugeborenen eine angeborene, entwicklungsfähige Handlungskompetenz zugeschrieben werden. Sie beruht auf der biologischen Grundausstattung, die das Kind bei Geburt mitbringt, und bildet die Grundlage für das »biologisch vorbereitete Lernen« (BREDENKAMP 1998), weiter gefaßt: für die biologisch vorbereitete Aneignung.

Bereits in seinen ersten Lebenstagen führt das Kind erste zielgerichtete Tätigkeiten aus. Furtado bezeichnet sie als die »ersten kommunikativen Signale« (1992, 140), welche zur Interaktion zwischen Kind und Erwachsenem (Bezugsperson) führen. Die Zielorientierung solcher ersten Handlungen faßt Brazelton (1979) in dem Verb »guide«: »[...] an infant is not as helpless as he seems, and there are rewards as well as messages from an infant that can guide a new mother and new father« (BRAZELTON 1979; zit. n. FURTADO 1992, 140).

Für die Beurteilung der Entwicklungsmöglichkeiten später als geistigbehindert bezeichneter Kinder ist Brazeltons Hinweis von Bedeutung, »daß es stillen und passiven Säuglingen nicht gelingt, die Aufmerksamkeit der Bezugsperson auf sich zu lenken« (FURTADO 1992, 140). Furtado spricht in diesem Zusammenhang nur von einem erhöhten »Risiko für Erkrankungen« (1992, 140); mit Bezug auf das sehr weit gefaßte Verständnis von »Krankheit« in der WHO-Definition[1] stellt sich dieses Risiko jedoch dar als die Gefahr der Beeinträchtigung einer »gesunden« Entwicklung.

Furtados Annahme ist zuzustimmen, daß diese biologisch-basale kindliche Kompetenz »eine evolutive Bedeutung hat, wobei sie die Überlebenschancen eines Säuglings erhöht« (1992, 140), da sie dazu eingesetzt wird (werden kann), »die Aufmerk-

---

[1] Das hier angesprochene Verständnis von »Krankheit« leiten wir aus der von Burgschat mitgeteilten Definition von »Gesundheit« der WHO ab: »Gesundheit ist ein Zustand des völligen körperlichen, seelischen und sozialen Wohlbefindens eines Menschen« (BURGSCHAT 1994, 34). Damit ist Gesundheit kein objektiver Zustand, sondern ein vom einzelnen Individuum völlig abhängiges subjektives Gefühl, das individuelle Gefühl des Wohlbefindens. Dieses individuell-subjektive Gefühl des Wohlbefindens kann aber auch ein Mensch haben, der von der biologischen »Norm« des Menschen abweicht: der Blinde, der Gehörlose, der Gliedmaßenamputierte. Wenn aber »Gesundheit«, der WHO-Definition folgend, kein objektives Merkmal ist, kann dieser Zustand auch nur subjektiv-individuell erreicht werden: Nur das Individuum selbst kann sich gesund – oder krank – fühlen. Dieses Gefühl kann durch uns und unsere Maßnahmen nicht herbeigeführt werden. Wir können höchstens die Situation eines Menschen so verändern (»behandeln«), daß dieser Mensch eher als ohne unsere Hilfe dieses subjektiven Gefühl des körperlichen, seelischen und sozialen Wohlbefindens entwickelt.
»Gesund« zu sein ist damit eine aktive Leistung des einzelnen menschlichen Individuums, oder, wie Zimmermann (1970) es ausdrückt, »die Fähigkeit, sich an eine gegebene – belebte und unbelebte – Umwelt in seelischer wie körperlicher Hinsicht ständig und jeweils optimal anzupassen« (nach BURGSCHAT 1994, 34). Das Mißlingen dieser Anpassungsoptimierung wäre dann mit dem Begriff der »Krankheit« zu fassen. In diesem Verständnis sind »Gesundheit« und »Krankheit« kontradiktorisch.

samkeit der Bezugsperson zu gewinnen, zu erhalten und kohärente Reaktionen hervorzurufen« (FURTADO 1992, 140 mit Bezug auf Zukow et al. (1982) und Bruner (1982)). Die hier benannte basale – auch kommunikative – Handlungskompetenz ist von »anderen geistigen Funktionen« strukturell nicht zu trennen. Sie ist vielmehr als ein einheitliches System zu verstehen, »zu dem sensorische, motorische und kognitive Prozesse[1] beitragen« (FURTADO 1992, 140).

Das so verstandene basale Handeln erfordert wie elaboriertes Handeln »Motivation bzw. Intentionalität, Aufmerksamkeit und Reaktivität« (FURTADO 1992, 140). Motivation ergibt sich aus der physiologischen Lage des Säuglings heraus ohne Anforderungen an »Bewußtsein«, z. B. als viscerales[2] Phänomen (Hunger). Aufmerksamkeit wird bereits dem ›Bewußtsein‹ zugerechnet und gilt als Merkmal der Handlungsregulation (vgl. Galperin; Kabylnizkaja). Wenn wir auf Pöppels Verständis von Bewußtsein zurückgreifen, daß nämlich bewußt ist, was mitteilbar ist (vgl. PÖPPEL, EDINGSHAUS 1994, 183; 186), dann ist das kindliche Schreien, welches als Ausdruck von Hunger von der Bezugsperson verstanden wird, eine bereits bewußte, weil kommunikative Handlung.

Das von Furtado benannte Kriterium der Reaktivität ist ebenso erfüllt. Aktivität ist zunächst einmal als beobachtbare Bewegung festzustellen, als Bewegung des Stimmapparates. Re-Aktion ist feststellbar, wenn das Kind mit Beginn der (dann mütterlichen) Fütterhandlung[3] sein Schreien einstellt. Die Fütterhandlung ist deshalb als Teil der kommunikativen Interaktion zwischen Kind und Mutter zu sehen, weil sie die Antwort auf die von der Mutter so verstandene Mitteilung des Kindes »Hunger!« darstellt.

Das Kind benutzt jedoch nicht nur den ›vokalen‹ Kanal, um in seine Umwelt einzugreifen, sondern auch andere motorische Möglichkeiten wie Mimik, Gestik, die vom Handlungspartner visuell aufgenommen werden und diesen – im günstigen Falle – zu eigenem Handeln veranlassen. Auch Bates (1987) listet solche visuell erfaßbaren motorischen Äußerungen in den von ihm beschriebenen frühen Stadien der Sprachentwicklung auf:

a) prälinguistisch (Geburt bis 10 Monate):

[1] Wobei wir zu berücksichtigen haben, daß »kognitive« Ereignisse in der Tätigkeit geschehen und Kognition/Denken sich mit und aus dem Handeln heraus entwickelt (vgl. AEBLI 1993).

[2] Als visceral (viszeral; Nomen: Viscera) werden nach Kerkhoff und Ulbricht »die Organe im Körperinnern – Eingeweide« bezeichnet, »z. B. in Schädel, Brust, Becken« (o.J., 159), wofür Schwegler als Beispiel das Viscerokranium benennt, den unten vorne gelegenen Gesichtsschädel (vgl. SCHWEGLER 1996, 116).

[3] Der wohl niemand abspricht, voll entfaltete Handlung im Sinne Leontjews zu sein. Da das Kind an dieser Handlung als Interaktionspartner teilnimmt und auch i.d.R. deren Anfang und Ende bestimmt, ist hierbei auch dem Säugling »handeln« zuzuschreiben. Bezüglich der Fütterhandlung hat der Säugling als handlungskompetent zu gelten.

Entwicklung der Sprachwahrnehmung erste Vokalisationen, Lallen	Produktion von absichtlicher Kommunikation durch *Gestik* und Laute

b) erste Wörter (von 10 bis 14 Monaten):
Übergang von präsymbolischen gestischen und vokalen Routinen zum Verständnis, daß Dinge Namen haben (nach FURTADO 1992, 140; H. d. H.J.P.).

Nach Bates et al. (1987) ist die vorsprachliche Phase der Sprachentwicklung »charakterisiert durch die Abwesenheit objektiver Hinweise von Intentionalität. Anders als Intentionalität ist sie von der Begier, dem Appetit zum Kommunizieren gekennzeichnet« (FURTADO 1992, 140). Diese Ansicht ist dann nachvollziehbar, wenn Intentionalität verstanden wird als das bewußte Auswählen eines Handlungsziels und als der realen Handlung zeitlich vorausgehendes bewußtes Festlegen eines Handlungsziels. Wir haben jedoch gesehen, daß Handlungsziele zum einen etwa aus visceralen Ereignissen/Empfindungen resultieren können, zum anderen sich auf das Tätigsein, auf die Ausführung von Handlungen selbst richten können, wie es z. B. von Piaget als Ketten gleichförmig sich wiederholender Handlungsschemata beschrieben wird.

Der Intentionalitätsbegriff von Bates ist zu eng gefaßt, um z. B. Lallmonologe oder sich wiederholendes Manipulieren mit Gegenständen (Bewegungsfolgen) als intentional und damit als Handlung beschreiben zu können.

3.1.2 Frühe sensomotorische Routinen

Handlungskompetenz wird hier in Anlehnung an Furtado verstanden »als eine sich entwickelnde angeborene Fertigkeit, bei deren Entwicklung sensomotorische Routinen in einem System zusammenwirken« (FURTADO 1992, 140). Säuglinge sind zu gemeinsamem Verhalten (matching behavior) fähig. Gemeinsames Verhalten ist wechselseitig aufeinander abgestimmtes Verhalten mindestens zweier Individuen, welches sowohl als Kommunikation als auch als soziale Handlung beschrieben werden kann. Die sich hieraus zunächst entwickelnden Schemata[1] basieren auf zwei Voraussetzungen (PETERSEN 1982; nach FURTADO a.a.O.):

a) der Fähigkeit zu früher perzeptorischer selektiver Aufmerksamkeit und
b) der Fähigkeit zu unterscheidungsfähiger Reaktion.

Säuglinge im Alter von zwei Monaten zeigen deutliche Reaktionen auf Personen und Objekte (TREVARTHEN 1977; nach FURTADO a.a.O.), was für das Vorliegen einer selektiven Aufmerksamkeit für menschliche Signale (auditiv und visuell) spricht.

Bei 40 gesunden 72 Stunden alten Neugeborenen fanden Meltzoff und Moore (1989) Imitationen von Zungen- und Kopfbewegungen. Die Autoren schlossen

[1] Nicht »Schemen«, wie Furtado (1992, 140) schreibt. Piaget unterscheidet zwischen »schéma« = Schema und »schème« = Schemen, unklarer, verschwommener Umriß.

daraus, »daß die Säuglinge anscheinend schon sehr früh fähig sind, bei gemeinsamem Verhalten (»joint behavior«) eine motorische Koordination und Verknüpfung ausgewählter Handlungen durchzuführen« (FURTADO 1992, 140). Furtado weist allerdings darauf hin, daß in realen Lebenssituationen »sich die Mütter in der Interaktion eher wie Imitatoren ihrer Säuglinge« (1992, 140) zeigen. Diese Beobachtung wird von vielen anderen Autoren bestätigt (z. B. Papoušek und Papoušek (1995); Dornes (1997)).

Gleichwie: Die von beiden Interpretationsrichtungen geschilderten sensomotorischen Koordinationen des Säuglings zeigen »eine erhebliche Komplexität« (FURTADO 1992, 141), die in der dargestellten äußerst kurzen Lebenszeit noch nicht als erworben/gelernt/angeeignet gelten kann. Konsequenterweise spricht Trevarthen von »präprogrammierten Verhaltensmustern« (1974; 1987), von angeborenen Verhaltensschemata. Mit der Annahme angeborener Schemata liegt es nahe, deren Entstehungshintergrund in der phylogenetischen Entwicklung der menschlichen Gattung zu suchen.

Dies bedeutet zusammengefaßt: Die Phylogenese der Gattung Mensch, die sich in der Ontogenese abbildet, bildet die Grundlage der menschlichen Handlungsfähigkeiten. Mit Furtado ist jedoch zu ergänzen: »Es ist die Sozialisation innerhalb einer gewissen Gesellschaft, die die weitere Entwicklung der [...] [Handlungs-] Kompetenz bestimmt« (FURTADO 1992, 141). Diese Ansicht stimmt überein mit der materialistischen Sicht von Intelligenz bei Seidel und Ulmann (1978), so daß wir übereinstimmend ausgehen können

- von einer für alle Menschen gleich gültigen phylogenetisch herausgebildeten ›biologischen‹ Grundausstattung an Handlungskompetenz und
- deren individuell spezifischer weiterer Ausprägung und Ausdifferenzierung (›Entwicklung‹) in der individuell je unterschiedlichen tätigen Auseinandersetzung mit der individuell je unterschiedlichen personalen und dinglichen Umwelt.

3.2 Vorgeburtliche Entwicklung der Tätigkeit

Jantzen unterteilt die vorgeburtliche Entwicklungszeit des Kindes in zwei Phasen:

1. Die Embryogenese, eine Phase der Zellverschmelzung, der Blastogenese und Morphogenese;
2. die Fetogenese, in welcher er bereits vorgeburtliche Lernprozesse annimmt.

Die Fetogenese umfaßt die letzten beiden Drittel der Schwangerschaft. Als Hauptfunktion der Entwicklung in dieser Zeit bezeichnet er die »Widerspiegelung der Körperfunktionen im ZNS« (JANTZEN 1992, 183).

Zum Zeitpunkt der Geburt müsse man, so Jantzen, ausgehen von

1. einem Status der Stabilität/Labilität des ZNS, der durch die bisherigen vorgeburtlichen Tätigkeitsprozesse hergestellt sei,

2. einem Inventar unbedingter Reflexe bei Geburt,
3. einem »Lernstatus des neugeborenen Kindes« (JANTZEN 1992, 183).

Im Laufe der Schwangerschaft, so nimmt Jantzen an, »beginnen einzelne Zellpopulationen zunehmend in Interaktion mit anderen (z. B. Herzmuskel- und Herznervenzellen) als ganzheitliche Organe zu funktionieren und stehen in dieser Funktion wieder in Wechselwirkungen mit anderen Teilen des ganzheitlichen Organismus« (JANTZEN 1992, 183). Zunehmend entwickelt sich die Funktionsfähigkeit erster spezialisierter Sinnesorgane und ihre Integration und ab der 14. Schwangerschaftswoche des vestibulären Systems, welches insbesondere die Raumlage integriert. Damit sei der Übergang vom Stadium der Sensibilität zur perzeptiv-sensorischen Psyche gegeben.

Die perzeptiv-sensorische Integration erfolgt nach Jantzen vorwiegend auf der Ebene des Hirnstamms; es finden sich jedoch bereits erste komplexe Bewegungsmuster wie z. B. der Babinski-Reflex, Daumenlutschen, Schlucken von Fruchtwasser usw. Diesen Bewegungsmustern schreibt Jantzen funktionelle Bedeutung zu: »Das Schlucken von Fruchtwasser aber auch das Lutschen am Daumen dienen der Schließung der Lippen-Kiefer-Gaumenspalte und der Formung des Kiefers, das Bewegen der Arme und Beine, der Formung der Gelenke usw.« (JANTZEN 1992, 184). Gleichzeitig, so Jantzen, werden diese Bewegungen und Aktivitäten auf einer sich entwickelnden höheren Ebene des ZNS widergespiegelt, auf einer zweiten, reflexiven Ebene.

Nun werden die Fähigkeiten der perzeptiv-sensorischen Psyche weiter ausgebaut; dabei kommt es zu einer hierarchischen Ordnung der Muster in den Zwischenhirnfunktionen. Diese höhere Integrationsebene führe zu einer Hemmung der niedereren Integrationsebene, was zum Verschwinden ursprünglicher Bewegungsmuster in der 17. bis 22. Schwangerschaftswoche und zu ihrem allmählichen Wiederauftreten in der 23. und 24. Schwangerschaftswoche führe. »Gedächtnismuster der niederen Ebene und der höheren interferieren (stören sich gegenseitig), d. h. die Gedächtnismuster der höheren Ebene sind noch nicht so stabil, daß sie die der niederen [...] verfeinert steuern können, aber doch schon so weit, daß sie ihr unvermitteltes Auftreten hemmen« (JANTZEN 1992, 184). Mit dem Wirksamwerden dieser höheren Integrationsebene beginnt sich nach Jantzen die Orientierungsreaktion[1] zu entwickeln. Auch der akustische Analysator wird in dieser Zeit funktionsfähig.

---

[1] Pawlows Untersuchungsbefunde zum Orientierungsreflex sind von Sokolow detaillierter fortgeführt worden, der ein ganzes Bündel von somatischen und vegetativen Reaktionen in einem »ganzheitlichen funktionellen System« (LENGEWIE, EHLERS 1999, 14) fand:

- motorische Reaktionen wie z. B. die Unterbrechung der momentanen Tätigkeit, Bewegungen von Kopf und Augen zur Reizquelle hin;
- Reaktionen der Sinnesrezeptoren wie z. B. Pupillenerweiterung und Erniedrigung der Reizschwelle;

Gleichzeitig mit der Orientierungsreaktion entsteht »die Möglichkeit der Neuigkeitsverarbeitung und Gedächtnisbildung durch den Theta-Rhythmus des Hippocampus« (JANTZEN 1992, 185), was durch die Ausdifferenzierung der Schichten der Großhirnrinde und der Ausformung des Großhirns unterstützt wird; dies führe zu einer zunehmenden Einbeziehung in die Gedächtnisbildung. Damit wird, so Jantzen, »die Grundlage der Reflexivität geschaffen, also der Übergang zur perzeptiv-operativen Psyche« (JANTZEN 1992, 185).

Nach Milani Comparetti beginnen sich drei Arten von motorischen Mustern im vorgeburtlichen Bereich zu entwickeln:

1. 10.-20. Woche: »Primäre motorische Muster« (MILANI COMPARETTI 1998, 5), welche durch genetische Bedingungen grundgelegt sind.
2. Zum Teil mit der ersten Phase überlappt: »spezies-spezifische Muster durch die Exponierung zu Umweltproblemen« (JANTZEN 1992, 186). Dies entspricht der Phase nach der ersten Diskontinuität. Milani Comparetti spricht von »primären Automatismen« (MILANI COMPARETTI 1998, 5). Diese primären Automatismen herrschen auch in der nachgeburtlichen Zeit vor.
3. Erst in späteren Monaten der nachgeburtlichen Entwicklung überwiegen die »sekundären Automatismen« (MILANI COMPARETTI a.a.O.). Diese entstehen nach Ansicht von Milani Comparetti »auf der Basis der geistigen Repräsentation der Bewegungsvollzüge in den willentlichen Handlungen und sichern die geistige Repräsentation des Zwecks« (JANTZEN 1992, 186).

- Veränderungen der im EEG aufweisbaren hirnelektrischen Tätigkeit wie die Blockierung vorhandener Alpha-Wellen und das Verschwinden langsamerer »Schläfrigkeits-Wellen« (LENGEWIE, EHLERS 1999, 114);
- vegetative Reaktionen wie kurze Beschleunigung des Herzschlags, galvanische Hautreaktionen, »Kontraktion der peripheren Blutgefäße und Erweiterung der Kopfblutgefäße« (LENGEWIE, EHLERS 1999, 114).

Wegen dieser Komplexität ist es auch angeraten, nicht von einem Orientierungs*reflex*, sondern von einer Orientierungs*reaktion* zu sprechen, die dann eintritt, wenn der Wahrnehmungseingang nicht mit dem vorhandenen neuronalen Modell des Wahrnehmungsfeldes übereinstimmt (mismatch). Nach Öhmann tritt die Orientierungsreaktion jedoch »auch beim Auftreten von erwarteten, aufgabenrelevanten Signalen« (LENGEWIE, EHLERS 1999, 114) auf, womit die Autoren »auch Formen der aktiven Aufmerksamkeit im Sinne einer Verhaltenssteuerung durch das Bewußtsein« (ebd.) erklären. Lengewie und Ehlers betonen, daß die Orientierungsreaktion reizunspezifisch ist; »sie kann durch Reize jeder Sinnesmodalität ausgelöst werden« (1999, 114). Neurophysiologische Grundlage sei das »aktivierende Retikulärsystem« (LENGEWIE, EHLERS 1999, 114).

Schwangersch.-woche	Allgem. Kennzeichnung	Bewegungsabläufe	Wahrnehmungsfunktionen	ZNS-Entwicklung
0-6	Entwicklung und Bewegung von Zellpopulationen; Dominieren der Herztätigkeit	Zellmigration; Herzschlag ab 3. Woche	Rezeptorfunktionen auf Zellniveau	5. Woche: Anlage der Großhirnhemispheren
6-16	Dominieren erster reflektorischer Muster (zunächst myogene Reaktionen, später ganzheitliche Muster)	7½ Wochen: Erstes neuromuskuläres Verhalten; 9-11 Wochen: Reflektorische Muster bei Mundstimulation; ca. ab 13. Woche: BabinskiReflex, Daumenlutschen, Schlucken von Fruchtwasser, Kopfdrehen, Bewegung von Armen und Beinen; 16. Woche: Greifreflex	8-8½ Wochen: Sensibilität im Mund-, Hals-, Nackenbereich; ab 12. Woche Haut insgesamt; ab 13. Woche: Geschmacksempfindung, (Geruch); ab 14. Woche: Funktion des vestibulären Systems	Zunehmende funktionelle Regulation durch Funktionen des Hirnstamms, Hirnnerven erreichen ihre Zielorte
17-22 23-24	Erste Diskontinuität: Entwicklung der führenden Rolle der Zwischenhirntätigkeit Allmähliches Rückkehren der Bewegungsmuster; Überlebensfähigkeit außerhalb des Uterus	Reduziertes Aktivitätsniveau bis zur 24. Woche: Neuentwicklung in gleicher Reihenfolge wie vorher: Von Kopf und Nacken über Arme zum unteren Rumpf. Ab 19.-20. Woche: Stoßen gegen Uteruswand, isolierte Reaktion auf Druck	21. Woche: Funktionsfähigkeit des akustischen Analysators (Evozierte Potentiale) Orientierungsreaktion als Basis des Aufbaus bedingter Reflexe	Zunehmende Dominanz thalamischer und striatärer Funktionen, Hemmung niederer Zentren, Beginn der Myelenisierung. Theta-Rhythmus (4-6 Hz) des Hippocampus
24-33	Ausbau der führenden Rolle des Zwischenhirns und beginnende Widerspiegelung in der Neocortex. Aktivation, Motivation, Emotion, Rhythmen	Assoziation von Körperbewegungen mit Herzschlag. EEG. Auftreten von Wachheits- und Ruheperioden. Zwei Basiszyklen rhythmischer Aktivität (ev. REM-Schlaf). Ab 28. Woche: TNR klar vorhanden. Lächeln, Grimassieren, Stirnrunzeln	26. Woche: Funktionsfähigkeit des optischen Analysators (EP) 27. Woche: Reaktion auf akustische Reize 29. Woche: Reaktion auf optische Reize	Abschluß der grundlegenden morphologischen Differenzierung (Verästelungstyp) Weitgehender Abschluß der Schichtung des Neocortex
33-36	Körperhaltung, integriertes Verhalten, Gesichtsausdruck, kortikale Wachheit	Koordination und Kortikalisierung der Bewegungsmuster; bei Frühgeburt: Schreien, Daumenlutschen, Grunzen, Gähnen	Stille Aufmerksamkeit	Wachstumsspurt; Myelenisierung der somästhetischen Bahnen

Tab. 2: Stufen der vorgeburtlichen Entwicklung der Tätigkeit (aus JANTZEN 1992, 182)

Jantzen macht unter Bezugnahme auf viele andere Autoren aber auch darauf aufmerksam, daß die von ihm mit »Wahrnehmung« bezeichnete früheste kindliche Tätigkeit nicht aus dem Nichts entsteht, sondern im Verlaufe der intrauterinen Entwicklung vorbereitet worden ist. So ist z. B. nach Rutter und Bax (1972) der Fetus in den letzten Monaten der Schwangerschaft bereits »in der Lage, sich auf leise Töne hin zu bewegen« (FURTADO 1992, 141). Einige Wochen vor der Geburt besitzt er einen funktionsfähigen Gehörsinn (ASLIN 1987; nach FURTADO a.a.O.). Über den Verlauf dieser tätigkeitvorbereitenden Entwicklung von der Befruchtung der Eizelle bis zur Geburt gibt Jantzen in Tabelle 2 Auskunft.

4 Entwicklung einer basalen Handlungsfähigkeit

Das vierte Kapitel befaßt sich mit der nachgeburtlichen Entwicklung einer basalen Handlungsfähigkeit, wobei versucht wird, Leontjews »perzeptive Tätigkeit«, Piagets Stadien I und II der sensomotorischen Entwicklung und Grundlagen der frühesten Bewegungsentwicklung nach Stemme und von Eickstedt (1998) zusammenzuführen, so daß ein erstes, basales Handelnlernen des Kindes nach der Geburt beschrieben werden kann. In diese Beschreibung wird – in Anlehnung an Schulte-Peschel und Tödter (1996) – die zunehmende Ausdifferenzierung der im zweiten Kapitel beschriebenen Handlungskomponenten eingearbeitet.

4.1 Ausbildung der Reflexe und der Wahrnehmungstätigkeit

Mit dem Abschluß der intrauterinen Entwicklung hat das Zwischenhirn die führende Rolle übernommen. Damit verbunden ist eine »zunehmende Bahnung kortikaler Prozesse« (JANTZEN 1992, 185), also von Prozessen im Kortex, dem Großhirn. Allmählich beginnt die kortikale Ebene zu dominieren, wozu die Voraussetzungen in der Tätigkeit und durch die Tätigkeit geschaffen werden. Dieses Dominieren der kortikalen Ebene wird bereits für den letzten Schwangerschaftsmonat angenommen (Jantzen a.a.O.). Jantzen vermutet, daß das Tätigkeitsrepertoire des Neugeborenen bereits »den Kriterien der individuellen Bildung von Gegenstandsbedeutungen genügen« (JANTZEN 1992, 185) muß, ein Entwicklungsniveau, welches üblicherweise erst auf der IV. Stufe der sensomotorischen Entwicklung nach Piaget angenommen wird.

In keinem Fall, so Jantzen, sei das Neugeborene ein bloßes *Reflexwesen*. Als Reflexe bezeichnet er »nach dem Reflexbogenprinzip auslösbare, spinale und subkortikale Muster ohne Rückkopplung, die Stück für Stück ausreifen« (JANTZEN 1992, 185). Reflexe werden als die *»automatischen, beliebig wiederholbaren und zweckgerichteten Antworten des Organismus auf Reize«* (SCHMIDT, WIESENDANGER 1993, 87; H.i.O.) verstanden, wobei die Reize aus der Umwelt oder aus dem Inneren des Individuums selbst kommen können. Sie gelten als stammesgeschichtlich oder individuell »besonders zweckmäßige Antworten auf diese Reize« (SCHMIDT, WIESENDANGER 1993, 87) und können sowohl angeboren als auch erlernt sein. Die meisten dieser Reflexe laufen ab, ohne bewußt wahrgenommen zu werden.

Von Reflexen zu unterscheiden sind Bewegungen, die *»automatisch«* ablaufen, die vom ZNS ohne Beteiligung äußerer Reize in Gang gesetzt werden. Sie gelten als *»programmgesteuert«* (SCHMIDT, WIESENDANGER 1993, 87; H.i.O.) und beruhen auf Bewegungsprogrammen, die bereits aus dem *propriospinalen System* des Rükkenmarks abrufbar sind, d. h. lediglich einen passenden Impuls benötigen, um dann völlig automatisch abzulaufen. Solche von Außenreizen unabhängigen Aktivitäten des ZNS führten zu der Hypothese, »daß Bewegungen im wesentlichen durch Programme und nicht durch Reflexe gesteuert werden, das *ZNS also vorwiegend ›programmorganisiert‹* sei« (SCHMIDT, WIESENDANGER 1993, 87; H.i.O.). Zu diesen angeborenen Programmen zählen z. B. Atmen, Laufen, Kratzen. Solche angeborenen Programme werden »im Laufe des Lebens durch zahlreiche erlernte Programme ergänzt« (SCHMIDT, WIESENDANGER 1993, 87), wie z. B. sportliche oder berufliche Handfertigkeiten, turnerische Übungen. Deren Kennzeichen ist, daß sie nach Erlernen und Übung fast ohne Bewußtseinsbeteiligung, nahezu automatisch, ablaufen. Es sind diejenigen Bewegungsmuster, die Hacker (1986) auf der Ebene der sensomotorischen Handlungsregulation betrachtet.

Schmidt und Wiesendanger weisen darauf hin, daß

- die Reflextheorie der Bewegung »in die verschiedenen Formen der Reizreaktionstheorien des Verhaltens« (1993, 88) mündet, während
- die Programmtheorie das spontane, freiwillige, willkürliche, also außenreizunabhängige Handeln des Menschen betont (ebd.).

Die Autoren schlagen eine Vereinigung beider Theorien dergestalt vor, daß von der *»Annahme zentraler Programme«* ausgegangen wird, *»die über Reflexe beeinflußt werden können«* (SCHMIDT, WIESENDANGER 1993, 88; H.i.O.). Piaget beschreibt diese beiden Aspekte in den Entwicklungsphasen SME I und SME II.

Unter Berufung auf Milani Comparetti stellt Jantzen fest, daß das neugeborene Kind bereits »über einen reichen Schatz an Kompetenzen verfügt« (JANTZEN 1992, 185). Vieles, was ansonsten als Reflex bezeichnet wird, betrachtet Milani Comparetti als *funktionelle Kompetenzen.* Solche funktionellen Kompetenzen seien für das intrauterine Leben, für den Geburtsvorgang wie für den Übergang zum Leben nach der Geburt nötig und an »autonome Aktivität, die im fetalen Leben und ganz allgemein im menschlichen Wesen erkennbar ist« (MILANI COMPARETTI 1998, 7), gebunden.

Für das Passieren des Geburtskanals sind nach Jantzen folgende, ansonsten als »Reflex« bezeichnete funktionelle Kompetenzen notwendig:

- *»Magnetreflex:* Fuß bleibt beim Zurückziehen des Fingers, der ihn berührt, an diesem »kleben«;
- *Schreitreaktion*: durch Andrücken der Fußsohle des einen Beines auf den Boden wird dieses gebeugt und das andere gesteckt, das dann den Boden berührt usw.;
- *Placing-Reaktion* Ziehen des Fußrückens über die Tischkante, woraufhin der Fuß über diese steigt;
- *Halsstellreaktion:* Kopf auf die Seite gedreht, der ganze Körper folgt;
- *Bauer-Reaktion:* Kind in Bauchlage, Daumen des Untersuchers auf der Fußsohle, Säugling beginnt zu kriechen;
- *Galant-Reflex:* Rückgratreflex, Konkavität zum Stimulus auf dem Rücken, in Bauchlage ausgelöst;

- *Glabella-Reflex:* bei Stirnberührung werden die Augen geschlossen« (JANTZEN 1992, 186).
- Der *Moro-Reflex* dient der »Absicherung des ersten respiratorischen Aktes und damit der Einleitung der Atmung« (JANTZEN 1992, 186).

4.2 Angeborene Bewegungsprogramme

Damit verfügt der Mensch bereits bei der Geburt über eine Grundausstattung an Bewegungsmöglichkeiten, die sich intrauterin herausgebildet haben und mit dem Begriff der Reflexe nur unzureichend zu kennzeichnen sind. Der Reflex-Begriff sollte nur bei monosynaptischen Verschaltungen[1] benutzt werden. Bei polysynaptischen Verschaltungen[2] scheint es günstiger, von Reaktionen zu sprechen.

Je nach ihrer Funktion für den Menschen unterscheiden Stemme und von Eickstedt

- abwendende Reaktionen,
- hinwendende Reaktionen und
- Bewegungsreaktionen in bezug auf die Schwerkraft,

die zunächst der Sicherung des Überlebens, dem Schutz des Säuglings und »zur Entfaltung seiner gesamten Entwicklung« (STEMME, VON EICKSTEDT 1998, 21) dienen.

---

[1] Ein Beispiel hierfür ist der monosynaptische Dehnungsreflex, der durch einen leichten Hammerschlag ausgelöst werden kann. Der Reflexbogen läuft nach der Aktivierung der primären Muskelspindelendigungen über die sog. Ia-Nervenfasern auf die homonymen, d. h. zum Muskel gehörigen, α-Motoneuronen im Rückenmark, deren Erregung über die wiederum homonymen α-Motoaxone zum Muskel zurückgeleitet wird und zu dessen Kontraktion führt. Monosynaptische Reflexe besitzen nur eine einzige zentrale Synapse und stellen »das einfachste Beispiel eines kompletten Reflexbogens« (SCHMIDT, WIESENANGER 1993, 93) dar.

[2] Als Beispiel sei auf die Spinalmotorik verwiesen. Zwischen den sensorischen Afferenzen und den Motoneuronen im Rückenmark findet sich eine Vielzahl meist multineuronaler Verschaltungen, deren Aktivierung entweder der Förderung und Auslösung von Bewegungen dient oder deren Hemmung. Diese Schaltwege werden als »*Reflexbögen*« bezeichnet und bilden »die Grundlage für die *spinalen Reflexe*« (SCHMIDT, WIESENDANGER 1993, 89; H.i.O.). Spinale Reflexe sind wohl anatomisch festgelegt, lassen »sich aber von anderen spinalen oder auch höheren Zentren weitgehend steuern« (ebd.). Ein Reflex ist damit nicht eine stets gleiche, stereotype Äußerung, sondern mit Schmidt und Wiesendanger »eine von sensorischen Afferenzen auf der Rückenmarksebene ausgelöste Aktivitätsänderung von Neuronen, die zu einer Förderung oder Hemmung von Bewegungen führt« (1993, 89). Mit den spinalen Reflexen und Automatismen verfügt der Mensch über »einen *Vorrat elementarer Haltungs- und Bewegungsabläufe* [...], die in weitem Maße an die Bewegungsintention angepaßt werden können. Der Organismus kann sich ihrer nach Bedarf bedienen, ohne daß sich die höheren Abschnitte des ZNS im einzelnen um die Ausführung der Bewegungen bemühen müssen« (SCHMIDT, WIESENDANGER 1993, 89; H.i.O.), d. h. ohne daß eine bewußte Bewegungssteuerung erfolgen muß.

4.2.1 Abwendende Reaktionen

Flucht-Reaktion: Wegziehen von Körperteilen bei unangenehmen oder als bedrohlich empfundenen Berührungen. Die Richtung der Bewegung ist »weg vom Störfaktor« (STEMME, VON EICKSTEDT 1998, 21) und zumeist mit komplexen Beugereaktionen verbunden.

- *Lidschluß, Blinzeln:* Beide Reaktionen treten bereits kurz nach der Geburt auf und bleiben lebenslang erhalten. Der Lidschluß ist mit einer allgemeinen Tonuserhöhung verbunden, zuweilen auch mit einem Wegziehen des Kopfes.
- *Würgen, Husten, Niesen* schützen die Atemwege und bleiben lebenslang erhalten, sind jedoch veränderbar und können im Laufe der Zeit beeinflußt, unterdrückt oder verzögert werden (vgl. STEMME, VON EICKSTEDT 1998, 22). Auch können sie sich gegenseitig auslösen und damit gleichzeitig auftreten.
- *Seitwärtsdrehen des Kopfes* ist bereits bei Neugeborenen in der Bauchlage beobachtbar. Die Seitwärtsdrehung des Kopfes dient der Freihaltung der Atemwege.

Diese Reaktionen werden von anderen Autoren auch als »Schutzreflexe« beschrieben (vgl. LJUBLINSKAJA 1973).

4.2.2 Hinwendende Reaktionen

Hierbei handelt es sich um Reaktionen zur Sicherung der Nahrungsaufnahme:

- die Suchreaktion;
- die Saugreaktion (der »Saugreflex«), bei Ljublinskaja (1973) als »Nahrungsreflex« bezeichnet;
- die Schluckreaktion (der Schluckreflex).

Für diese Reaktionen gilt: Je stärker das Bedürfnis, je größer also der Nahrungsbedarf, »desto automatischer laufen diese Bewegungen ab« (STEMME, VON EICKSTEDT 1998, 23). Sie werden variiert, wenn der Hunger nachläßt. Variiert heißt auch, unterbrochen und wieder aufgenommen, verändert in Kraft und Rhythmus. Damit aber lösen sich diese Bewegungen aus ihrem vorprogrammierten unwillkürlichen Verlauf. Die Bewegungsfolge Suchen-Saugen-Schlucken zentriert sich um den Mund, der nach der Geburt die Hauptinformationsquelle des Säuglings ist. »Bewegungsfolge« heißt hier aber auch, daß Such-, Saug- und Schluckreflex nicht getrennt betrachtet werden dürfen, sondern eine »Reflexkette« (HOLLE 1993, 61) darstellen.

Greifreaktionen an Händen und Füßen

Der Greifreflex beinhaltet ein Beugen und Festhalten bei geeigneten Berührungen und tritt sowohl an den Fingern (»Handgreifreflex« nach HOLLE, 1993, »Robinson-Reflex« nach LJUBLINSKAJA 1973) als auch an den Zehen (»Babinski-Reflex« nach LJUBLINSKAJA 1973) auf. Im Laufe der Entwicklung geraten Greifen und Loslassen zunehmend unter bewußte Kontrolle bis hin zum willkürlichen Greifen, gezielten Loslassen, Wegwerfen, Weglegen (PREKOP 1980a, b, c; SCHMITZ 1978).

4.2.3 Bewegungsreaktionen gegen die Schwerkraft

Schwerkraftorientierte Bewegungen sind angeboren und verlaufen zunächst unwillkürlich. Sie »dienen der Organisation des Körpers im Schwerefeld der Erde« (STEMME, VON EICKSTEDT 1998, 24). Mit der Reifung des ZNS gehen sie zunehmend und verändert in die bewußte Kontrolle ein.

- *Räkeln, Ruckeln, Stemmen* dienen als Ausgleichsbewegungen der Absicherung der jeweiligen Lage des Körpers wie auch der Einnahme neuer Positionen. Sie sind die dynamische akkomodative Komponente der Anpassung der stabilen Haltung an neue Bedingungen. Anfangs grob ausfahrend, führt die ständige Übung zur Verfeinerung solcher Bewegungen; sie werden »kontrollierter, zielgerichteter und effektiver« (STEMME, VON EICKSTEDT 1998, 25), damit weniger anstrengend. Mit Abnahme der Anstrengung ist auch eine stabile Haltung leichter erreichbar; die Haltungskontrolle automatisiert sich zum »Haltungshintergrund« (STEMME, VON EICKSTEDT 1998, 25) und wird zur Basis für das Handeln i.e.S.
- *Strampeln mit Armen und Beinen* ist in unterschiedlichen Abfolgen und einmal mehr armbetont, ein andermal mehr beinbetont zu beobachten, gelegentlich auch als Bewegung aller vier Gliedmaßen. Dabei ist zu unterscheiden
  - ein wechselseitiges Strampeln,
  - ein symmetrisches, gleichseitiges Strampeln.

  Typisch für Strampelbewegungen sind die abwechselnden Beuge- und Streckbewegungen, die ein späterhin wichtiges Bewegungsmuster vorbereiten. Dieses findet sich »wieder in den Gleichgewichtsreaktionen und in den wechselseitigen Fortbewegungen, z. B. beim Kriechen, Krabbeln, Gehen, Klettern, etc.« (STEMME, VON EICKSTEDT 1998, 26).
- *»Automatisches Kriechen«* in der Bauchlage entsteht aus unwillkürlichen wechselseitigen Beuge- und Streckbewegungen der Beine. Hierbei stemmen sich die Zehen in die Unterlage ein, wodurch der Körper nach vorne geschoben wird. Nach einigen Wochen nicht mehr beobachtbar, tritt dieses Bewegungsmuster im späteren »Krabbeln, beim Gehen, aber auch bei einfachen Gewichtsverlagerungen, etwa im Stehen« (STEMME, VON EICKSTEDT 1998, 26) wieder auf.
- *»Erstes Stehen«, »Erstes Gehen«:* Beschrieben wird mit diesen Bezeichnungen der »Schreitreflex«, der wieder verschwindet und nach erfolgter funktionaler ZNS-Reifung in der zweiten Hälfte des ersten Lebensjahres bei dem Bemühen des Kindes um aufrechte Haltung wieder auftaucht.
- *Umklammerungsreaktion (MORO-Reaktion*; bereits weiter vorne dargestellt)
- *Tonische Reaktionen,* die als Symmetrisch-tonischer Nackenreflex (STNR) und als Asymmetrisch-tonischer Nackenreflex (ATNR) auftreten können. Nach

Holle (1993) stellt der STNR eine Vorstufe des Krabbelns dar, während bezüglich des ATNR keine einheitliche Meinung besteht[1].

- Einstellreaktionen/Aufstellreaktionen von Kopf und Körper
- *Stützreaktionen von Armen und Beinen,* welche als Abstützreaktionen der Beine etwa ab dem fünften Lebensmonat feststellbar sind, als reflektorisches Abstützen der Arme etwa ab dem sechsten/siebten Lebensmonat.
- *Gleichgewichtsreaktionen:* Etwa ab dem sechsten bis achten Lebensmonat stützt sich das Kind mit der Hand in die Richtung ab, in der es das Gleichgewicht verliert, vorausgesetzt es sitzt ohne Stütze auf dem Boden.
- Der beim Neugeborenen beobachtbare *Schreitreflex* geht üblicherweise völlig verloren und tritt im Zusammenhang mit dem Gehenlernen als sekundärer Neuerwerb wieder auf. Jantzen weist darauf hin, »daß bei kurzer täglicher Übung dieser Bewegungsablauf durchgängig erhalten bleibt« (JANTZEN 1992, 187).

Jantzen legt dar, daß durch früh einsetzende und konsequente Übung eine Reihe von Verhaltensformen, die ansonsten als reflektorisch bezeichnet werden, früh erworben werden können: Übung der Haltungsreflexe im 1. bis 3. Lebensmonat, der Greif- und Stemmreaktionen im 4. bis 6. Monat, des Kriechens ab dem 6. Monat. Durch solches Üben könne insbesondere die Orientierungstätigkeit der Kinder positiv beeinflußt werden: »Kopfwenden zu einem interessanten Gegenstand, Teilnahme an einer sozialattraktiven Situation usw.« (JANTZEN 1992, 187). Diese Hinweise scheinen insbesondere von großer Bedeutung im Umgang mit Kindern, deren anfängliche motorische Entwicklung sich bereits verlangsamt darstellt. Aus den erzielten Übungserfolgen leitet Jantzen ab, daß sich hierdurch die »These von der funktionellen Kompetenz der Neugeborenen bestätigt« (JANTZEN 1992, 187). Neugeborene seien »in jedem Falle auf dem Niveau der *perzeptiv-sensorischen Psyche* tätig«, würden sich zahlreiche neue Bereiche der Welt erobern, auch wenn »ihre psychischen Abbilder noch erbkoordiniert amodal sind« (JANTZEN 1992, 187).

Von intrauterinen Bewegungsmustern nimmt Jantzen an, daß sie auch nach der Geburt wiedererkannt werden können, z. B. das Wiegen durch die Mutter, das Identifizieren vertrauter Lautmuster. Die eigene Bewegung des Kindes sorgt dabei für die wechselnde Gestaltung der Umgebung und wird von Jantzen für eine Vor-

[1] Nach Holle sind die Meinungen bezüglich des ATNR geteilt. Während einige Autoren der Meinung sind, daß dieser Reflex beim normal entwickelten Kind in den ersten dreieinhalb Lebensmonaten zu beobachten sei, gehen andere Autoren davon aus, daß er sich nur bei Kindern mit Erkrankungen des ZNS zeige. Besondere Beachtung sollte dem ATNR gezeigt werden, wenn er noch über den dritten/vierten Lebensmonat hinaus beobachtbar ist.
Ablauf: In der Rückenlage wird der Kopf des Kindes vorsichtig zur Seite bewegt und mehrere Sekunden festgehalten. Dabei streckt das Kind den Arm der Gesichtsseite aus; der andere Arm wird gebeugt. Parallel zu den Armbewegungen erfolgen die gleichen Bewegungen mit den Beinen, jedoch weniger ausgeprägt. Folge: Das Kind kann sich nicht aus der Rückenlage in die Seitenlage drehen, denn wenn es »den Kopf in Rollrichtung dreht, wird es gleichzeitig den Arm strecken und das Rollen hierdurch verhindern« (HOLLE 1993, 20).

aussetzung zur Begriffsentwicklung gehalten. Der aktiven Aneignung steht jedoch »die fehlende Entwicklung von Muskulatur und Skelett« (JANTZEN 1992, 188) entgegen. Dennoch zeigt das Kind bereits »unmittelbar nach der Geburt motorische Kompetenzen« (JANTZEN 1992, 188), welche auf die Umwelt gerichtet sind. Hierzu zählt er

- die Beeinflussung der Wiedergabe einer Stimme durch den Saugrhythmus,
- das Aufnehmen von Blickkontakt,
- die Fähigkeit des Kopfabwendens.

Jantzen weist auch darauf hin, daß durch das Babyschwimmen, in welchem dem Neugeborenen das vertraute Medium Wasser zur Verfügung gestellt wird, eine »erheblich größere Kontinuität des Übergangs gesichert werden kann« (JANTZEN 1992, 188).

Bereits in der 3. bis 5. Lebenswoche kann beim Kind ein *»Bedürfnis nach neuen Eindrücken«* festgestellt werden, welches Boshowitsch als *»Belebungskomplex«* (1970, 144) bezeichnet. Hierin sieht Boshowitsch das frühe Interesse des Kindes an sozialen Kontakten, was Jantzen an folgendem Beispiel erläutert:

> »Die Geste *»an sich«* des Kindes, z. B. seine zielgerichtete Orientierung auf ein Objekt, die nur in Andeutungen gelingt, wird vom Erwachsenen aufgegriffen und adäquat interpretiert wie realisiert. Sie wird damit zur Geste *»für andere«*. Indem der Erwachsene nunmehr das in dieser Geste ausgedrückte Bedürfnis des Kindes realisiert, wird die Geste zur Geste *»für es«* (JANTZEN 1992, 190).

Dem Kind ist unmittelbar nach der Geburt der Aufbau des Blickkontaktes ebenso möglich wie das Kopfabwenden. Beides wird so interpretiert, daß das Kind von Anfang an eine *aktive kommunikative Kompetenz* besitze. Diese aktive kommunikative Kompetenz werde jedoch von der Umwelt »in der Regel erst ein ganzes Stück später adäquat entschlüsselt« (JANTZEN 1992, 191). Jantzen deutet das Weg drehen des Kopfes als »Schlüsselreiz, mit welchem die Zuwendung der Mutter erzeugt werde, denn »die Mutter muß das Kind stimulieren, z. B. mit der Hand den Kopf zu sich drehen, um das phylogenetisch attraktive Gesicht des Babys wieder voll in das Blickfeld zu bekommen« (LENSING 1982, 27; nach JANTZEN 1992, 191). Hiermit werde die Situation eines *beginnenden Dialogs* beschrieben.

Auch die Lächelreaktion sichere dem Kind »eine neue Form kompetenter Antwort« (JANTZEN 1992, 191), die, zunächst als Erbkoordination realisiert, sich dann sehr schnell kortikal integriere und »sich mit dem *Wiedererkennen von Handlungsabfolgen* zu koppeln« scheine »und nicht nur mit spezifischen Ereignissen« (JANTZEN 1992, 191).

> Beispiel: Bei acht Wochen alten Säuglingen, welche »über Kopf oder Bein die Bewegungen eines Mobiles erkunden konnten«, wurde »dann ein Lächeln gefunden, wenn die Säuglinge eine Kontingenz zwischen ihren eigenen Bewegungen und denen des Mobiles feststellen konnten« (JANTZEN 1992, 191).

An gleicher Stelle weist Jantzen darauf hin, »daß das erste Lächeln während einer Reizdarbietung den Abschluß von Verarbeitungsprozessen darstellt. D. h. das Lächeln ist unmittelbar an die Bewertung des nützlichen Endeffekts der Handlung und an die Überführung von Neuem in Vertrautes gekoppelt« (JANTZEN 1992, 191). An dieses Lächeln werden weiter die ersten Lallmonologe als Ausdruck des Wohlbefindens gekoppelt. Durch die Reaktion der Umgebung, in der Regel der Mutter, komme es zu einer Widerspiegelung in den Neokortex und damit zu Gedächtniseffekten. Krause macht (nach Jantzen 1992) darauf aufmerksam, daß z. B. an das Lächeln bestimmte *Innervationsmuster* gekoppelt seien, die innerhalb der (über 30) Muskelstränge des menschlichen Gesichts ablaufen. Diese Innervationsmuster sind für die Außenwelt als Ausdruck des kindlichen Affekts interpretierbar, gerade zu einer Zeit, in der die Grobmotorik für verschiedene Affektmuster noch nicht entwickelt ist.

Als die ursprünglichsten affektiv-motorischen Muster bezeichnet Jantzen

- zunächst den Ekel,
- daneben vor allem das Lächeln und
- die Verzweiflung.

Wut und Ärger werden nach Jantzen (1992) erst später sozialisiert.

4.3 Basales Handelnlernen

Die Entwicklung vom frühkindlichen zum erwachsenen Handeln vollzieht sich allmählich. Als wesentliche Unterschiede benennen Stemme und von Eickstedt:

- Der Säugling handelt in der unmittelbaren Gegenwart.
- Das Handeln des Erwachsenen ist eher zukunftsorientiert und strategisch aufgebaut: zielgerichtet, wertorientiert, plangeleitet.

Die Autorinnen beschreiben die basale Entwicklung der Handlungsfähigkeit in vier Etappen, die zunächst als Übersicht dargestellt werden (s. Tab. 3, S. 67).

4.3.1 Erste Entwicklungsleistungen

Handlungsgrundlage Bewegung: Erlangen und Erhalten stabiler Lagen am Boden

Aus der Lage im Mutterleib übernommen, zeigen Neugeborene viel Beugung in allen Gelenken, eine regelrecht zusammengefaltete Haltung, die in zunehmende Streckung übergeht (1. Woche; HOLLE 1993, 208). Dabei wird das Kind zunehmend fähig, »sich nach und nach immer höher vom Boden aus gegen die Schwerkraft aufzurichten« (STEMME, VON EICKSTEDT 1998, 79). Dies verlangt gegenüber dem Zustand vor der Geburt eine neue Orientierung, die zunächst im Alter von 2-3 Monaten (HOLLE 1993, 210) in einer symmetrischen Mittellage-Haltung erarbeitet wird.

	Bewegungsgrundlagen	Merkmale der Handlungsentwicklung
Erster Abschnitt[1]	• Erlangen und Erhalten stabiler Lagen am Boden. • Erfahren und Erfassen des oberen Körperbereichs.	• Spontanes Handeln in der Gegenwart. • Saugen, Greifen, Sehen; Einzelerfahrungen werden zu Gesamterlebnissen. • Zusammenschluß der verschiedenen Sinneseindrücke zu gemeinsamen »Bildern«. • Entdecken der Welt im Dialog.
Zweiter Abschnitt	• Zunehmende Körperstreckung. • Stabiles Gleichgewicht und größtmögliche Aufrichtung in den symmetrischen Lagen am Boden. • Erfahren und Erfassen des ganzen Körpers bis zu den Füßen.	• Die Füße als zusätzliche »Hände«. • Vollendung der grundlegenden Koordination im Zusammenspiel zwischen Mund, Händen, Füßen und Augen. • Beginn von bewußten Wiederholungen. • Sich selbst als Bewirker von Effekten erleben. • Beginnendes Ich-Erleben.
Dritter Abschnitt	• Positionswechsel. • Beginnende Fortbewegung. • Erreichen höherer Positionen (4-Füßlerstand, Sitz). • Erfahren und Erfassen der näheren Umgebung im horizontalen Raum.	• Erweiterter »Spiel«-Raum und neue Sicht (8-9 Mon.). • Experimentierendes Handeln. • Vom Handeln zum Denken. • Über Wiederholungen zum Wiedererkennen und Erinnern. • »Objektpermanenz«: das Prinzip des überdauernden Gegenstandes. • Beginn von Abstraktion. • Handlungsfolgen. • Entdecken des »Mittels zum Zweck«; Rationalisieren und systematisches Herangehen an die Welt (Ordnen, Unterordnen, Planen). • Beginn bewußter Imitation. • Beginn des »Fremdelns«.
Vierter Abschnitt	• Fortbewegung. • Erobern und Erlangen der »hohen« Positionen: Aufstehen, Gehen. • Erfahrung und Erfassen der Umgebung auch im vertikalen Raum.	• Bewußtes Erleben von Raum und Zeit. • Analytisches Experimentieren. • Entdecken von Nutzwerteigenschaften der Dinge. • Beginnender Werkzeuggebrauch. • Übertragen bekannter Vorgehensweisen auf neue Situationen. • Erweiterung der Ich-Empfindung.

Tab. 3: Übersicht über typische Schritte der Entwicklung der Handlungsfähigkeit (nach STEMME, VON EICKSTEDT 1998)

---

1 Stemme und von Eickstedt bezeichnen die vier von ihnen dargestellten Abschnitte der grundlegenden Handlungsentwicklung als »Stadien«, mit einem Begriff also, der durch Piagets Stadientheorie der kindlichen Intelligenzentwicklung bereits besetzt ist. Um Verwechslungen mit Piagets Stadien-Begriff zu vermeiden, wird in dieser Arbeit – neutraler – von »Abschnitten« gesprochen. Damit soll auch die eher statische Konnotation des »Stufen«-Begriffs vermieden werden. Dargestellt werden abgrenzbare Entwicklungsabschnitte, die in sich sowohl von dynamisch-akkomodativen als auch von eher statisch-assimilativen Ereignissen gekennzeichnet sind.

Ausgangspunkt hierfür sind die zunächst akkomodativ wirksamen überwiegend asymmetrischen Haltungs- und Bewegungsformen des Neugeborenen.

Die Haltungs- und Bewegungskompetenzen des Kindes bei Geburt dienen somit der ersten Akkommodation, der Neuanpassung des Individuums an nunmehr veränderte Umweltbedingungen. Sie führen mit der stabilen Mittellage in der tiefen Position der Bauch- oder Rückenlage zu der Möglichkeit, beide Körperseiten zusammenzubringen, indem das Kind z. B. mit 3-3½ Monaten mit den Händen spielt (HOLLE 1993, 210-211), »und damit Orientierung an sich selbst zu finden« (STEMME, VON EICKSTEDT 1998, 80). Damit verfügt das Kind über die Voraussetzungen zur »manipulativen Tätigkeit« (Leontjew; Elkonin).

Handeln in der Gegenwart

Handlungen entstehen aus dem jeweiligen Moment heraus und haben absolut gegenwärtigen Charakter. Das Kind zeigt zu diesem frühen Zeitpunkt keine bewußten Wiederholungen und damit keinen Vergangenheitsbezug sowie keine Planung und damit keinen Zukunftsbezug.

Das Handeln des Säuglings folgt »inneren Plänen oder Programmen« (STEMME, VON EICKSTEDT 1998, 101). Sensomotorische Handlungen, die ihren Zweck in sich selbst tragen, lassen sich wohl von außen anregen, können jedoch auch »aus sich selbst heraus« (STEMME, VON EICKSTEDT a.a.O.; vgl. auch SCHMIDT, WIESENDANGER 1993) vollzogen werden. In der Entfaltungsgrafik stellt sich das Vorhandensein angeborener Programme als Ausgangspunkt der Entwicklung dar (s. Abb. 16).

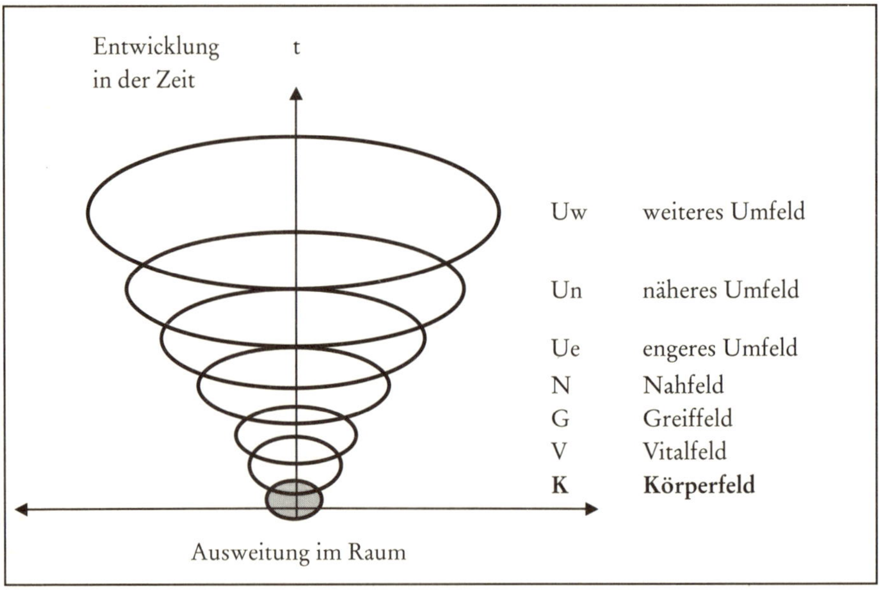

Abb. 16: Primäre Handlungen aus angeborenen Programmen als Basis der Handlungsentwicklung

Erste Handlungsschemata

Das neugeborene Kind verfügt über ein bestimmtes Verhaltensrepertoire in Form von Reflexen bzw. Programmen, die durch seine Tätigkeit aktiviert und geübt werden (Piaget-Stadium SME 1, ca. 0;00 bis ca. 0;01: Betätigung und Übung der Reflexe). Am Beispiel etwa des Saugreflexes ist zu beobachten, daß die Saugbewegung allmählich auch von anderen als den ursprünglichen Reizen ausgelöst werden kann. Hier kommen Lernprozesse in Gang, wie sie bereits bei Pawlow beschrieben worden sind. Durch dauernde Übung kommt das Kind »von einem starren Reflexmechanismus zu einem angepaßten Stimulus-Reaktionsverhalten« (BIGGER 1993, 45), wobei das Kind auf immer mehr Reize reagiert, die mit der ursprünglichen Tätigkeit in Zusammenhang stehen. Gleichzeitig werden auch seine Reaktionen immer komplexer.

Weiter vorne wurde die Handlung in vier Komponenten beschrieben:

- Handlungsorientierung (HO),
- Handlungsplanung (HP),
- Handlungsausführung (HA),
- Handlungskontrolle (HK).

Bei Geburt angelegte und aktivierbare Handlungsprogramme zeigen noch keine Ausdifferenzierung der Planung (HP) und Kontrolle (HK). Vielmehr müssen wir von einer einheitlichen, komplex-undifferenzierten Handlungsorientierung (HO) des Kindes ausgehen, die sich für den Beobachter lediglich in ihrem Ausführungsteil (HA) darstellt. Schulte-Peschel und Tödter wählen hierfür die Darstellung in Abb. 17:

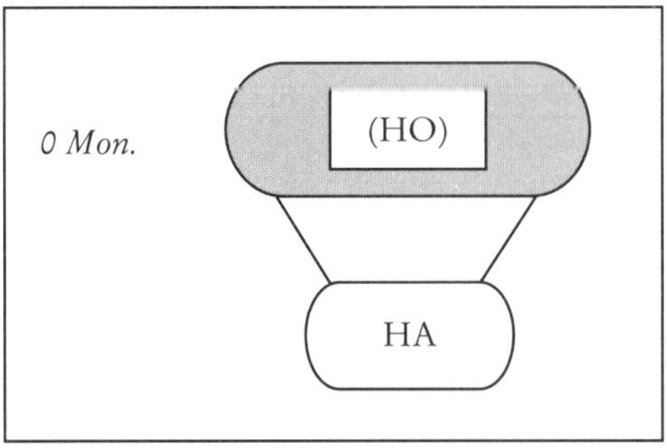

Abb. 17: Handlungsausführung als erste Ausdifferenzierung der bei Geburt ganzheitlich-komplexen Handlungsorientierung (nach SCHULTE-PESCHEL, TÖDTER 1996, 34; 203)

Die ersten Handlungen des Kindes basieren auf »einer artspezifischen ›Erstausstattung‹« (SCHULTE-PESCHEL, TÖDTER 1996, 34), sind nicht bewußt geplant, nicht bewußt ausgeführt, nicht bewußt kontrolliert, jedoch intentional in dem Sinne, daß sie der Anwendung und Übung der angeborenen Programme (»Reflexe«) dienen.

Von dieser Zweckhaftigkeit her ist es zulässig, nicht schlicht von »Verhalten«, sondern von unspezifischen, unbewußten, aber zweckgerichteten »Handlungen« zu sprechen. Dies impliziert, daß der »Handlung«sbegriff in einem weiten Sinne gebraucht wird. In der hier gewählten Darstellungsform der Handlungsentwicklung bilden diese primären Handlungen sich als Basis ab (vgl. Abb. 16 weiter vorne).

Das bei Geburt anscheinend wehr- und hilflose, völlig abhängige Kind verfügt dennoch über ein Instrument, sich seine Umwelt gefügig zu machen: sein Schreien als die erste angeborene Vokalisation. Schreien und Jammern, die häufigsten Vokalisationen des Neugeborenen, gelten den (mütterlichen) Bezugspersonen als »in diesem Alter typische Zeichen, die [...] Hunger, Schmerz oder Unbehagen signalisieren« (FURTADO 1992, 141). Nach den ersten Lebenswochen sinkt die Häufigkeit des angeborenen Schreiens ab (Barr 1990), »seine Merkmale (Intensität, Rhythmus u. a.) werden im Zeitverlauf allmählich differenzierter (Herzka 1979)« (FURTADO 1992, 141).

Baby-Schreien und physiologische Laute[1] gehören zum Geburts-Repertoire an (kommunikativen) Handlungsmöglichkeiten des Kindes, auch wenn sie nach Oller und Eilers (1988) zur weiteren Sprachentwicklung anscheinend wenig beitragen. Entscheidend ist wiederum, daß diese Vokalisationen von den umgebenden Erwachsenen als ›Mitteilungen‹ interpretiert werden, auch dann, wenn diese Erwachsenen nach Brennan und Kirkland (1982) keine Vorerfahrungen in der Deutung kindlicher Signale haben. Mütter ordnen die Vokalisation ihrer Säuglinge nach Herzka (1979) drei Kategorien zu:

a) Schreien und Jammern,
b) Plaudern,
c) Jauchzen und Lachen.

Diese Klassifikation erfolgt nach dem jeweiligen emotionalen Mitteilungscharakter der Säuglings-Vokalisationen, die »nach positiven und negativen Lauten, Lauten des Wohlbehagens oder des Unbehagens eingeteilt« (FURTADO 1992, 142) werden.

In diesem Stadium der sensomotorischen Entwicklung (Piaget-Stadium SME 1; ca. 0;00 bis ca. 0;01: Fehlen von Nachahmung) sind noch keine Nachahmungsleistungen zu beobachten. Nach Piaget wird kindliche Tätigkeit in dieser Zeit lediglich durch äußere Reize reflexartig in Gang gebracht. Die Schemata Saugen, Greifen, Sehen stehen im Vordergrund. Das Saugen hat dabei die führende Rolle; aber auch Augen, Hände, der ganze Körper reagieren mit: Pumpende Bewegungen der Fäuste begleiten die Saugbewegungen im gleichen Rhythmus. Mund und Hände finden unter den Bedingungen der Schwerkraft erneut zusammen. Mund und Hände können gemeinsam etwas tun und sich dabei ergänzen. Das so erweiterte Handlungs-

[1] Zu den physiologischen Geräuschen gehören »Schnalzen, Schlucken, Seufzen usw. und »motorische« Laute, d. h. Laute, die im Zusammenhang mit motorischen Anstrengungen gebildet werden« (FURTADO 1992, 141-142).

spektrum führt zu neuer Erkenntnis, dem Erleben des eigenen Tuns, zentriert auf das Vitale, was in der Entfaltungsgrafik als das Erreichen der zweiten Ebene dargestellt werden kann (vgl. Abb. 18).

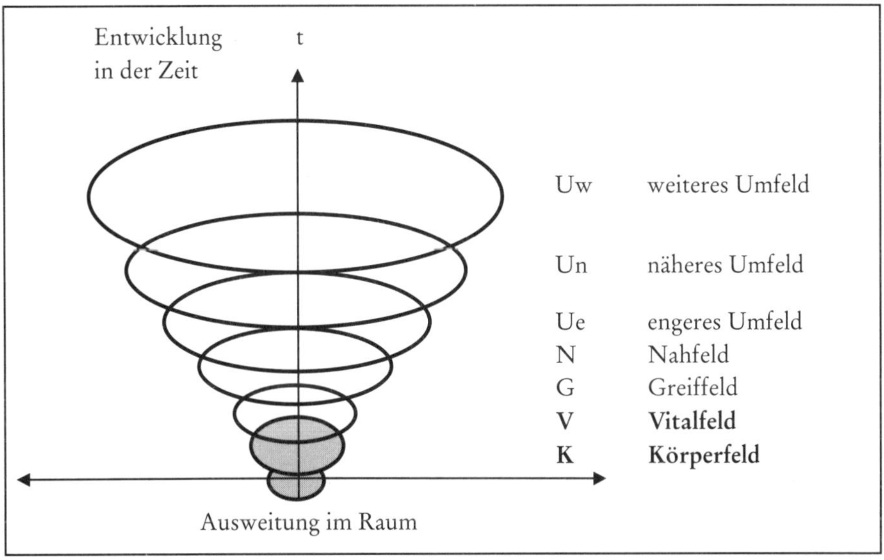

Abb. 18: Ausweitung der Handlungsmöglichkeiten in das Vitalfeld hinein

Etwas später folgt die Koordination von Augen und Händen, wobei

- zunächst Handlungen unabhängig nebeneinander stehen und
- allmählich sich eine Verbindung »zwischen dem, was die Augen sehen, und dem, was die Hände tun« herausbildet: »Das Kind beginnt, zu sehen, was es greift, und zu greifen, was es sieht« (STEMME, VON EICKSTEDT 1998, 103).

Die Verknüpfung von Einzelerfahrungen

Das Kind lernt in den ersten Monaten, die zunächst isolierten Erfahrungen mit Mund, Händen und Augen miteinander zu verknüpfen.

- Zunächst ist der Mund das führende Erkundungsorgan.
- Mit der Zeit geht diese Funktion an die Hände über.
- Zuerst werden alle ergriffenen Dinge zum Mund gebracht und dort exploriert. Dabei bietet die Zunge besonders differenzierte Wahrnehmungsmöglichkeiten: Sie verfügt über eine große Anzahl von Tastkörperchen und bildet damit alles subjektiv vergrößert ab. Die Zunge ermöglicht damit eine viel genauere Information insbesondere über Oberflächenbeschaffenheiten.
- Erst viel später wird diese Führungsaufgabe in der Informationsvermittlung von den Augen übernommen, dann erst, wenn vielfältige Erfahrungen mit den Dingen dazu geführt haben, daß zu ihrem Erkennen ein Blick genügt.

- Die Haupthandlungen beschränken sich auf den oberen Körperbereich, der Handlungsbereich umfaßt
  - den Abstand zwischen Mund und Händen bzw.
  - die Entfernung, »in der der Blick fokussieren kann« (STEMME, VON EICKSTEDT 1998, 104).

Handlungsgrundlage Bewegung: Erfahren und Erfassen des oberen Körperbereichs

Nunmehr verfügt das Kind über eine sichere Handlungsbasis und kann seine Aufmerksamkeit denjenigen Informationen zuwenden, welche seine Sinnesorgane ihm liefern.

In Rückenlage wird die stabile Mittellage mit 3-3½ Monaten (HOLLE 1993, 210) durch Stemmen und Stützen der Extremitäten wie auch durch das Bewegen der Arme und Beine in der Luft stabilisiert. Mit dem Zusammenbringen der Hände über der Brust beginnt die Aufrichtung gegen die Gravitation. Dabei betasten die Hände sich gegenseitig. Die intrauterin häufigen Begegnungen von Händen und Mund werden nun fortgeführt (nuckelt am Daumen mit 2-3 Monaten; HOLLE 1993, 211), wobei die Hände auch visuell erfaßt werden. Sobald die Greiffunktion mit ca. 3½-4 Monaten (HOLLE 1993, 212) verfügbar ist, wird das Ergriffene zum Mund geführt und dort exploriert. Der Schwerpunkt dieser Erfahrungen liegt im oberen Körperbereich: Kopf (mit Mund und Augen), Hände, Arme, Brust (vgl. Abb. 19).

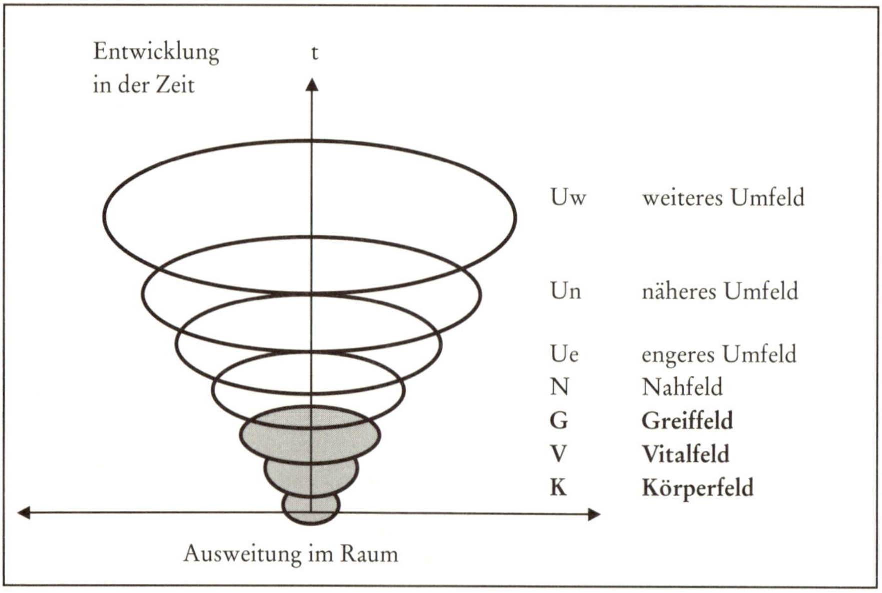

Abb. 19: Ausweitung der Handlungsmöglichkeiten in das Greiffeld hinein

An den entfernten Extremitäten beginnen die Füße mit gegenseitiger Betastung, Berührung des Bodens oder anderer Widerstände, was wiederum der Verbesserung der Stabilität der Lage dient.

In Bauchlage sucht das Kind ebenfalls »nach stabiler Lage für Ruhe und Aktivität« (STEMME, VON EICKSTEDT 1998, 81). Es legt den Kopf auf einer Wange ab; das Gesicht ist zur Seite gewendet. Damit kann die Hand den Mund erreichen und gegenseitiges Erkunden ermöglichen. Gestützt auf seine Unterarme nimmt das Kind eine symmetrische, stabile Position ein, aus der heraus es den Kopf anheben kann (Akkommodation). Bei weiterer Aufrichtung bewegen sich die Arme weiter zur Seite und nach vorne vom Rumpf weg. Ergebnis dieser Bewegung (Dynamik) ist der Unterarmstütz (Statik). Das Anheben des Kopfes gefährdet die Balance, so daß das Kind lernen muß, sich um diese Mittelposition immer wieder neu einzupendeln.

Auch in der Bauchlage ist das Kind mit den oberen Körperteilen beschäftigt: Mund und Hände erfassen sich gegenseitig; die Augen erfassen die Hände. Auf diesen Bereich zwischen Augen, Mund, Händen und Brust richtet sich die Aufmerksamkeit. Dabei dient der Mund als wichtigster Informationsvermittler; er ist maßgeblich »für das erste Einprägen und Wiedererkennen von Formen und Beschaffenheit der Dinge der umgebenden Welt« (STEMME, VON EICKSTEDT 1998, 82).

Ebenfalls in Bauchlage erfolgen angeborene Kriechbewegungen, bei denen »sich die Füße in die Unterlage einstemmen« (STEMME, VON EICKSTEDT 1998, 82) und den Körper nach vorne schieben. Diese Bewegungen dienen u. a. der Entwicklung der Stützfunktion der Beine beim Stehen und Gehen.

Kontaktverhalten und Dialog

In den ersten Wochen kann das Kind in einer Entfernung von ca. 25-30 cm scharf sehen; das ist ungefähr der Abstand des mütterlichen Gesichts beim Stillen wie auch etwa der Abstand zwischen den eigenen beiden Händen. Der Blick fängt sich insbesondere an Kontrasten und an Dingen, die sich bewegen – also an Veränderungen. Solche Veränderungen/Kontraste finden sich im menschlichen Gesicht, z. B. in der Mimik, beim Haaransatz, welche etwa beim Stillen scharf gesehen werden können. Ein unbewegtes Gesicht bietet keine Veränderungen und ist daher für das Kind auch nicht von Interesse. Reagiert das Gesicht jedoch bei Blickkontakt (Mimik), so schaut das Kind intensiver hin. Es entwickelt sich ein Dialog.

Bereits in den ersten Lebenswochen zeigt der Säugling eine auditive Präferenz für die menschliche Stimme. »Die Diskrimination zwischen Geräuschen der Umwelt und Lautäußerungen einer Bezugsperson beginnt schon sehr früh in der Entwicklung (Walk 1980)« (FURTADO 1992, 141), was Friedlander (1980) geradezu »von einem »Appetit«, einer Begier auf menschliche verbale Äußerungen, insbesondere auf Lautäußerungen der Mutter« (FURTADO 1992, 141) sprechen läßt. Neben diesem »Interesse« an der menschlichen Stimme zeigen Säuglinge auch ein »Interesse«

»an einer Melodie, die ihnen vor der Geburt zum Hören angeboten wurde (Decasper & Spence 1986; Panneton 1985)« (FURTADO 1992, 141).

Später richtet sich die Aufmerksamkeit des Säuglings auf »die prosodischen oder melodischen Merkmale der Sprache (vor allem Dauer und Frequenz) in Form der sogenannten Baby-Sprache« (FURTADO 1992, 141) und wird nach Cooper und Aslin (1990), Fernald (1989) sowie Elias et al. (1988) hierdurch auch aufrechterhalten.

Nach neueren Untersuchungsergebnissen (Furtado verweist auf Eimas et al. (1971), Aslin (1987), Miller und Jusczyk (1989) sowie Golingkoff und Hirsh-Pasek (1990)) kann als gesichert gelten, »daß Neugeborene und Säuglinge die Fähigkeit kategorischer[1] auditiver Wahrnehmung besitzen. Dies ist die Grundlage für das Unterscheidungsvermögen von Phonemen und Silben der jeweiligen in der Umwelt des Kindes gesprochenen Sprache« (FURTADO 1992, 141).

In Termini der Aneignungspsychologie der Kulturhistorischen Schule formuliert: Auf der Grundlage einer bei Geburt funktionsfähigen und bereits fetal vortrainierten Hörfähigkeit sind Neugeborene bereits kurz nach der Geburt in der Lage, sich in dem ihnen möglichen Handlungsraum auditiv zu orientieren. Diese Orientierungsleistungen zeigen sich u. a. darin, daß – nach einer Untersuchung von Condon und Sander (1974) bei 16 Neugeborenen – bereits »eine Synchronisierung von Lautäußerungen der Erwachsenen und der Motorik des Kindes« (FURTADO 1992, 141) zu beobachten war. Diese Synchronisation zeigte sich auch, wenn lediglich die Stimme des Erwachsenen als Tonbandaufnahme wiedergegeben wurde.

In der nachgeburtlichen Säuglingszeit reagieren Kinder auf Lautäußerungen Erwachsener vorwiegend in der Form ›interkorrelierter‹ Verhaltensformen: »Laute, Gesichtsausdruck und Hand-Bewegungen oder noch deutlicher, positive Vokalisationen, Lächeln bzw. Blick-Richtung und »Pointing[2]«« (FURTADO 1992, 141).

Kommunikative – also bedeutungstragende – »Signale Erwachsener können Verhaltensformen des Säuglings bewirken, welche sich als kommunikative Signale innerhalb des menschlichen Verhaltensrepertoires verstehen lassen« (FURTADO 1992, 141), Verhaltensweisen des Kindes also, welche vom Erwachsenen als Antwort auf deren eigene Signale gedeutet und mit einer entsprechenden Bedeutung belegt werden. Dabei ist es bedeutungslos, ob diese Signal-Antworten auch vom Kind mit dieser Bedeutung belegt wurden. Entscheidend ist ausschließlich die Dekodierung des kindlichen Verhaltenssignals im Sinne einer bedeutungsvollen Antwort auf die vom Erwachsenen gemeinte Bedeutung des eigenen Signals. »Dies ermöglicht«, so FURTADO (1992, 141) »die Interaktion und spricht für eine gründliche[3] perzeptorische Funktion mit kommunikativer Bedeutung«.

---

[1] kategorischer: besser »kategorialer«, zu Unterscheidungen nach Kategorien in der Lage.

[2] pointing = Zeigefinger-Extension (FURTADO 1992, 142)

[3] Es ist nicht auszuschließen, daß der Brasilianer Furtado einer deutschsprachlichen Zweideutigkeit aufgesessen ist. Wir sollten besser von einer »grundlegenden« perzeptorischen Funktion sprechen.

Kontaktaufnahme setzt Aufmerksamkeit voraus. Aufmerksamkeit, Interesse werden erzeugt und erhalten durch die Veränderungen im Verhalten des Anderen, des Gegenübers. Über die Stimmung und den Vigilanzzustand des Kindes geben koordinierte motorische Mechanismen in Form muskulärer Bewegungen Auskunft. Die Aufmerksamkeit der Bezugspersonen richtet sich insbesondere auf das Gesicht, wo »Stirn, Augenbrauen, Augen, Lippen und Mund [...] die Referenzpunkte [sind], von denen koordinierte muskuläre Bewegungen den emotionalen Zustand eines Menschen widerspiegeln. Aber auch Kopf, Hände und Arme können dies tun« (FURTADO 1992, 142).

Furtado stellt fest, daß »die Formen non-verbalen kommunikativen Verhaltens im ersten Lebensjahr [...], abgesehen von Lächeln, Schreien und Blickkontakt, bisher kaum erforscht« (1992, 142) wurden. Die Fähigkeit zum affektbedingten Gesichtsausdruck kann jedoch als nachgewiesen gelten (Furtado verweist auf Izard et al. 1980). Auf den Zusammenhang der Ausdifferenzierung der Fähigkeit zum affektiven Gesichtsausdruck mit der kognitiven Entwicklung weisen Fogel und Thelen (1987) hin:

- Bereits bei Geburt erscheint ein Ausdruck von Schmerz als ausschließlich viszerale Reaktion.
- Dieser geht im zweiten/dritten Lebensmonat in einen Ausdruck von Enttäuschung über »infolge des Auftauchens von primären zirkulären Reaktionen (vgl. Piaget) und simpler Antizipation« (FURTADO 1992, 142; vgl. auch ANOCHIN).
- Etwas später im ersten Lebensjahr beginnt die Entwicklung vom einfachen Schmerzausdruck zur »Wut«; diese Entwicklung »beziehe sich vermutlich auf die zunehmende kindliche Fähigkeit zum Auffassen von Kausalität und Intentionalität« (FURTADO 1992, 142).
- »In gleicher Richtung, infolge der Entwicklung der Objektpermanenz, werde »Bedachtsamkeit« zum Ende des ersten Lebensjahres durch »Furcht« ersetzt« (FURTADO 1992, 142). In anderer Interpretation: »Bedachtsamkeit« beschreibt die – zeitverbrauchende – Suche nach orientierenden Informationen, »Furcht« die Reaktion auf die Unmöglichkeit der Orientierung in einer Umwelt, die als komplex wahrgenommen, aber noch nicht strukturiert werden kann.
- »Zwischen dem dritten und dem sechsten Lebensmonat lächele das Kind beim Anblick der Mutter häufiger als beim Betrachten von Objekten. Im Alter von 6 Monaten begleite das Lächeln das absichtliche Erforschen und Greifen von Objekten bzw. werde das Lächeln regelmäßig zur Kontrolle sozialer Interaktion sowie zum Einbringen von Erwachsenen in Spielsituationen – z. B. beim Erfahren von Objekten – angewendet« (FURTADO 1992, 142).

Non-verbale Ausdrucksformen treten überwiegend bei positiven oder negativen emotionalen Zuständen auf (vgl. hierzu das Konzept der »somatischen Marker« bei Damasio (1998)). Andere Ausdrucksformen kommen besonders bei neutralem Aufmerksamkeitszustand (»attentional state«; vgl. bei Begemann: »pathisch«) vor, z. B.

»pointing«. Aufmerksamkeit erfordert ein Innehalten in der laufenden Tätigkeit, Halt und Haltung. »Wer um seine Haltung ringen muß, kann nicht aufmerksam sein« (STEMME, VON EICKSTEDT 1998, 105). Solche sichere Haltung einzunehmen ist für junge Säuglinge schwierig. Die Eltern müssen solchen Halt bieten durch Tragen oder Halten.

Kontakt zwischen Eltern und neugeborenem Kind entsteht durch das intensive Erfassen dessen, was der andere »braucht«. Es ist müßig, in einem solchen Kreislauf darüber zu spekulieren, wer »angefangen« hat. Wesentlich ist, daß es zum Dialog, zum »Baby-Talk«, kommt. Das wechselseitige Aufnehmen und Ausdrücken geschieht auch in der Form unbewußter intensiver Nachahmung auf beiden Seiten. Zu solchem Dialog ist das Kind ab der Geburt fähig. »Es kann eigenständig Kontakt aufnehmen, halten und beenden« (STEMME, VON EICKSTEDT 1998, 106). Die Kontakte nehmen an zeitlicher Dauer und Intensität zu, werden zu »Begegnungen« (STEMME, VON EICKSTEDT 1998, 107) und wiederholt. Die Zuverlässigkeit der Wiederholungen schließlich schafft die Sicherheit einer stabilen Beziehung und Bindung.

Zum Dialog wird auch der Kontakt mit Gegenständen: Durch Hantieren erlebt das Kind Veränderlichkeit auch an Gegenständen. Ein Gegenstand

- wechselt sein Aussehen je nach Lichteinfall, Entfernung oder Drehung,
- erzeugt je nach der Art der Benutzung unterschiedliche Geräusche,
- »verhält sich auf bestimmte Weise zur Schwerkraft«. Er wirkt schwerer oder leichter »je nachdem, wie und wo er gehalten wird« (STEMME, VON EICKSTEDT 1998, 107).

Bei all dem ist es das Kind selbst, das diese Reaktionen hervorruft.

4.3.2 Ausweitungen und Verfeinerungen

Handlungsgrundlage Bewegung: Zunehmende Körperstreckung

Die zunehmende Körperstreckung beginnt aus der stabilisierten Mittellage heraus. *In Rückenlage* hebt das Kind gleichzeitig Arme und Beine hoch, ergreift die Füße und »spielt« mit ihnen. Es kann seine Gliedmaßen in Körpermitte zusammenbringen. Die Beine können so hoch angehoben werden, daß es dem Kind gelingt, die Zehen in den Mund zu stecken. Bei dieser Tätigkeit ist Balance gefordert: Jede Fallbewegung zur Seite muß durch einen gleichstarken Gegenimpuls ausgeglichen werden. Wenn das Kind zusätzlich zu Armen und Beinen auch den Kopf anheben kann, ist die aus der symmetrischen Rückenlage heraus größtmögliche Aufrichtung erreicht. Stemmbewegungen mit Kopf, Füßen, Schultern oder Ellenbogen stützen beim Anheben des Hinterns zur »Brücke«, verbunden mit Streckungen.

Deutlicher noch werden diese Streckungen *in der Bauchlage*. Die größtmögliche Aufrichtung erreicht das Kind, wenn es gleichzeitig Kopf, Arme und Beine anhebt (sog. Schwimmen) oder »sich mit gestreckten Ellbogen auf seine Hände stützt

(»Handstütz« oder »Langarmstütz«)« (STEMME, VON EICKSTEDT 1998, 85). Hierbei läuft die Körperstreckung »vom Kopf über den Rumpf und die Hüften bis zu den Füßen« (STEMME, VON EICKSTEDT 1998, 85), häufig verbunden mit einem Einstemmen der Zehen, wodurch die Körperhaltung zusätzlich stabilisiert wird.

Zusammenfassend beschreiben Stemme und von Eickstedt die Hauptmerkmale dieses zweiten Abschnitts:

- »Zunehmende Körperstreckung;
- stabiles Gleichgewicht und größtmögliche Aufrichtung in den symmetrischen Lagen am Boden;
- Erfahren und Erfassen des ganzen Körpers bis zu den Füßen« (1998, 83).

Handlungsentwicklung: Das Zusammenspiel von Händen, Füßen, Mund und Augen

Beim Kind sind im SME-Stadium II (ca. 0;01 bis 0;04: Erworbenes Anpassungsverhalten und primäre Zirkulärreaktionen; einfache Gewohnheiten) nun immer komplexere Verhaltensweisen zu beobachten, die seine Anpassung an die Umwelt widerspiegeln. Piaget spricht deshalb von erworbenem Anpassungsverhalten. Zu diesem erworbenen Anpassungsverhalten gehört beispielsweise das Ersetzen der ursprünglich reflexhaften Saugbewegung durch das Daumenlutschen. Es handelt sich dabei um körperbezogene Tätigkeiten. Wiederholt ein Kind solche Tätigkeiten mehrmals, spricht Piaget von einer primären Zirkulärreaktion, die auch als Form des operanten Konditionierens beschrieben werden kann.

Zu den bereits kooperierenden Augen, Händen und Mund kommen nun die Füße hinzu. Sie werden quasi »zum zweiten Paar Hände: sie langen aus, greifen, halten, lassen los, geben ab und »hantieren«« (STEMME, VON EICKSTEDT 1998, 108). Zu den Fingern/Händen erweitern jetzt auch die Füße die Erkundungsmöglichkeiten des Mundes. Dabei entstehen Laute (physiologische Laute) eher als zufällige Begleiterscheinungen der kindlichen Tätigkeit. Wesentlicher sind zunächst die »sensomotorischen Erlebnisse« (STEMME, VON EICKSTEDT 1998, 108), die zu Wiederholungen anregen. Das Kind versucht, körperliche Empfindungen, die subjektiv angenehm waren, erneut auftreten zu lassen. Hiermit beginnt die Ausdehnung des Bewußtseins in die zunächst noch nahe Vergangenheit hinein. In diesem Stadium führt das Kind die Hände immer wieder vor die Augen und beobachtet ihre Bewegungen intensiv, wodurch sie bewußter wahrgenommen werden. Das Kind schaut sich selbst dabei zu, was es mit Händen und Füßen macht und versucht immer neue Wiederholungen.

Es bilden sich Abläufe von Handlungen im sich herausbildenden Gedächtnis ab, die als Widerspiegelungen gedeutet werden können. Vielfache Wiederholungen derselben Handlung mit jeweils demselben Ergebnis führen dazu, daß dieses Ergebnis gedanklich vorweggenommen, d. h. erwartet wird. Jantzen spricht im Anschluß an Anochin (1978) von »vorgreifender Widerspiegelung« (1992, 157): Ketten von äußeren Ereignissen führen zu »Ketten von inneren Ereignissen [...], in denen sich die Reihenfolge der äußeren Ereignisse [...] so widerspiegelt, daß dieses [innere Geschehen; H.J.P.] sich bereits auf ein Ereignis bezieht, bevor es eingetreten ist« (JANTZEN 1992, 159). Anochin schematisiert dies so (s. Abb. 20):

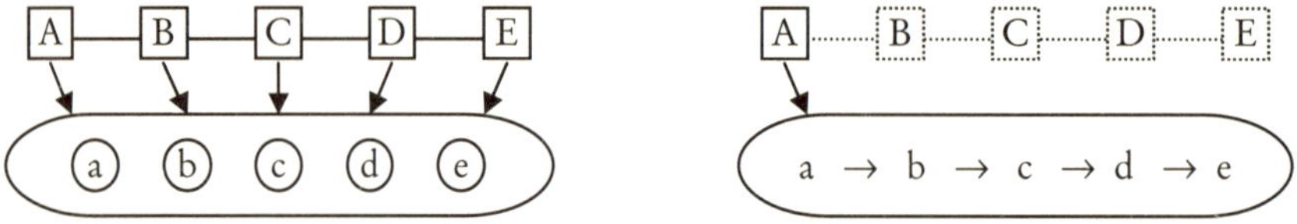

A, B, C, D, E = äußere, sich nacheinander abspielende Ereignisse in verschiedenen Zeitintervallen.

a, b, c, d, e = Protoplasmareaktionen, die durch zahlreiche Wiederholungen eine Reaktionskette gebildet haben. Diese Reaktionskette tritt »schließlich schon auf das erste Ereignis der Außenwelt (A) hin« auf, wobei das innere »Ereignis e bereits aufgetreten ist, während E als äußeres Ereignis erst in Zukunft auftritt« (JANTZEN 1992, 159).

Abb. 20: Vorgreifende Widerspiegelung nach Anochin (nach JANTZEN 1992, 159)

Dieser Mechanismus wird von Anochin als »vorgreifende Widerspiegelung der Wirklichkeit« (JANTZEN 1992, 159) bezeichnet. Bezogen auf kindliches Handeln beginnt mit dieser ersten »Planung« »die Herausbildung zielgerichteter, willkürlicher und später auch durchdachter und vernünftiger Handlungen« (LJUBLINSKAJA 1973, 192).

Abweichend von Schulte-Peschel und Tödter, welche im Piaget-Stadium der primären Zirkulärreaktionen den Beginn der Herausbildung von Handlungskontrolle (HK) *und* Handlungsplanung (HP) vermuten (1996, 34; 204), verweisen die vorstehenden Überlegungen auf den zeitlichen Vorrang der Handlungsplanung (HP). Angelehnt an die Darstellungsform von Schulte-Peschel und Tödter bietet sich folgende grafische Darstellung (s. Abb. 21) an:

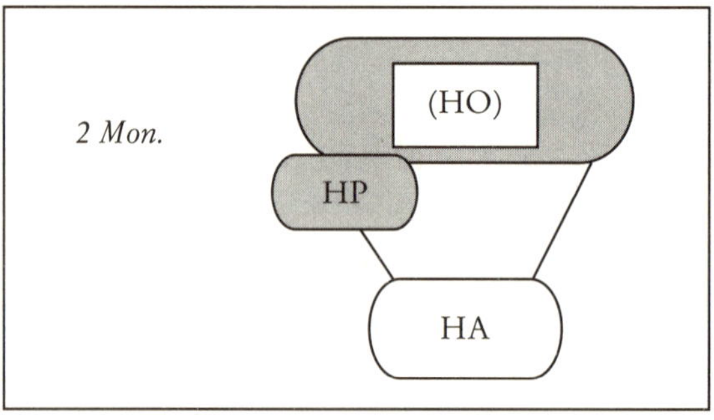

Abb. 21: Beginnende Ausdifferenzierung der Handlungsplanung als vorgreifende Widerspiegelung

Erste Ansätze der Nachahmung sind in diesem SME-Stadium II (ca. 0;01 bis 0;04: Sporadische Nachahmung) nach Piaget in drei Bereichen zu beobachten.

Lautbildung

Das Kind beginnt Laute nachzuahmen, die es aus seiner menschlichen Umwelt wahrnimmt, insbesondere solche, die ihm bereits bekannt sind. Die Stimme eines anderen Menschen löst die Vokalisation des Kindes dann aus, wenn diese vorgegebenen Laute solchen ähnlich sind, die das Kind auch schon selbst hervorgebracht hat (sog. Vokalansteckung). Von wechselseitiger Nachahmung wird gesprochen, wenn der Erwachsene einen vom Kind spontan gebildeten Laut imitiert und daraufhin das Kind seine Lautbildung verstärkt und wiederholt.

Nach Papoušek und Papoušek (1989) werden bei zwei Monate alten Säuglingen aber auch die Nicht-Schrei-Vokalisationen von den Eltern mit Bedeutung besetzt. Keller und Schölmerich (1987) konnten nachweisen, daß solche emotionale Besetzung bereits bei zwei Wochen alten Kindern geschieht: Verschiedene Vokalisationen werden durch die Eltern »als Ausdruck des emotionalen Zustandes interpretiert« (FURTADO 1992, 142). Dabei waren insbesondere die ›positiven‹ Vokalisationen des Kindes »Auslöser für vokale und verbale elterliche Reaktionen« (FURTADO 1992, 142).

Die Häufigkeit ›negativer‹ und physiologischer Laute nimmt zum Ende des dritten Lebensmonats ständig ab. Gleichzeitig steigen Anzahl und Häufigkeit ›positiver‹ Vokalisationen an. Dies geschieht unter der Kontrolle der Umwelt, beeinflußt durch das Verhalten der erwachsenen Bezugspersonen, deren Einfluß Furtado mit Bezugnahme auf Bloom (1988; 1989) und Herzka (1979) so beschreibt: »Vor allem durch positive Affekte, verbale Stimulation, die Anwendung der Baby-Sprache und die richtige Einstellung von Pausen wird das Kind im dritten Lebensmonat mehr Silben und Konsonanten bilden« (FURTADO 1992, 142), die wiederum von den Bezugspersonen als Mitteilungen interpretiert werden.

Nach Papoušek und Papoušek (1989) ist der Säugling im dritten Lebensmonat »über seine eigenen Vokalisationen erstaunt und beginnt damit zu spielen« (FURTADO 1992, 142). Diese Selbstbeschäftigung mit der eigenen Stimme (z. B. Lallmonologe, Silbenwiederholungen) kann in Anlehnung an Leontjew als ungegenständliche manipulative Tätigkeit beschrieben werden (selbstreferentielle Manipulation). Sie wird, wie Furtado (1992, 142) schreibt, »von vielen Autoren als wichtige Voraussetzung für die Sprachentwicklung angesehen«. Durch Beeinträchtigung des Gehörsystems kann das Lallen jedoch verzögert und qualitativ gestört werden.

Sehen

Das Kind beginnt beobachtete Bewegungen nachzuahmen, wobei die Nachahmung immer differenzierter wird. Dabei bleibt die Nachahmung auf solche Bewegungen beschränkt, die das Kind selbst schon spontan ausgeführt hat. Wichtig ist: Es ist »die

Bewegung als solche, insofern sie visuell wahrgenommen wird, die hier imitiert wird« (PIAGET 1975; nach BIGGER 1993, 72).

Beispiel: »Das Kind hat spontan schon mehrmals den Kopf hin und her oder auf und ab bewegt. Der Vl. zeigt dem Kind Hin-und-her-Bewegungen des Kopfes vor: Das Kind bewegt sporadisch, aber mehr als zufällig, den Kopf hin und her oder auf und ab« (BIGGER 1993, 245).

Greifen

Aus der Beobachtung der Hände des Erwachsenen heraus beginnt das Kind auch, solche Bewegungen nachzuahmen. Wiederum gilt: Das Kind ahmt auch Greifbewegungen des Erwachsenen nach, soweit diese einem ihm verfügbaren Schema entsprechen.

Beispiel: »Das Kind hat spontan schon mehrmals seine Hände zusammen und auseinander gebracht. Der Vl. zeigt dem Kind das Zusammen- und Auseinanderbringen der Hände vor: Das Kind ahmt, wenn auch noch nicht regelmäßig, so doch mehr als zufällig die Bewegungen nach« (BIGGER 1993, 245).

Die Vorrangstellung des Mundes wird nun von der Bedeutung der Hände abgelöst. Das Saugen verliert seinen Reiz zugunsten des Handelns. Ins Blickfeld geratene Gegenstände geben Anlaß zum Greifen auch dann, wenn sie nicht im unmittelbaren Kontakt zu Händen oder Füßen sind. Leontjew und Elkonin sprechen nunmehr von manipulativer Tätigkeit. Die einzelnen Tätigkeiten lassen sich in unendlich vielfältiger Weise miteinander kombinieren. Das Kind kann somit seine Erkenntnisse in vielfältiger Weise überprüfen und kontrollieren. Es erfährt,

- wie sich etwas anfühlt, das es sieht,
- wie etwas aussieht, das es ertastet hat.

Solche Erfahrungen werden durch die anderen Sinnesmodalitäten ergänzt: »wie das Ergriffene schmeckt, riecht, wie schwer es ist, wie es sich bei den Manipulationen verhält und verändert, was es für Geräusche produziert etc.« (STEMME, VON EICKSTEDT 1998, 109). Wenn »viele Autoren [...] die Fähigkeit zur Diskrimination von Kategorien und Klassen von Phonemen als wichtig für die Entstehung sprachlicher Kompetenz« (FURTADO 1992, 143) bezeichnen, welche Kategorien und Klassen sind dann wichtig für die Entwicklung einer – verbalisierungsfreien – Handlungskompetenz? Nach Furtado ist »die kognitive [und damit Handlungs-] Entwicklung verbunden mit der Entstehung visualer und auditiver Wahrnehmung durch die Kategorieneinstufung. Es beginnt schon früh in der Entwicklung eine Art von Einordnung und Klassifizierung akustischer und visueller Phänomene« (FURTADO 1992, 143).

Übersehen wird hierbei die Bedeutung der taktilen Wahrnehmung. Sie ist Grundlage zur Feinsteuerung von Hand und Fingern in deren Werkzeugfunktion (Greifen, Halten, Loslassen). Hier können wir uns auf die Funktionsreihe zur Entwicklung der Handmotorik von Fröhlich beziehen und deren Multimodalität nach den

Vorschlägen von D. Fischer (1994) und Pitsch (1998; 1999c) betrachten. Ohne ausgebaute Werkzeugfunktion der Hand gibt es keine gegenständliche Tätigkeit. Unbeachtet bleibt bei Furtado auch die kinästhetische Wahrnehmung. Diese benötigen wir zur Steuerung und Kontrolle unserer Bewegungen. Und ohne »gekonnte« Bewegungssteuerung gibt es noch nicht einmal eine manipulative Tätigkeit.

In diesem Zusammenhang ist die frühe Herausbildung einer Zeichensprache von Bedeutung, die linkshemisphärisch cerebral lokalisiert sei. Topologisch reicht eine cortikale Lokalisation von Gesten »höher« als die Lokalisation von vokalen Äußerungen und betrifft perzeptiv wie exekutiv die gleichen Regionen des Gyrus praecentralis und des Gyrus postcentralis, in denen die motorische Steuerung bzw. Wahrnehmung von Armen, Händen und Fingern lokalisiert sind. Ein planmäßiges Training einer Zeichensprache sollte dann auch die topologische Repräsentation des »Werkzeugs« Hand verbessern/verbreitern. Zudem würde sie »das Problem des Aufbaus von Beziehungen zwischen Signalen und Objekten (»reference production« sensu BRUNER 1975; 1987) berücksichtigen.

Mit all diesen Erfahrungen des Kindes beginnt auch die Ausdifferenzierung der Handlungskontrolle (HK) aus der ursprünglich undifferenzierten Handlungsorientierung (HO). Angelehnt an Schulte-Peschel und Tödter (1996, 204-205) bietet sich folgende Darstellung (s. Abb. 22) an:

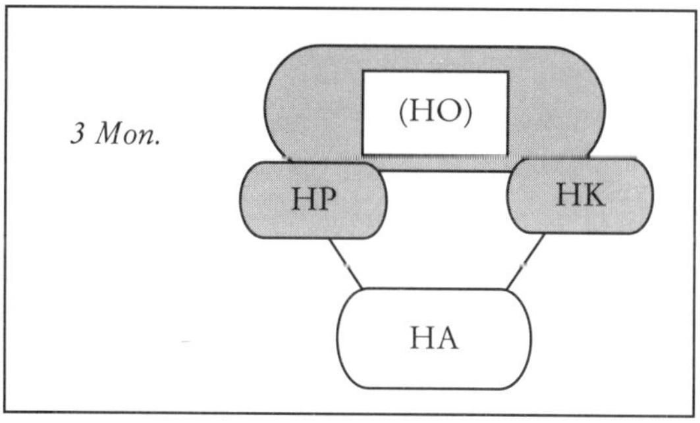

Abb. 22: Beginnende Ausdifferenzierung der Handlungskontrolle

Spielentwicklung

Das Spiel beschreibt Piaget als durch Assimilation bestimmt. Assimilation definiert er als »Strukturierung durch Einverleibung der äußeren Wirklichkeit in die aus dem eigenen Tun herauswachsenden Formen« (PIAGET 1975; nach BIGGER 1993, 69). Die Umwelt wird dabei mit den bereits erworbenen Schemata einverleibt. Hierdurch müssen die vorhandenen Schemata weder ergänzt noch umstrukturiert werden. Das Spiel gestattet ein Nachlassen der Anstrengungen zur Anpassung an die Umwelt »und ist ein Ausüben oder ein Einüben dieser Aktivitäten nur aus dem Vergnügen heraus, sie zu beherrschen und aus ihnen ein Gefühl der Virtuosität und der Kraft zu schöpfen« (PIAGET 1975c, 120).

Piaget äußert sich nicht eindeutig, wann der Beginn des Spiels angesetzt werden soll; er beschreibt jedoch im Stadium I und II (0;00 bis 0;04) *spielerische primäre Zirkulärreaktionen.* Piaget hält es für schwierig, bereits die Übung des Reflexverhaltens auf dem 1. Stadium als Beginn der Spieltätigkeit anzusehen. Auf dem 2. Stadium glaubt er jedoch zwischen Anpassungsverhalten und Spielverhalten unterscheiden zu können insoweit als »die meisten Zirkulärreaktionen sich im Spielverhalten fortsetzen« (PIAGET 1975c, 121). Insbesondere hält er das beobachtbare Vergnügen an der Tätigkeit und das ebenso geringe Interesse am äußeren Resultat für einen Hinweis auf spielerisches Verhalten. Das Kind spiele aus »Funktionslust«.

Beispiel: »Wiederholte Saugbewegungen ohne äußeres Objekt« (BIGGER 1993, 241) (Stadium I); »Kind betrachtet die Umwelt aus verschiedenen Körperstellungen heraus« (BIGGER 1993, 245) ohne konzentriert zu schauen.

Die Wirkung von Effekten

Für das Handeln des Kindes wird nun auch das Hören zunehmend bedeutungsvoll. Ein Geräusch (Veränderung in der akustischen Umwelt) erregt die Aufmerksamkeit, worauf das Kind seine Tätigkeit unterbricht und sich in die Richtung wendet, in der es die Quelle des Geräuschs vermutet. Von ganz besonderem Interesse sind nunmehr auch Effekte der unterschiedlichsten Art, vor allem dann, wenn das Kind sie selbst erzeugen kann. Einmal erzeugte Effekte versucht das Kind wieder herzustellen, indem es diejenige Tätigkeit zu wiederholen versucht, mit der es vor dem Effekt beschäftigt war. Es erlebt sich selbst als Bewirkenden. Das bewußte Wiederholen von Tätigkeiten, die mit einem Effekt verbunden waren, geschieht in der Erwartung, daß dieser Effekt (Erfolg) erneut eintreten wird. Damit lösen sich Handlungen aus der unmittelbaren Gegenwart, greifen in die Vergangenheit hinein und dehnen sich in die Zukunft aus (vgl. Anochin: Vorgreifende Widerspiegelung).

Mit der Zukunfts-Erwartung verschiebt sich nunmehr auch die Wertigkeit der Tätigkeit: Nicht mehr die Tätigkeit um ihrer selbst willen ist wichtig; »der Effekt wird das Wichtigste« (STEMME, VON EICKSTEDT 1998, 110). Wesentlich hierbei ist, daß das Kind den Zusammenhang zwischen Ursache und Wirkung erkennt. Solche Wirkungen können sich beziehen

- auf den eigenen Körper (körperliche Empfindungen, Wahrnehmungen von Geräuschen, Lichtreizen...);
- auf die Welt außerhalb des eigenen Körpers, auf Reaktionen anderer Menschen.

Das Kind kann nunmehr etwas in Gang setzen, was außerhalb seiner selbst seinen Verlauf nimmt. Dadurch bekommt das Kind selbst Bedeutung. Solche Selbstzuschreibung von Bedeutung ist wiederum wichtig für die Ich-Bildung, die Herausbildung einer eigenen Identität.

Die Bedeutung des Erwachsenen

Im materialistischen Konzept spielt bereits bei der Entwicklung der Wahrnehmungstätigkeit die Einwirkung erwachsener Personen auf das Kind eine bedeutende

Rolle für die Vervollkommnung der psychischen Steuerungen seiner Bewegungen. Durch die Schaffung geeigneter Situationen bieten die Erwachsenen dem Kind die Möglichkeit, Gegenstände und deren Entfernung visuell wahrzunehmen. Die Entwicklung des Greifakts und ihre Vervollkommnung sind nach dieser Auffassung das Ergebnis einer »gemeinsamen Tätigkeit mit den Erwachsenen« (ELKONIN 1980, 226).

Piaget dagegen betont die Verhaltensweisen des Säuglings, die ihn dazu befähigen, sich der Umwelt entsprechend seiner ihm zur Verfügung stehenden Schemata anzupassen. Dabei mißt Piaget jedoch den erwachsenen Personen, die dem Kind eine solche Anpassung ermöglichen, weniger Beachtung bei. Folgendes Beispiel verdeutlicht die Verbindung der beiden Sichtweisen:

> Der Erwachsene hält dem Säugling einen Teddy vor das Gesicht, um seine Aufmerksamkeit zu erregen; das Kind fixiert den Teddy (Assimilation). Anschließend bewegt der Erwachsene den Teddy langsam aus dem Gesichtsfeld des Säuglings, und dieser verfolgt den Teddy mit den Augen, bis er aus seinem Blickfeld verschwindet. Nach Piaget akkommodiert das Kind sein Seh-Schema an die Bewegung des Teddys. Das Kind kann jedoch nur den Teddy mit den Augen verfolgen, wenn der Erwachsene ihm die Möglichkeit dazu bietet.

Nach Auffassung der Aneignungstheoretiker übt der Erwachsene also – meist unbewußt – einen pädagogisch bedeutsamen Einfluß auf das Kind aus. Daher ist es wichtig, die beiden Sichtweisen als sich einander ergänzend zu betrachten.

5 Lernen, die Hände zu gebrauchen: Manipulative Tätigkeit

Zeitlich anschließend lernt das Kind in der »manipulativen Tätigkeit« (Leontjew) seine Hände als Werkzeug zu gebrauchen. Die hierdurch angeregte kognitive Entwicklung wird von Piaget mit den Stadien III und IV der sensomotorischen Entwicklung beschrieben, der Aspekt der motorischen Entwicklung durch Stemme und von Eickstedt.

5.1 Handlungsgrundlage Bewegung: Beginnende Fortbewegung

Aus dem sicheren Gleichgewicht in Bauch- und Rückenlage werden nun Verlagerungen auf eine Körperseite möglich, wodurch die bisherige Symmetrie zur Asymmetrie hin aufgelöst wird.

Aus der Rückenlage heraus erlaubt eine Gewichtsverlagerung zur Seite dem Kind nunmehr, einem Gegenstand nachzugreifen, über die Körpermitte hinwegzugreifen oder das Umdrehen auf den Bauch einzuleiten. Aus solchen Gewichtsverlagerungen ergeben sich die *Seitlage* und vielfältige weitere Bewegungen wie wälzen, zurechtruckeln, rutschen, rollen; das Rollen vom Rücken auf den Bauch tritt im 6.-7. Monat auf (HOLLE 1993, 214). Solche Bewegungen können sowohl der Rücken- wie der Bauchlage zugeordnet werden oder Übergänge darstellen.

Eine wichtige Bewegungsfolge ist das *Umdrehen*. Hierbei führen die Beine ungleiche Bewegungen aus (Beindifferenzierung): In der Seitlage geht das untenliegende Bein in die Streckung, das obere beugt sich an. Dieses Bewegungsmuster (Schema) tritt später wieder auf: beim Gehen und bei seitlichen Gewichtsverlagerungen im Stand. Die Körperdrehung kann auch vom übergreifenden Arm eingeleitet werden wie auch von den Augen, deren Bewegungen zunächst der Kopf, dann der Körper folgt. Ebenfalls dient das Einstemmen eines Fußes in den Boden der Einleitung des Umdrehens, wenn dadurch »das Gewicht auf die andere Seite gehebelt wird« (STEMME, VON EICKSTEDT 1998, 88).

Aus der *Bauchlage* erfolgt nun das Umdrehen in die Rückenlage. Stemme und von Eickstedt machen darauf aufmerksam, daß dieses »Herumrollen [oft] die erste Art der Fortbewegung durch den Raum« (STEMME, VON EICKSTEDT 1998, 88; nach HOLLE (1993, 212) im 5.-6. Monat) ist. Nach der Interpretation der beiden Autorinnen wird die Bauchlage »zur zentralen Ausgangslage«, von der aus »alle neuen Positionswechsel eingeleitet« werden: Kreiseln, Rückwärtsschieben, Kriechen sowie »unterschiedlich hohe Seitlagen« (ebd.).

Dinge, die gerade noch mit Anstrengung zu erreichen sind, ziehen die Aufmerksamkeit des Kindes vom Körper ab nach außerhalb des Körpers »in den horizontalen Raum hinein« (STEMME, VON EICKSTEDT 1998, 88) und initiieren Lokomotionen. Bei diesen horizontalen Lokomotionen kommt es zuerst zu Bewegungen zur

Seite, dann erst nach vorne. Seitwärtsbewegungen führen zum Kreiseln, dem Drehen auf der Stelle, wodurch das Kriechen und Krabbeln vorbereitet werden.

Die ersten Vorwärtsbewegungen beginnen mit dem Ausstrecken der Arme, wodurch das Kind zunächst nach hinten geschoben wird. Das zusätzliche Einstemmen der Zehen in den Boden verschafft dann den Halt für ein Schieben nach vorne. Kriechen auf dem Bauch wird möglich.

Das Kind beherrscht nunmehr eine stabile Haltungskontrolle, von der aus es verfügbare Bewegungsschemata in höhere – und damit unsichere – Positionen überträgt: Es versucht sich aufzurichten; es stützt sich auf gestreckte Arme und gestreckte Finger mit 5-6 Monaten (Holle 1993, 212), auf alle vier Extremitäten (Vierfüßlerstand mit 10-11 Monaten; Holle 1993, 216) oder zum Sitzen. Wiederum wechseln sich symmetrisch-stabile Positionen mit asymmetrisch-dynamischen Bewegungen ab oder dienen diesen als Ausgangspunkt und Grundlage. Umgekehrt dienen rhythmische Vorwärts-Rückwärts-Bewegungen des Körpers (Schaukeln, rocking) im Vierfüßlerstand der Übung der Standsicherheit. Ihnen folgen Gewichtsverlagerungen seitwärts, welche das Krabbeln und das Absetzen in den Seitsitz vorbereiten.

Dieses dritte Stadium der Bewegungsentwicklung kennzeichnen Stemme und von Eickstedt zusammenfassend mit den Merkmalen

- »Auflösen der Symmetrie in den tiefen Positionen;
- Positionswechsel, z. B. Umdrehen, »Kreiseln«;
- beginnende Fortbewegung, z. B. Rollen, sich Schieben, Kriechen, Krabbeln;
- Erreichen der mittleren Positionen, z. B. Vierfüßlerstand, Sitz;
- Erfahren und Erfassen der erweiterten Umgebung im »horizontalen Raum« (Stemme, von Eicksteck 1998, 86), den wir hier als »Nahraum« bezeichnen.

In diesen durch Bewegen des Körpers erreichbaren Nahraum hinein entwickeln sich nunmehr die Handlungsmöglichkeiten des Kindes (s. Abb. 23, S. 86).

5.2 Manipulative Tätigkeit

Manipulative Tätigkeit besteht im Umgang mit Materialien und Objekten der Umwelt, ohne aber deren gesellschaftliche Bedeutung zu kennen. Hierbei steht die Bewegung im Vordergrund; das Objekt an sich ist unwichtig. Bei Piaget wird diese Etappe in den Stadien 3 und 4 der sensomotorischen Entwicklung beschrieben als die sekundären Zirkulärreaktionen und das Andauernlassen interessanter Ereignisse sowie als Koordination der sekundären Verhaltensschemata und ihre Anwendung auf neue Situationen.

Tätig sein bedeutet aktiv handeln. Eine aktive gegenständliche Handlung ist allerdings erst dann möglich, wenn das Kind in der Lage ist, einen Gegenstand in der Hand zu halten. Somit kommt bei der manipulativen Tätigkeit der Hand eine zentrale Bedeutung zu. Allerdings müssen hierzu eine Reihe von Grundvoraussetzun-

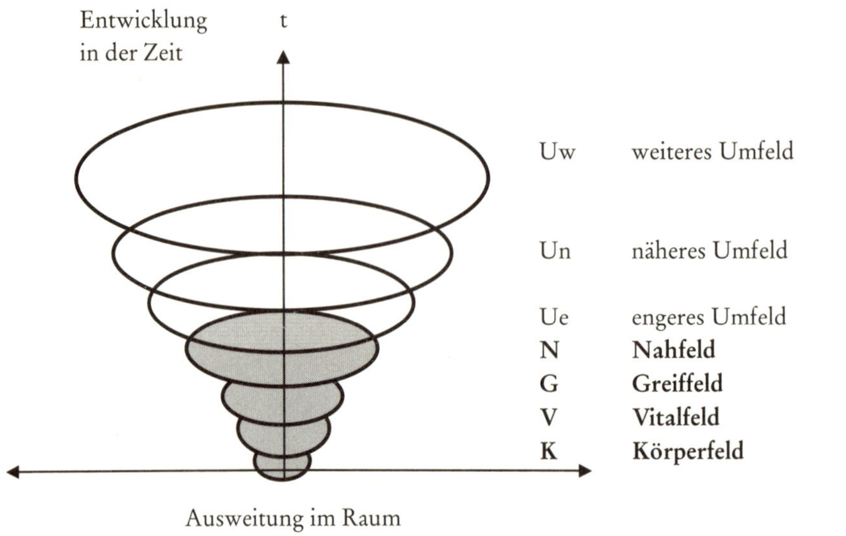

Abb. 23: Ausweitung der Handlungsmöglichkeiten in das Nahfeld hinein

gen erfüllt sein. »Die Konzentration auf ein Objekt, das visuelle Verfolgen eines sich bewegenden Gegenstandes in alle Richtungen und Entfernungen, die Konvergenz der Augen und das Betrachten entwickeln sich früher als die ersten Bewegungen in Richtung eines Gegenstandes und sind eine Voraussetzung dafür, daß solche Bewegungen einsetzen« (ELKONIN 1980, 224). Die sensorischen Systeme entwickeln sich nach dieser Auffassung vor den Bewegungen.

Nach Jantzens Rezeption des Konzepts der »dominierenden Tätigkeit« erstreckt sich die manipulative Tätigkeit über die Alterspanne von ca. vier Monaten bis zu einem Jahr. Manipulative Tätigkeit wird folgendermaßen verstanden: »Sobald die Kinder willkürlich mit den Gegenständen zu hantieren beginnen, nachdem sie erste Erfolge in der Nachahmung von Erwachsenen erzielt haben, kann man in ihren Handlungen elementare Formen des Denkens erkennen. Gegenständliches Manipulieren führt das Kind vor Problemsituationen, und es bemüht sich um eine adäquate Lösung. Das heißt, im gegenständlichen Manipulieren entstehen elementare Probleme, die auch gelöst werden. Das Kind lernt demnach in der Handlung denken, indem es fremde und eigene Bewegungen nachahmt« (PETROWSKI 1977, 49; nach JANTZEN 1992, 199).

Die Hand wird als Werkzeug gebrauchsfähig. Auf der Grundlage dieser Manipulation bilden sich im Verlauf der Entwicklung neue Erkenntnisse über die Gegenstände: Das Kind lernt neue Eigenschaften kennen und gelangt über diesen Weg zur gegenständlichen Tätigkeit; es beginnt, die gesellschaftliche Bedeutung der Gegenstände zu erkennen. Damit es zur Manipulation eines Gegenstandes kommt, muß das Kind diesen Gegenstand erst einmal greifen. Piaget unterscheidet *sechs Stufen des Greifens*:

Auf der *ersten Stufe*, welche dem ersten Stadium (SME I) gleichkommt, hat das Kind die Hände meist zur Faust geschlossen. Es greift nur dann, wenn es Druck in der Innenfläche der Hand spürt. Hier steht das Kind noch auf der Stufe der Reflexe.

Auf der *zweiten Stufe*, welche bereits zum zweiten Stadium (SME II) gehört, bringt das Kind bereits einige Zirkulärreaktionen hervor. Es greift, wenn der Gegenstand seine Hände berührt. Es beginnt allerdings, den Greifreflex nach und nach zu integrieren, so daß es im Alter von vier Monaten fähig ist, einen Gegenstand zu greifen und loszulassen, wenn auch noch mit Schwierigkeiten.

Auf der *dritten Stufe* entwickelt sich allmählich die Koordination von Greif- und Saugtätigkeit. Das Kind muß hierbei allerdings seine Hände sehen. Auch erlernt es allmählich, »die Stärke seines Greifens dem Gewicht des Gegenstandes anzupassen« (HOLLE 1993, 48).

»Auf der *4. Stufe* ergreift das Kind die Gegenstände, sobald es gleichzeitig Hand und Gegenstand wahrnimmt« (SCHMITZ 1978, 348).

Ab der *fünften Stufe* kann jeder Gegenstand, auf den der Blick fällt, eine Greifreaktion auslösen. Hierbei ist die Ausgangshaltung der Hand nicht mehr von Bedeutung.

Auf der *sechsten Stufe*, welche ins dritte Stadium (SME III) fällt, beginnt das Kind, Sehen und Greifen zu koordinieren. Es ist auf der Ebene der sekundären Zirkulärreaktionen (Bewegungen, welche zu einem gewünschten Resultat führen) angelangt.

Wie aus den Beschreibungen der einzelnen Stufen hervorgeht, spielt die Augen-Hand-Koordination eine entscheidende Rolle. »Unter den Begriff der Auge-Hand-Koordination fallen sämtliche Leistungen, bei denen visuelle Informationen für die Steuerung von Arm- und/oder Handbewegungen herangezogen werden« (WILKENING, KRIST 1995, 504).

Gegen Ende des zweiten Stadiums der SME nach Piaget verfügt das Kind bereits über komplexe Verhaltensweisen: Mit den Augen ein Objekt fixieren, durch Kopfdrehen eine Geräuschquelle ausmachen; Greifen gelingt schon einigermaßen gezielt. Dabei steht am Anfang die eigene Körperaktivität im Vordergrund. Diese Tätigkeiten jedoch wirken sich auf die Umwelt aus und führen dort zu Veränderungen. Ein Kind, das einen Gegenstand greift, bewegt diesen Gegenstand und verändert seinen Ort. Nunmehr beginnt das Kind sich allem Anschein nach für solche Ereignisse zu interessieren. Piaget spricht dann vom *SME-Stadium III (ca. 0;04 bis 0;10), den sekundären Zirkulärreaktionen und dem Andauernlassen interessanter Ereignisse (aktive Wiederholung).*

Die kindlichen Tätigkeiten sind nicht mehr ausschließlich auf das eigene Tun ausgerichtet, sondern auf Dinge und Ereignisse aus der Umwelt. Gelingt dem Kind eine für es selbst bemerkbare Veränderung in seiner Umwelt, so wiederholt es diese

Tätigkeit. Ziel und Ergebnis der Tätigkeit liegen in der Außenwelt. Piaget spricht deshalb von sekundären Zirkulärreaktionen. Dabei bezieht sich das Interesse des Kindes noch nicht auf das Objekt als solches, es verwendet vielmehr dieses Objekt als Instrument, um immer wieder die gleiche Tätigkeit auszuführen (z. B. greifen – loslassen, schlagen, schütteln usw.).

Das Kind beginnt auch bereits Ereignisse in seiner Umgebung wahrzunehmen, die es nicht selbst verursacht hat, und bemüht sich, diese andauern zu lassen.

> So blickt es in der Schilderung von Piaget auf eine Blechschachtel, auf welche der Erwachsene getrommelt hat, fixiert diese mit den Augen und schüttelt seinen Arm, um den Erwachsenen zum Wiederholen des Trommelns zu veranlassen.

Selbst hat das Kind noch nicht die nötigen Verhaltensschemata erworben, um dieses Ziel zu erreichen. Es setzt sich jedoch bereits ein Ziel, womit erste Formen der Intentionalität (Absichtlichkeit) zu erkennen sind.

Piaget ist der Auffassung, daß die erfolgreiche Augen-Hand-Koordination eine Voraussetzung für die Entstehung des Objektbegriffs und der weiteren Wahrnehmung ist (vgl. WILKENING, KRIST 1995, 504). Im Alter von 0-4 Monaten können Säuglinge in der Regel noch nicht gezielt nach Gegenständen greifen. Erst ab Ende des ersten Lebensjahres erreicht das Ergreifen von Gegenständen Erwachsenenniveau. Im Alter von fünf Monaten sind die Kinder bestrebt, Hand und Objekt im Blickfeld zu behalten (vgl. WILKENING, KRIST 1995, 504).

Elkonin sieht die manipulative Tätigkeit im Bezug zum Spiel. Allerdings sind »die ersten manipulativen Handlungen mit Gegenständen nicht als Spiel zu bezeichnen«, vielmehr »als elementare Übungen im Operieren mit Dingen, wobei der Charakter der Operationen durch die spezielle Konstruktion des Gegenstandes vorgegeben ist« (ELKONIN 1980, 231). Bei diesen Formen der Tätigkeit handelt es sich vor allem um »sensomotorische Koordinationen« (ELKONIN 1980, 231). Es müssen bestimmte sensorische Systeme entwickelt sein, vor allem das des Sehens, bevor es zu manipulativer Tätigkeit kommen kann.

Die Entwicklung der sensorischen Systeme geschieht in Wechselwirkung des Kindes mit den umsorgenden Erwachsenen. Somit beeinflussen die Erwachsenen die Entwicklung des Kindes, unter anderem auch über das Angebot an Gegenständen. In diesem Zusammenhang ist es von Bedeutung, daß in vielen Spielgegenständen die sensomotorischen Bewegungsmuster, die das Kind erlernen soll, bereits einprogrammiert sind, zum Beispiel:

> »Das Kind klatscht nicht nur auf den Gegenstand, sondern schüttelt ihn auch, nimmt ihn von einer Hand in die andere, versetzt einen über ihm hängenden Gegenstand immer wieder in Schaukelbewegungen, klopft mit einem Gegenstand an einen anderen« (ELKONIN 1980, 226).

Diese Gegenstände können zum Beispiel Rasseln oder Klingelbälle o. ä. sein.

Elkonin setzt ebenfalls den Greifakt, die Greiffähigkeit der Hand, als Grundlage für die manipulative Tätigkeit voraus. Hierzu müssen allerdings die motorischen

Voraussetzungen erfüllt sein. Die Handmotorik entwickelt sich nach Fröhlich (1977; hier zitiert nach D. FISCHER 1994, 201) unter Beteiligung verschiedener Arten der Steuerung der Aktivität, wie in Tab. 4 (S. 90/91) dargestellt.

Mit der Aufgliederung in fünf Aktivitätsbereiche erhalten wir sowohl eine Annäherung an die von der Tätigkeitspsychologie beschriebenen ersten Stufen der kindlichen Entwicklung (z. B. Leontjew; Ljublinskaja (1973)) als auch Hinweise auf die zeitliche Abfolge des Wirksamwerdens einzelner Sinnesmodalitäten.

Aus dieser tabellarischen Aufstellung über die Entwicklung der Handmotorik geht auch hervor, daß sie sich nicht auf rein motorische Bewegungen der Hand beschränkt, sondern sich weiterentwickelt zur Augen-Hand-Koordination und somit zusätzliche sensorische Systeme mit einbezieht. Auch Elkonin nimmt an, daß »der Entstehung des Greifakts [...] die visuelle Konzentration auf das Objekt zugrunde liegt« (ELKONIN 1980, 225).

Den Erwachsenen ist oft nicht bewußt, daß sie mit dem Kind das Greifen üben, wenn sie sich mit ihm beschäftigen. Über diesen Weg fördern sie das Manipulieren des Kindes. Nach Goedman und Koster hat der Erzieher folgende Aufgaben: Er

»a) muß alles tun, um dem Kind behilflich zu sein;
b) muß über die Stimme, Gestik, Mimik und körperlichen Kontakt das Kind fesseln;
c) muß für das Kind ganz nah fühlbar und sichtbar sein, in intimer Geschlossenheit (Kind auf den Arm, auf den Schoß nehmen; zusammen mit Arm auf den Schultern des Kindes spazieren gehen);
d) muß verschiedene Überraschungsmomente einschalten: »Hör mal«, »Schau mal«, »Was ist das?«, aus spontanen Situationen heraus;
e) muß die guten, wachen Momente des Kindes ausnutzen, in der Hoffnung, daß das Kind gerade gefesselt zuschaut, mithört, usw.« (GOEDMAN, KOSTER 1977, 52).

Goedman und Koster machen deutlich, daß das Kind vor allem die Zuwendung der Erwachsenen benötigt. Innerhalb der Atmosphäre der Zuwendung kann der Erzieher dann konkrete Angebote machen und dem Kind Reize zur Entwicklung des Manipulierens bieten.

Niveau Woche/ Monat	1 postnatale Reflex-aktivitäten	2 taktil gesteuerte Tastaktivität	3 oral gesteuerte Hand-Mund-Aktivität	4 propriozeptiv gesteuerte Aktivitäten	5 visuell gesteuerte Greif-aktivitäten
4.	1. Hände zur Faust geschlossen (4. Wo.)				
4.	2. Greifreflex (4. Wo.)				
1.	3. Unwillkürliches Öffnen und Schließen mit impulsiven Armbewegungen (1. Mon.)				
n. ang.	4. kurzzeitiges Festhalten von in die Innenhand gegebenen Gegenständen (3") (keine Zeitangabe)				
2.-4.		6. faßt und läßt zufällig berührten Gegenstand los (Hand) (2.-4. Mon.)	7. saugt und lutscht am eigenen Finger (2.-4. Mon.)		13. schaut eigene Hände an (2.-4. Mon.) 14. Blick versucht der eigenen Hand zu folgen (kurzes Fixieren) (2.-4. Mon.) 17. Blick fixiert Hand und festgehaltenen Gegenstand einige Sekunden (2.-4. Mon.)
2.-4.		8. kratzt und streicht an Gegenständen (2.-4. Mon.)			
12.	9. Hände offen oder halbgeschlossen (vgl. 2.; 12. Wo.)	10. aktives Festhalten von in die Hand gegebenen Gegenständen (12. Wo.)			
n. ang.		12. Hand greift bei kurzer Fremdberührung (k. Zeitangabe)		11. tastet am eigenen Körper/ an eigener Kleidung (k. Zeitangabe)	

Niveau Woche/ Monat	1 postnatale Reflex-aktivitäten	2 taktil gesteuerte Tastaktivität	3 oral gesteuerte Hand-Mund-Aktivität	4 propriozeptiv gesteuerte Aktivitäten	5 visuell gesteuerte Greif-aktivitäten
16. 4.			15. bringt Spielzeug zum Mund (16. Wo.)	16. bringt Hände zusammen und Spielen mit den Fingern (16. Wo.)	24. (4.-7. Mon.) bringt außerhalb des Sehbereiches ergriffene Gegenstände in den Sehbereich
20. 5.			19. steckt Spielzeug zum Erkunden in den Mund, wenn man es in die Hand gibt (20. Wo.)	18. kratzt mit den Fingern auf Unterlage o. ä. (20. Wo.)	23. (4.-7. Mon.) schaut nach der Hand, wenn man sie außerhalb des Sehbereichs festhält
24. 6.					20. greift aktiv nach (kleinen) Gegenständen und hält sie fest (24. Wo.) 21. Greift vor ihm (Gesicht) hängenden Gegenstand (6. Mon.) 22. greift nach Gegenständen über dem Kopf (24. Wo.)
28. 7.				26. wechselt Spielzeug von einer Hand in die andere (28. Wo.) 28. klatscht mit den Händen (28. Wo.)	27. (28. Wo.) greift gezielt mit einer Hand 29. (28. Wo.) greift nach Spielzeug außerhalb der Reichweite

Tab. 4: Funktionsreihe zur Entwicklung der Handmotorik, aufgegliedert nach Arten der Steuerung der Aktivität (aus PITSCH 1998, 245-247)

»Nachdem sich der Greifakt ausgebildet hat, tritt die Entwicklung der Bewegungen in eine neue Phase« (ELKONIN 1980, 226). Es treten Wiederholungsbewegungen auf, welche sich intensiv weiterentwickeln. »In dem Maße, wie sich beim Kind immer neue Manipulationsweisen mit dem Gegenstand einstellen, werden auch die Wiederholungsbewegungen vielfältiger«; gleichzeitig treten »Kettenbewegungen in

Erscheinung [...]. Sie stellen eine Reihe einzelner, differenzierter, genau aufeinanderfolgender Bewegungen dar. [...] Zur Bewegungskette gehören all die Einzelbewegungen, die sich das Kind aneignet« (ELKONIN 1980, 227). Mit dem SME-Stadium III nach Piaget (ca. 0;04 bis 0;10: Beginn der systematischen Nachahmung) werden folgende Imitationsleistungen möglich:

1. Lautbildung

Im Sinne des bereits beschriebenen Andauernlassen eines Ereignisses wiederholt das Kind gehörte Töne (Phoneme ohne Bedeutung), wobei das Interesse an der Wiederholung deutlich wird.

2. Bewegung

Ebenso beginnt das Kind auf diesem Stadium systematisch Bewegungen nachzuahmen, und zwar »nur geschlossene Einheiten von Bewegungen [...], nicht isolierte Teilbewegungen« (BIGGER 1993, 73). Wiederum gilt: Das Kind kann nur solche Bewegungen imitieren, die ihm bereits bekannt sind, die es in seinem eigenen Repertoire zur Verfügung hat.

> Beispiel: »Der Vl. führt eine komplexe Bewegung vor, die ein Mittelverhalten und ein Zielereignis beinhaltet (z. B. zuerst an Schnur ziehen, dann erst ertönt die Rassel.): Das Kind ahmt ihn nach (globale Assimilation)« (BIGGER 1993, 248).

Im SME-Stadium IV nach Piaget (ca. 0;07 bis 0;12: Nachahmung von »bekannten« und »nicht sichtbaren« Bewegungen) beginnt das Kind, solche ihm bekannten Bewegungen nachzuahmen, die es nicht an sich selbst visuell beobachten kann. Auch beginnt das Kind, solche Bewegungen nachzuahmen, die es vorher selbst noch nie ausgeführt hatte. Dabei kann es durchaus zu Verwechslungen kommen, indem das Kind die gleiche Bewegung mit einem anderen Körperteil imitiert: Statt die Augen zu öffnen und zu schließen (wie beim Modell), öffnet und schließt das Kind u. U. den Mund. Auf diesem Stadium beginnen sich demnach erste Formen wirklicher Nachahmung auszubilden.

Auf dem SME-Stadium III nach Piaget (ca. 0;04 bis 0;10: spielerische sekundäre Zirkulärreaktionen) wird der Unterschied zwischen spielerischem Verhalten und auf Erkenntnis ausgerichteter Assimilation deutlicher. Das Kind ist tätig aus der Freude am eigenen Handeln, nicht aus einer Anstrengung um das Begreifen heraus. So führt das Kind »spontan sekundäre Zirkulärbewegungen aus« (BIGGER 1993, 248), wobei sein Gesicht wohl Freude zeigt, jedoch kein aufmerksames Interesse.

Interesse ist zu beobachten im SME-Stadium IV nach Piaget (ca. 0;07 bis 0;12: Spielerische Anwendung bekannter Mittel auf neue Situationen; Beginn der Ritualisierung der Schemata). Das Interesse des Kindes verlagert sich vom Ereignis selbst weg zu dem beobachteten Objekt. Es möchte z. B. ein Objekt ergreifen. Um dieses Ziel zu erreichen, verändert und verbessert das Kind seine Tätigkeitsformen. Aus dem noch ungezielten Schlagen, Schütteln, Stoßen, Ziehen des III. Stadiums wird die Beseitigung eines Hindernisses *(Koordination der sekundären Verhaltensschemata und ihre Anwendung auf neue Situationen (Verknüpfung von Mittel und Zweck), SME-Stadium IV ca. 0;07 bis 0;12).*

Es treten zwei wesentliche Neuheiten im Verhalten auf: Das Kind lernt zunehmend, zwei und mehr Einzeltätigkeiten nacheinander auszuführen (chaining), so daß eine Verhaltenskette entsteht. Dabei werden solche Verhaltensweisen unterschiedlich als Mittel- oder als Zielverhalten eingesetzt. »Das Kind lernt also, die Verhaltensweisen entsprechend den Umwelterfordernissen und entsprechend seiner Zielsetzung sinnvoll zu kombinieren. Deshalb spricht Piaget von Koordination der sekundären Verhaltensschemata« (BIGGER 1993, 50).

> Beispiel: Das Kind betrachtet einen Gegenstand lange; gleichzeitig oder danach betastet es ihn, bewegt ihn in der Luft, schüttelt ihn, schlägt mit ihm.

Die zweite wesentliche Neuheit ist das Interesse für das Objekt anstelle des Interesses für ein Ereignis. Dieses Interesse zeigt sich im Besitzergreifen eines Gegenstandes, in »Verhaltensweisen, um den Gegenstand zu ergreifen, an ihn heranzukommen, ihn zu begreifen usw.« (BIGGER 1993, 51). Auch beginnt das Kind, bereits erworbene sekundäre Verhaltensschemata auf neue Situationen anzuwenden.

Auf das Spiel bezogen sind in diesem Stadium *zwei neue Erscheinungen* zu beobachten:

1. Die spielerische Anwendung bekannter Mittel auf neue Situationen

Das Interesse verschiebt sich vom Objekt der Handlung auf die Handlung selbst, auf die Tätigkeit, unabhängig von ihrem Ziel. Die typische Verhaltensweise dieses Stadiums, die Anwendung bekannter Mittel auf neue Situationen, setzt sich in spielerischer Weise fort, nämlich ohne am Erreichen eines bestimmten Ziels interessiert zu sein, nur aus Freude am Handeln.

> Beispiel: »Das Kind hat gelernt, ein Mittel zur Erreichung eines Ziels einzusetzen (z. B. ein Hindernis zur Seite zu schieben). Der Vl. legt mehrmals das Hindernis zwischen Kind und Zielgegenstand: Nach einiger Zeit führt das Kind nur noch das Mittelverhalten (z. B. Kissen wegschieben) aus und läßt den Zielgegenstand liegen, aber lacht bei der Tätigkeit« (BIGGER 1993, 251).

2. Erste Form der Ritualisierung bekannter Schemata

Erworbene Handlungsschemata folgen ohne ein erkennbares Ziel aufeinander. Solche Handlungsabfolgen beinhalten kein Lernen, sondern sind schlicht »lustvolle Entfaltung bekannter Handlungsvollzüge« (BIGGER 1993, 79). Bigger spricht dann von einer Art »Ritualisierung« der Schemata, die, vorher bei der Verfolgung eines nicht spielerischen Ziels erworben, bei ihrer Wiederholung »wie nachgeahmt oder ›gespielt‹ wirken« (BIGGER 1993, 79).

Regelrechte »Ritualisierungen« zeigen sich im SME-Stadium V nach Piaget (ca. 0;10 bis 1;06: Ritualisierung der Schemata), welches eine Übergangszone zwischen der »manipulativen« und der »gegenständlichen« Tätigkeit im Sinne Leontjews und

Elkonins bildet. Auf diesem Stadium wiederholt das Kind regelrecht rituell Handlungen, die es während seines Experimentierens erworben hat. Ebenso ritualisiert es Schemata, die sich erst während der Spielhandlungen gebildet haben.

Elkonin gibt folgende Charakteristiken der Wiederholungs- und Kettenhandlungen im ersten Lebensjahr:

»1. Zu manipulativen Handlungen kommt es im ersten Lebensjahr, wenn die dafür notwendigen Voraussetzungen entstehen: die im ersten Halbjahr sich entwikkelnde Konzentration, das Verfolgen mit den Augen, das Betasten, das Hinhören usw. sowie durch Sehen koordinierte Bewegungen« (ELKONIN 1980, 230). Das Kind beginnt nach und nach, eine Lichtquelle oder einen Gegenstand, welche(r) an seinem Gesicht vorbeigeführt wird, mit den Augen zu fixieren, dann sie/ihn zu verfolgen, um den Blickkontakt nicht zu verlieren.

»2. Im Zusammenhang mit der Bildung aktiver Greifbewegungen gewinnt die Orientierungs- und Untersuchungstätigkeit des Kindes eine neue Form. Die Orientierung auf das Neue, die sich im gesamten Verlauf der zweiten Hälfte des ersten Lebensjahres entwickelt, ist bereits eine Verhaltensform, nicht einfach eine Reaktion« (ELKONIN 1980, 230). »Erprobendes und experimentierendes Umgehen mit Materialien und Gegenständen ermöglicht das Verstehen der Umwelt, der Eigenschaften und Gesetzmäßigkeiten ihrer Handlungsobjekte« (ZIMMER 1993, 38).

»3. Das Neue weckt nicht nur die Aktivität des Kindes in bezug auf einen Gegenstand, sondern erhält sie auch. Die Handlungen des Kindes werden durch die Neuheit der Gegenstände ausgelöst und bleiben durch die Wirksamkeit der neuen Eigenschaften der Gegenstände erhalten, die im Verlaufe der Manipulationen mit ihnen entdeckt werden. Sind die Möglichkeiten der Neuheit erschöpft, so werden die Handlungen mit dem Gegenstand abgebrochen« (ELKONIN 1980, 230).

Die Funktionsweise dieser Kettenaktionen ist nach Elkonin umstritten. Er hält es für möglich, von einem beabsichtigten Herbeiführen eines bestimmten Resultates auszugehen. Hierbei müßte das Kind allerdings über eine genaue Zielvorstellung verfügen, welche es aber nach Elkonin (1980) erst auf einer späteren Altersstufe[1] erreicht. Außerdem würde dies bedeuten, daß das Kind vorzugsweise mit ihm bekannten Gegenständen umgeht. Allerdings hantieren Kinder in diesem Alter sehr gerne mit neuen, ihnen unbekannten Gegenständen, was die Vorstellung vom Resultat als Triebkraft der Kettenaktionen ausklammert. Um so mehr tritt nach Elkonin (1980) hier bereits das Neugierverhalten in den Vordergrund.

---

[1] Elkonin geht hier von einer voll bewußten Zielvorstellung aus, einem »Ich will!«, was uns nicht angemessen erscheint. Wir gehen weiterhin von einer dem Beobachter faßbaren, subjektiv vorbewußten Intentionalität aus.

Die Dauer der Manipulation hängt vom Angebot an Möglichkeiten zur Orientierung und Untersuchung ab. Je mehr Möglichkeiten ein Gegenstand bietet, um so länger manipuliert ein Kind mit diesem Gegenstand. Insoweit ist die Entwicklung der manipulativen Fertigkeiten des Kindes von der sozialen Vermittlung abhängig, gesellschaftlich beeinflußt.

Auf der Grundlage dieser Manipulation bilden sich im Verlauf der Entwicklung neue Erkenntnisse über die Gegenstände: Das Kind lernt neue Eigenschaften kennen und gelangt über diesen Weg zur gegenständlichen Tätigkeit: Es beginnt, die gesellschaftliche Bedeutung der Gegenstände zu erkennen. Im Übergang zur »gegenständlichen Tätigkeit« (LEONTJEW; ELKONIN) auf dem SME-Stadium V (ca. 0;10 bis 1;06: tertiäre Zirkulärreaktionen, aktives Experimentieren) entdeckt das Kind neue Mittel durch aktives Ausprobieren. Kann sich das Kind bereits auf dem IV. Stadium ein Ziel setzen und dazu entsprechende Verhaltensweisen einsetzen, so erwirbt es nunmehr neue Verhaltensformen, die ihm als Handlungsmittel dienen, durch aktives Ausprobieren. Neben seinen eigenen Bewegungen setzt es auch Werkzeuge ein, z. B. den Stab, mit dem es Gegenstände an sich heranbringen kann. Das wesentlich Neue in diesem Stadium ist das Entdecken von Handlungsgegenständen und Handlungsformen durch aktives Ausprobieren.

Bigger weist darauf hin, daß »die Leistungen der Nachahmung stark mit der Entwicklung der sensomotorischen Intelligenz« (1993, 75) zusammenhängen. »Erst mit der Intelligenz, die Piaget für das 5. Stadium beschreibt, kann das Kind neue Schemata entwickeln, indem es so lange aktiv ausprobiert bis es ein Ziel erreicht hat« (BIGGER 1993, 75). Dem Kind wird auf dem SME-Stadium V (ca. 0;10 bis 1;06: systematische Nachahmung neuer Modelle) nunmehr auch die Imitation von neuem Modellverhalten möglich, auch solcher Verhaltensweisen, die am eigenen Körper nicht sichtbar sind. Diese Imitationen werden immer komplexer.

Beispiel: »Der Vl. macht Bewegungen vor, die die eigenen Körperorgane betreffen (z. B. auf eigenes Knie, Wange usw. schlagen): Das Kind imitiert die Bewegung mit dem entsprechenden Körperorgan (hier Hand) schlägt aber z. B. woanders hin. Es gelingt dem Kind immer besser sowohl die richtige Bewegung nachzuahmen, als auch den gleichen Effekt zu erzielen« (BIGGER 1993, 254).

5.3 Handlungsentwicklung

5.3.1 Erweiterter Spielraum und neue Sicht

Hauptaufgabe der weiteren Bewegungsentwicklung ist die »Überwindung der Ortsgebundenheit« (STEMME, VON EICKSTEDT 1998, 111). Das Kind lernt, seine Lage und seinen Platz zu wechseln, sich von der Stelle zu bewegen, sich in eine höhere Position aufzurichten. Damit kann es seinen Standort und seine Position im Raum selbst bestimmen.

Seine Handlungen dienen nicht mehr der Erforschung der Gegenstände. Die bekannten Gegenstände regen vielmehr dazu an, »sie intensiv bezüglich ihres Verhaltens und ihrer Funktion zu erproben« (STEMME, VON EICKSTEDT 1998, 111). Solche Funktionen sind dem Kind von einigen Dingen bereits bekannt. Hierauf kann es aufbauen, um Neues zu erproben und seine Erfahrungen zu erweitern. Hierbei erkennt es Zusammenhänge und Gesetzmäßigkeiten und lernt, innerhalb eines gewissen Rahmens die Folgen seines Handelns abzusehen.

Mit diesen Entwicklungen bildet sich auch das aus, was wir Denken nennen: Das Kind erinnert sich an seine Handlungen und an deren Konsequenzen und kann bei Wiederholungen die Konsequenzen voraussehen. Handelt es um solcher Konsequenzen (Effekte) wegen, so handelt es intentional (zielgerichtet). Zielgerichtetheit heißt aber auch: bewußt und zukunftsorientiert. Sich an eine vergangene Handlung zu erinnern heißt, diese Handlung verinnerlicht zu haben, sie zum Gegenstand des Denkens gemacht zu haben. Denken wiederum verhilft dazu, die Handlungen differenzierter und komplexer werden zu lassen. »Handeln und Denken stehen in direkter Wechselwirkung miteinander« (STEMME, VON EICKSTEDT 1998, 112).

5.3.2 Wiederholungen und Handlungsfolgen

Ständige Wiederholungen von Handlungen mit vielen Variationen vermitteln das Gefühl der Beständigkeit. Das Wiedererkennen eines Dings löst die Erinnerung an damit vollzogene Handlungen aus und verhilft dazu, den Ablauf einer zu wiederholenden Handlung absehen zu können. Das Absehbare, das Vorhersehbare jedoch »gibt Sicherheit, Vertrauen und Orientierung«, damit einen »geistigen Haltungshintergrund« (STEMME, VON EICKSTEDT 1998, 112).

Während der Etappe der sekundären Zirkulärreaktionen nach Piaget im Alter von etwa drei bis acht Monaten bahnt sich – auch nach Schulte-Peschel und Tödter – »eine erste Vorwegnahme von Handlungsergebnissen« (1996, 35) an, obwohl die beiden Autoren hierbei noch nicht von einem »Handlungsziel im Sinne der Vorstellung eines Endprodukts oder -ergebnisses« (SCHULTE-PESCHEL, TÖDTER 1996, 35) sprechen wollen. Von einem *bewußt* vorweggenommenen Handlungsergebnis kann in diesem Stadium sicherlich auch noch nicht gesprochen werden. Mit Anochin darf jedoch angenommen werden, daß ein Handlungsergebnis als Endglied einer vorgreifenden Widerspiegelung vorbewußt repräsentiert ist. Ohne die Annahme einer solchen vorbewußten Repräsentation sind die beobachtbaren Wiederholungsbewegungen des Kindes nicht erklärbar, wie auch Piagets Interpretation des Andauernlassens interessanter Erscheinungen die Repräsentation dieser Erscheinungen impliziert.

Das Wiederholen-Wollen solcher Erscheinungen, das Wieder-Erzeugen von Effekten wird jedoch der *Handlungsplanung* (HP) zugeordnet und nicht, wie bei Schulte-Peschel und Tödter (1996, 35 und 205) geschehen, der Handlungskontrolle.

Auch die Logik gebietet es, den Plan vor der Kontrolle auftreten zu lassen. Etwas zu kontrollieren, das nicht vorhanden bzw. nicht repräsentiert ist, ist schlechterdings nicht möglich. So ergibt sich, anders als bei Schulte-Peschel und Tödter (1996, 35 und 205), die grafische Darstellung (s. Abb. 24):

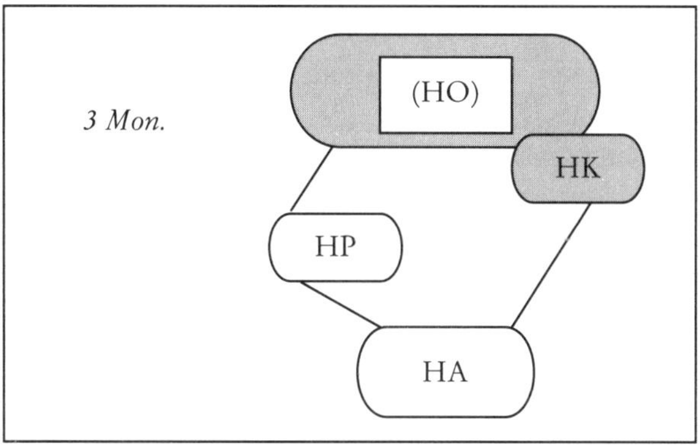

Abb. 24: Ausdifferenzierung der Handlungsplanung als vorgreifende Widerspiegelung aus Wiederholungen

Auch Ginsburg und Opper sprechen davon, daß durch »die Reproduktion des interessierenden Ereignisses« das Verhalten des Kindes »intentional« (1975, 64) wird und verweisen auf Piagets Interpretation, daß sein Sohn Laurent »das Ergebnis, schon bevor es eintrat, zu antizipieren schien« (GINSBURG, OPPER 1975, 64). Ein antizipiertes Ergebnis ist ein im weitesten Sinne geplantes Ergebnis. Ginsburg und Opper beziehen sich hierbei auf das »Prinzip der funktionalen Assimilation: Wenn einmal ein Schema [...] funktionsfähig ist, strebt es die Wiederholung an. Von jetzt an wird der Säugling in seinem Handeln von dem Ziel geleitet, die als angenehm empfundenen Ereignisse wiederherzustellen« (GINSBURG, OPPER 1975, 65). Die Handlungskontrolle (HK) bleibt zunächst auf das Ergebnis bezogen, noch nicht auf die Steuerung des Handlungsablaufs.

Mit der Zeit werden die Variationen der wiederholten Handlungen vielfältiger und ausgedehnter. Häufig ist zu beobachten, daß ein Kind abrupt von einer Handlung zu einer anderen »springt«, von dieser wieder zu einer anderen usw., um irgendwann unvermutet wieder die erste Handlung auszuführen. Diese einzelnen Handlungen in einer solchen Sprungfolge erscheinen unverbunden, ohne Zusammenhang. Sie werden jedoch nunmehr miteinander »zu einer fast ritualhaften Handlungsfolge« (STEMME, VON EICKSTEDT 1998, 113) verbunden, die vielfach wiederholt werden kann. »Die Aneinanderreihung der einzelnen Tätigkeiten führt zu einem größeren Zusammenhang« (STEMME, VON EICKSTEDT 1998, 113).

Ein weiterer Entwicklungsschritt zeichnet sich ab, wenn das Kind in solchen Handlungsfolgen beginnt, »die Reihenfolge zu verändern, neue Handlungen einzuflechten, andere wegzulassen etc.« (STEMME, VON EICKSTEDT 1998, 113). Nunmehr, in einem »größeren Zusammenhang und in Beziehung zueinander geraten« bilden Handlungen »Teile eines größeren zyklischen Geschehens« (STEMME, VON EICKSTEDT 1998, 113). Solche Aneinanderreihungen vermitteln dem Kind Ordnungsprinzipien: Handlungsabfolgen – Reihenfolgen, später auch das Erkennen von »Unterschieden in der Wichtigkeit einzelner Handlungsschritte« (STEMME, VON EICKSTEDT 1998, 113) und damit die Grundlage zum Setzen von Prioritäten.

Prioritäten setzen hat auch etwas mit Bewerten und Entscheiden zu tun. Im hier geschilderten Zusammenhang entwickelt das Kind auch die Fähigkeit, sich für eine Sache oder für eine Handlung zu entscheiden. Solche Entscheidungen sind von Zielen geleitet, denen das Kind seine Tätigkeiten nunmehr unterzuordnen beginnt. Vom Ziel her entdeckt es damit die Mittel zum Zweck.

Beispiel: Ein Hindernis wegräumen, welches den Weg zum eigentlich gemeinten Ziel versperrt.

Im Alter von etwa acht bis zwölf Monaten kommt es zur »Koordination der sekundären Zirkulärreaktionen« mit der »Verknüpfung von Mittel und Zweck« (SCHULTE-PESCHEL, TÖDTER 1996, 35). Schulte-Peschel und Tödter erläutern: »Das Kind verfolgt ein Ziel, das nicht mehr direkt zugänglich ist, durch dazwischen geschaltete Mittel (Hindernis auf dem Weg beseitigen)« (1996, 35)). Dies rechnen die Autoren der »Handlungsplanung« zu. Ihnen ist insoweit zuzustimmen, als erkannte Hindernisse in die Antizipation der Bewegungsabläufe zu integrieren sind, soll das gemeinte Ziel erreicht werden. Insoweit erweitert sich die bereits auf der dritten Etappe nach Piaget einsetzende Handlungsplanung um notwendige Schritte zum Ziel, von der Zielplanung zur Ziel- *und* Wege-Planung. Der entscheidende Entwicklungsschritt scheint jedoch darin zu liegen, daß das Kind nunmehr sein Handeln auch an der Wegeantizipation ausrichtet und somit die Handlungsausführung (HA) am Handlungsplan (HP) kontrollieren lernt.

Der eigentliche Neuerwerb in dieser vierten Etappe nach Piaget ist die Handlungskontrolle als Ziel- und Ablaufkontrolle (vgl. Abb. 25, S. 99).

Mittel zu einem vorher bestimmten Zweck einzusetzen bedeutet ein »systematisches Herangehen an die Welt« (STEMME, VON EICKSTEDT 1998, 114), über welches – wie über das Setzen von Prioritäten: Ordnen, Überordnen, Unterordnen – das Kind im voraus zu planen lernt. Eine Handlung im voraus zu planen bedeutet aber, das Vorhaben gezielter und zweckmäßiger ausführen zu können. »Gute, systematische Organisation von Handlungen« (Grammatik des Handelns) »führt zu klar strukturierten Denkprozessen« (STEMME, VON EICKSTEDT 1998, 114).

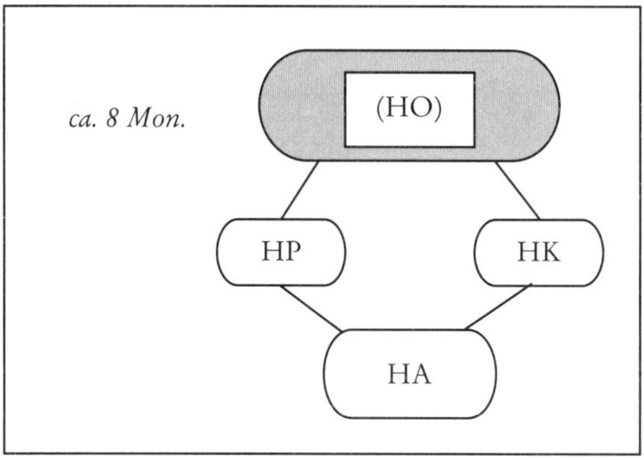

Abb. 25: Ausdifferenzierung der Handlungskontrolle (HK) als Kontrolle auch des Handlungsablaufs

5.3.3 Objektpermanenz und Begriffsbildung

Zur gleichen Zeit lernt das Kind, Gegenstände zu identifizieren. Es erkennt, daß das Ding erhalten bleibt, das gleiche Ding bleibt, auch wenn es z. B. aus der Hand oder dem Mund zu Boden fällt. Der wegrollende Ball wird wohl »kleiner«, der herangerollte »größer«, aber es ist und bleibt der gleiche Ball. Selbst wenn er außer Sicht gerät, bleibt er dennoch vorhanden. Das Kind hat nunmehr gegenüber früher einen zusätzlichen Vorteil: Es kann sich dem Ding hinterherbewegen, das sich entfernt, und es, wenn es versteckt ist, wiederfinden (entdecken).

Das Loslassen findet seine Fortsetzung im Wegwerfen, unermüdlich wiederholt. Diese Tätigkeit hilft dem Kind dabei, »die verschiedenen Dimensionen des Raumes auszuloten« (STEMME, VON EICKSTEDT 1998, 114). Ebenso dienen Versteckspiele jeglicher Art dem Erwerb der Objektpermanenz. Objektpermanenz meint das subjektive Bewußtsein, daß etwas »weg« ist und trotzdem weiter existiert. Es existiert weiter in der Vorstellung als gedankliche Abstraktion vom konkreten Gegenstand, als innerer Begriff. Begriffe bilden den Inhalt der Sprache und bekommen durch das zugeordnete Wort ihren Sinn.

Zwei Abstraktionen geschehen etwa zeitgleich: Die Abstraktion von Handlungen und Situationen, die zum gezielten Planen, und die Abstraktion von Dingen, die zum Begriff und zum Wort führt. Daß beides mit der Entwicklung von Denken und Sprache in unauflöslichem Zusammenhang steht, ist trivial.

5.3.4 Imitation

Zur gleichen Zeit gewinnt die Nachahmung an Bedeutung. Nachahmung ist Wiederholung, nicht der eigenen Tätigkeit, sondern von Personen, Dingen außerhalb des eigenen Selbst. Parallel dazu läuft die Selbstnachahmung weiter. Nachahmung hat große Bedeutung für die soziale Entwicklung: Aufnehmen und Wiederholen dessen, was andere tun oder sagen. Sie bildet die Grundlage für das Rollenspiel, welches seinerseits die Grundlage für die Übernahme einer fremden Perspektive bildet.

5.3.5 Fremdeln

»Fremdeln« ist das Ergebnis der zunehmenden Differenzierung der Wahrnehmung bekannter und unbekannter Personen. »Fremd« gewinnt nun die Bedeutung von bedrohlich, gefährlich, abschreckend. Nach einiger Zeit geht diese spontane Ablehnung in ein – wenigstens zu Anfang – eher »distanziertes Abschätzen der neuen Menschen« (STEMME, VON EICKSTEDT 1998, 116) über.

5.3.6 Bedeutung des Erwachsenen

Auch in der Entwicklung der manipulativen Tätigkeit ist die Einwirkung der erwachsenen Person von Bedeutung. Nach Elkonin hängt das »erreichbare Entwicklungsniveau dieses Manipulierens« davon ab, »in welcher Weise mit dem Kind pädagogisch verfahren wird« (ELKONIN 1980, 227). Eine pädagogische Vernachlässigung bewirkt beim Kind in diesem Entwicklungsstadium eine Verzögerung der Entwicklung der Bewegungen und kann sich in stundenlanger Untätigkeit, stereotypen Bewegungen u. ä. zeigen (vgl. z. B. die Untersuchungen zum frühkindlichen Hospitalismus von Spitz). Im Prozeß der manipulativen Tätigkeit lenken die Erwachsenen – wenn auch unbewußt – die Entwicklung der manipulativen Handlungen des Kindes. Weiterhin lernt das Kind »in der Handlung denken indem es fremde und eigene Bewegungen nachahmt« (PETROWSKI; nach JANTZEN 1992, 199) und anschließend mit dem Hantieren der Gegenstände beginnt. Diese »gegenständliche Tätigkeit« ist nunmehr darzustellen.

Die ersten manipulativen Handlungen mit Gegenständen bezeichnet Elkonin nicht als Spiel, sondern eher »als elementare Übungen im Operieren mit Dingen« (ELKONIN 1980, 231), wobei der Charakter der Operationen durch die Eigenschaften der Gegenstände vorgegeben ist. Hierbei werden »mehrere für die weitere Entwicklung wesentliche Prozesse geübt, vor allem aber sensomotorische Koordinationen« (ebd.). Aus der manipulativen Tätigkeit entwickelt sich eine neue Art dominierender Tätigkeit, bei denen »sich das Kind gesellschaftlich erarbeitete Handlungen mit den Gegenständen aneignet« (ebd.): die gegenständliche Tätigkeit.

6 Lernen, die Dinge zu gebrauchen: Gegenständliche Tätigkeit

Mit der Gebrauchfähigkeit der Hände kann das Kind nun lernen, die Dinge seiner Umwelt funktionsgerecht zu gebrauchen, was Leontjew als »gegenständliche Tätigkeit« beschreibt. Piagets Ausführungen zu den Stadien V und VI der sensomotorischen Entwicklung sowie zum vorbegrifflichen Denken füllen Leontjews Raster kognitiv wie auch die weitere Bewegungsentwicklung nach Stemme und von Eickstedt und die weitere Ausdifferenzierung der Handlungskomponenten nach Schulte-Peschel und Tödter. Auch werden der Übergang zum symbolischen Denken und Zusammenhänge mit der Spielentwicklung erörtert und mit tabellarischen Darstellungen nach Bigger abgeschlossen.

6.1 Handlungsgrundlage Bewegung: Der vertikale Raum

Mit den Aufrichtebewegungen des dritten Stadiums ist die vertikale Dimension in die Bewegungsentwicklung einbezogen. »Oben« gewinnt an Interesse und motiviert zu Versuchen zu noch höherer Aufrichtung.

Viele Kinder finden mit dem Krabbeln eine Möglichkeit der horizontalen Lokomotion, mit deren Hilfe sie ihren »Nahraum« (BREITINGER, FISCHER 1993) erobern. Differenzierend sollte vom »horizontalen Nahraum« gesprochen werden; der »vertikale Nahraum« erfordert die Aufrichtung des Körpers. Beides zusammen erschließt einen dreidimensionalen Nahraum. Das Sitzen entlastet die Hände von Stützaufgaben und macht sie frei zum Einsatz in der Werkzeugfunktion, »zu feinmotorischen Manipulationen« (STEMME, VON EICKSTEDT 1998, 91).

Die zentrale Stellung, von der aus alle Bewegungsübergänge in die Höhe wie zum Boden hin möglich sind, ist der Vierfüßlerstand. Die Eroberung der Höhe erfolgt über den Kniestand und den Halbkniestand zum Stehen.

In der hohen Position des Stehens bereitet die Körperkontrolle zunächst Schwierigkeiten. »Das Kind steht starr und unsicher und muß seine Körperbalance in dieser anspruchsvollen Stellung erst wieder neu erarbeiten« (STEMME, VON EICKSTEDT 1998, 92). Zunächst wird die Symmetrie gesucht, welche Standfestigkeit ermöglicht. Dynamische Momente zeigen sich im Auf- und Niederwippen und im Vor- und Zurückschaukeln. Danach folgen seitliche Verlagerungen des Gleichgewichts, »aus denen die ersten Seitwärtsschrittchen entstehen« (STEMME, VON EICKSTEDT 1998, 92). Zuerst wird demnach die seitliche Fortbewegung geübt. Erst bei einiger Sicherheit hierin folgen Schritte nach vorne, häufig zunächst nur zufällig. Stabilität beim Vorwärtsgehen findet das Kind an beweglichen Dingen, die es schieben – und an denen es sich festhalten – kann. Der traditionelle Puppenwagen z. B. hat hier einen wichtigen Platz.

Kurze Distanzen versucht das Kind nun zu überbrücken, ohne sich vorher zum Kriechen/Krabbeln niederzulassen: Es kommt zu den ersten freien Schritten ohne Festhalten. Sie ähneln »eher noch einem Vorwärtsfallen [...] als dem späteren Gehen« (STEMME, VON EICKSTEDT 1998, 93).

6.2 Handlungsentwicklung

Die weitere Entwicklung des kindlichen Handelns erfolgt auf der Grunglage der nunmehr weiter verbesserten Bewegungsmöglichkeiten: Fortbewegung, Erobern und Erlangen der »hohen« Positionen (Aufstehen, Stehen, Gehen). Dies ermöglicht das Erfahren und Erfassen der Umgebung nun auch im vertikalen Raum, womit das Kind sich die engere Umgebung zu erschließen beginnt (s. Abb. 26).

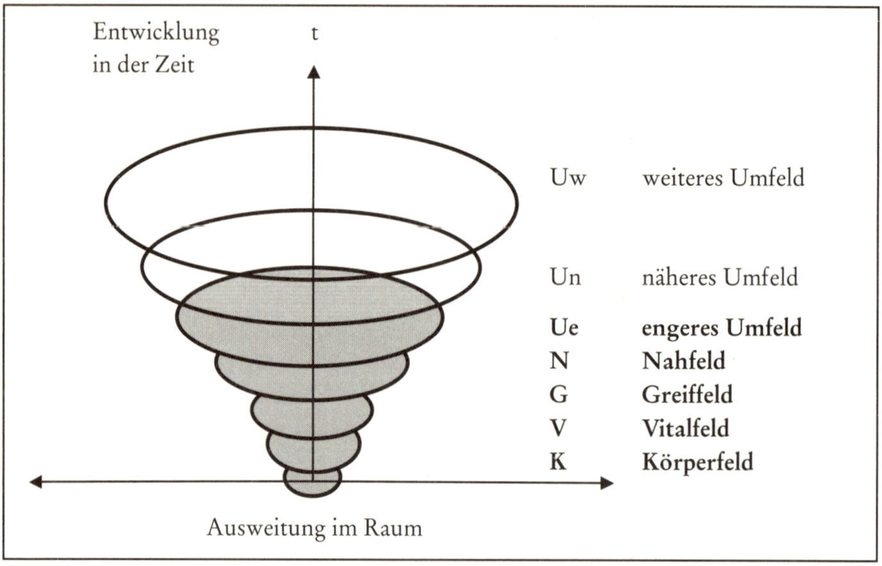

Abb. 26: Ausweitung der Handlungsmöglichkeiten in das engere Umfeld hinein

6.2.1 Erleben von Raum und Zeit

Das Kind beginnt, sich den dreidimensionalen Raum zu erobern. Als »erkannt« gilt der Raum, »der beim eigenen Handeln entsteht« (STEMME, VON EICKSTEDT 1998, 117). Zyklische Wiederholungen von Handlungsfolgen – auch ritualisierten – lassen das Kind ein Zeitgefühl entwickeln. Solche zyklischen Wiederholungen setzen einen Rahmen von außen (Paul Moor: äußerer Halt), indem sie z. B. den Tagesablauf gliedern. Aber auch vom Kind selbst können zyklische Wiederholungen gestaltet werden, z. B. in Handlungsabfolgen, Handlungsketten. Dabei erfährt das Kind

- zeitliche Reihenfolgen: »Erst das, dann das, dann das etc.«,

- Zeitdauer, z. B. von der »Idee über die Ausführung zum Erfolg einer Handlung« (STEMME, VON EICKSTEDT 1998, 117).

Auch bei der Beobachtung der Dinge, ihres Funktionierens und ihrer Eigendynamik erlebt das Kind eine zeitliche Struktur: Anfang – Verlauf – Ende.

6.2.2 Bewußtes Experimentieren, Entdecken von Nutzwerten und Werkzeugen

Außer den noch unsicheren hohen Positionen beherrscht das Kind nunmehr sehr sicher die mittleren Positionen und die unbeschränkte Fortbewegung am Boden. In der Sitzposition stehen die Hände zum Manipulieren zur Verfügung wie auch der veränderte Blickwinkel und das vergrößerte Sehfeld. Die Verbesserung der visuellen Diskrimination erlaubt das Wahrnehmen kleinster Gegenstände und das gezielte Greifen danach. Mit dem Zeigefinger werden »alle Löchlein und Krümelchen untersucht« (STEMME, VON EICKSTEDT 1998, 118); auch wird er in der Zeigefunktion (»pointing«) eingesetzt.

Die verbesserten großmotorischen Fähigkeiten gestatten die Einnahme der unterschiedlichsten Perspektiven, aus denen heraus das Kind die Dinge seiner Welt in den unterschiedlichsten Ansichten kennenlernen kann. Solche großmotorischen »Eroberungen« wechseln ab mit Phasen relativer Bewegungslosigkeit, in welchen das Kind in anscheinend stiller Versunkenheit durch Einsatz der Feinmotorik »immer feinere Details« (STEMME, VON EICKSTEDT 1998, 118) erkundet.

Seine Aufmerksamkeit kann das Kind jetzt bewußt auf die Eigenschaften und das Funktionieren der Dinge richten. Es beginnt nun, die Verwendungsmöglichkeiten, die »Gebrauchswerteigenschaften« (STEMME, VON EICKSTEDT 1998, 118), die »gesellschaftliche Bedeutung« (LEONTJEW) der Dinge zu erfassen und bereitet so den Übergang zu einer »höheren« Tätigkeitsform vor, der »gegenständlichen Tätigkeit« (LEONTJEW). Dabei entspricht das, was man mit den Dingen machen kann, durchaus nicht immer deren gesellschaftlicher Bedeutung, hat für das Kind jedoch im konkreten Vollzug seiner Handlungen seinen eigenen, subjektiven Sinn. Die Sinnmenge ist regelmäßig erheblich umfangreicher als die Bedeutungsmenge.

Beispiel Löffel:
Bedeutung: Transportmittel für Nahrung.
Sinn (zusätzlich): Grabwerkzeug, Kratzgerät, Schlaggerät, Geräuscherzeuger, Transportmittel für alle möglichen Dinge.

Was das Kind bisher bereits über die Beschaffenheit der Dinge erfahren hatte, kann es nun systematisch erkunden. Erkunden findet statt in der Form des Ausprobierens, des »Experiments«. Dieses bewußte Experimentieren führt zu neuen Erkenntnissen, unter anderem auch zu Erkenntnissen, wie die »Dinge als Werkzeuge einzusetzen« (STEMME, VON EICKSTEDT 1998, 119) sind. Durch dies alles werden der

Wahrnehmungs- und Denkhorizont und der Handlungsspielraum des Kindes erheblich ausgeweitet.

6.2.3 Übertragen bekannter Strategien auf neue Situationen

Die Erforschung der dem Kind zugänglichen Welt geschieht zunächst dadurch, daß in neuen Situationen und gegenüber neuen Dingen zunächst die bisher bekannten Handlungsmittel und Handlungsstrategien eingesetzt werden. Häufig führen die gewohnten Handlungsschemata nicht zum Erfolg oder zu völlig unerwarteten Ergebnissen. Der antizipierte Effekt bleibt aus. Diese Diskrepanz zwischen Erwartung und Ereignis (kognitive Dissonanz; FESTINGER) erweckt Staunen, Neugier (epistemische Neugier; BERLYNE) und veranlaßt das Kind, diesen Phänomenen bewußt nachzugehen, sie planmäßig – analytisch und bewußt – zu untersuchen, mit Handlungen und Wirkungen zu experimentieren, die Zusammenhänge zwischen Handlungen und Wirkungen zu untersuchen wie auch zu prüfen, worin und wie sich die Dinge unterscheiden. Damit verfügt das Kind über eine voll ausgebildete Handlungsplanung wie Handlungskontrolle in wechselseitiger Beeinflussung (s. Abb. 27).

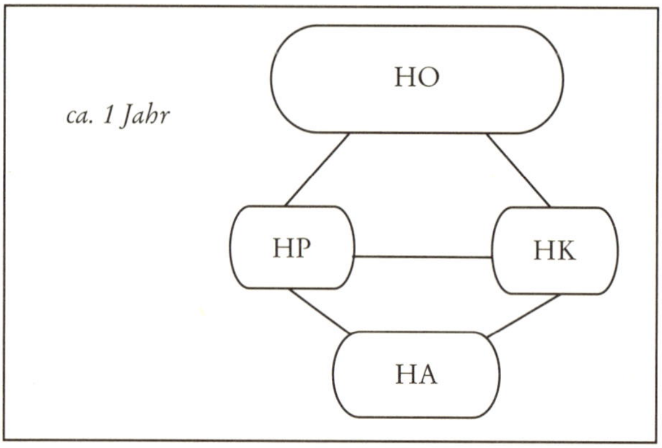

Abb. 27: Handlungskontrolle und Handlungsplanung steuern sich gegenseitig

6.2.4 Erweitern der Ich-Empfindung

Je mehr das Kind von den Dingen der Welt erfährt und davon, was man mit ihnen tun – oder eben nicht tun – kann, desto mehr erfährt das Kind auch über sich selbst, seine Fähigkeiten und seine Möglichkeiten, in seine Umwelt verändernd einzugreifen. Hierdurch erfährt das Kind auch sein Selbst, seine Identität neu und bewußter und lernt, sich selbst als Bewirker von seiner Umwelt als dem Raum des Bewirkens und von den Dingen als den Mitteln und Zielen des Bewirkens abzugrenzen.

Stemme und von Eickstedt beschreiben (1998, 120) einige Momente dieser Ich-Bildung:

- Das Kind bekommt ein Bewußtsein für seinen Besitz und lernt, diesen zu verteidigen.
- Es erkundet mit großem Interesse »die Grenzen seines Handlungsfeldes« (STEMME, VON EICKSTEDT 1998, 119).
- Es will »wissen, was passiert, wenn es eine Grenze überschreitet« (ebd.).
- Es will wissen, was geschieht, »wenn es genau das tut, was mit einem »Nein!« belegt ist« (ebd.).
- Es versucht, seine eigenen Vorstellungen, seinen eigenen Willen durchzusetzen und sich anderen gegenüber zu behaupten.
- Es entdeckt, daß es »Macht« hat, daß es etwas bewirken kann; es entdeckt seine eigene Kompetenz.

Der Sicherung der eigenen Identität dient auch der Einsatz des eigenen »Nein!«, von dem das Kind nun zunehmend Gebrauch macht.

Tab. 5 (S. 106) faßt das erste Jahr des Handelnlernens am Beispiel »Löffel« zusammen.

6.3 Weiterführendes Handelnlernen

6.3.1 Erwerb der gesellschaftlichen Bedeutungen: Gegenständliche Tätigkeit

Nachdem das Kind ohne Hilfe des Erwachsenen aufrecht gehen kann, wird ihm die Möglichkeit geboten, die Gegenstände seiner unmittelbaren Umwelt zu erkunden und deren gesellschaftliche Funktionen durch die Vermittlung des Erwachsenen zu erlernen. Das Kind lernt also, die Dinge in seiner Umwelt so zu gebrauchen, wie es deren üblichem Verwendungszweck entspricht. Diese Aneignung geschieht unter Mithilfe der Erwachsenen. Die Kinder »eignen sich die menschlichen Umgangsformen an« (LEONTJEW 1968, 177). Ihre Handlungen werden zunehmend bewußter, zielgerichteter. Sie lassen sich von Motiven lenken. Gegenständlich handeln heißt also, ein Motiv, ein Ziel mit Hilfe von Gegenständen erreichen, wobei das Motiv selbst auch ein Gegenstand sein kann. Gegenständliche Tätigkeit wird von bewußten Bedürfnissen ausgelöst und anhand von Gegenständen bewußt befriedigt.

Elkonin bezeichnet *gegenständliche Handlungen* als »historisch entstandene, an bestimmte Gegenstände gebundene gesellschaftliche Verfahren ihres Gebrauchs« (ELKONIN 1980, 233). Dabei geht er davon aus, daß der erwachsene Mensch »Träger der gegenständlichen Handlung [ist]« (ELKONIN a.a.O.). Das Kind erlernt die gesellschaftliche Bedeutung der Gegenstände unter der Anleitung der Erwachsenen: Das Kind und der Erwachsene sind gemeinsam tätig, handeln gemeinsam mit Ge-

erste Lebenswochen:	Löffel fest umgreifen, wenn direkt in Hand gelegt.
ca. 2. Monat:	Finger öffnen sich, wenn sie mit Löffel in Berührung kommen.
3 Monate:	Löffel ergreifen, wenn dieser die Finger berührt, und führen zum Mund, betasten mit Zunge und Lippen.
4 Monate:	Löffel ergreifen, wenn angereicht, betrachten, zum Mund führen; zurück ins Blickfeld. Hingefallen: keine Reaktion.
5 Monate:	Löffel mit beiden Händen, von einer Hand in die andere geben, dabei drehen und wenden, damit jedesmal an anderer Stelle greifen. Erkundung mit Mund und Augen. Augenphasen werden länger, Mundphasen kürzer. Hingefallen: schaut in die Richtung des Verschwindens.
5½ Monate:	Greift nach Löffel auf gegenüberliegender Körperseite, dreht sich dabei auf den Bauch. Löffel wieder aufnehmen. Dabei entdeckt: kann durch Klopfen, Schlagen, Reiben, Schleifen auf dem Boden Geräusche produzieren. Erneutes Ausprobieren mit Variationen. Löffel nur selten zum Mund.
6 Monate:	Nimmt Füße zum Hantieren mit dazu. Löffel wandert zwischen Händen, Füßen und Mund hin und her. In Bauchlage: Erfindung neuer Spiele. Wenn Löffel außer Reichweite: Versuch ihn zu erreichen durch Drehen um die eigene Achse oder weites Hinauslangen der Arme. Schiebt sich selbst dabei nach hinten weg.
	Lernt nunmehr Löffel als Eßgerät kennen: Man kann darauf etwas transportieren.
8 Monate:	Erkennt Löffel auch dann, wenn nur ein kleines Stückchen von ihm zu sehen ist. Erkennt Löffel an seinem Klappern.
9 Monate:	Wirft Löffel vom Tisch und freut sich, läßt ihn sich wiederbringen und wiederholt das »Spiel«. Gleiches am Boden: wirft Löffel weg und kriecht hinterher.
	Wenn Löffel verschwunden: sucht ihn, will ihn wiederhaben.
	Das Kind verfügt demnach über eine innere Repräsentation, einen »Begriff« von Löffel.
10 Monate:	Entdeckt neue Eigenschaften: kann mit Löffel andere Dinge berühren und in Bewegung versetzen. Löffel als verlängerter Arm.
	Entdeckung des Löffels als Werkzeug.
ca. 11 Monate:	Faßt Löffel beim Essen mit an. Bei Löffel im Mund: holt ihn alleine heraus, befördert ihn auf Tisch oder Teller. Rührt und klopft mit Löffel auf Teller herum, ebenso mit Topf und Tasse;
	fasziniert von selbstproduzierten Geräuschen.
	Nimmt selbst etwas auf den Löffel und transportiert es.
1 Jahr:	Erfaßt Löffel als Hilfsmittel zum Essen. Füttert sich selbst damit. Versucht vom Teller aufzuschaufeln.
	Versucht, Erwachsene mit Löffel zu füttern.
	Erfaßt den »Kulturellen Gebrauchswert« (die gesellschaftliche Bedeutung) des Löffels.
	Weiterhin Einsatz des Löffels für allerlei Experimente und Spiele.
	Verleiht Löffel zusätzlich seinen je unterschiedlichen Sinn.

Tab. 5: Handelnlernen des Kindes am Beispiel Löffel
(zusammengefaßt nach STEMME, VON EICKSTEDT 1998, 120-123)

genständen. Im Verlauf dieser gemeinsamen Tätigkeit kann der Erwachsene »dem Kind allmählich die gesellschaftlich erarbeiteten Gebrauchsverfahren der Gegenstände vermitteln« (ELKONIN 1980, 233f). Das Kind erhält sozusagen eine Gebrauchsanweisung für die Gegenstände seines Umfeldes. Die Handlung wird zuerst gemeinsam ausgeführt, dann zieht der Erwachsene sich nach und nach zurück und überläßt dem Kind die Ausführung, die Realisierung des Handlungsprozesses.

Die gegenständliche Tätigkeit zielt auf die Fähigkeit zur Bewältigung des Alltags hin: Sie ist in gewisser Weise lebenspraktische Aneignung. Das Kind soll lernen, die Dinge, die da sind, für sich benutzbar zu machen. Es handelt sich hierbei um schlichte Handlungen, wie wir sie jeden Tag ausführen: Einen Wasserhahn aufdrehen, die Zahnpaste aus der Tube auf die Zahnbürste drücken, gehören ebenso dazu wie den Mixer benutzen oder den Herd auf 200° C einstellen, um eine Pizza zu wärmen. Wie bereits angedeutet, lernt das Kind diese Handlungen zusammen mit dem und unter der Anleitung des Erwachsenen.

Bei Piaget umfaßt diese Etappe die Stadien 5 und 6 der sensomotorischen Entwicklung sowie den ersten Abschnitt der Entwicklungsstufe des präoperativen Denkens, also die Stadien der tertiären Zirkulärreaktionen (= des aktiven Experimentierens), der Erfindung neuer Mittel durch geistige Kombination und des vorbegrifflich-anschaulichen Denkens. Die gegenständliche Tätigkeit ist eine Weiterentwicklung der manipulativen Tätigkeit hin zur Erschließung der gesellschaftlichen Bedeutung der Gegenstände und zum Umgang mit den Gegenständen, so wie er in der Gesellschaft gefordert wird und wie er den weiteren Verlauf des Lernens vorbereitet. Die gegenständliche Tätigkeit dient nach Auffassung der Kulturhistorischen Schule also der Erschließung der gesellschaftlichen Bedeutung von Gegenständen: Das Kind beginnt, die Gegenstände so zu benutzen, wie sie vorgegeben sind; diese Gegenstände findet es in seiner unmittelbaren Umwelt. Es geht um die Gebrauchsfähigkeit des Gegenstandes, um das Erkennen seiner Funktion.

Die Kinder lassen sich dabei von Motiven lenken, welche allerdings innerlich noch nicht geordnet sind: »Das Verhalten des Kleinkindes bildet noch kein ganzheitliches System« (LEONTJEW 1968, 177). Gegenständlich handeln heißt also, ein Motiv, ein Ziel mit Hilfe von Gegenständen erreichen, wobei das Motiv selbst auch ein Gegenstand sein kann. Diese Motive gilt es hierarchisch zu ordnen. Im Alter von drei Jahren kommt die Tätigkeit des Kindes »durch die aktive und bewußte Koordination einzelner Handlungen zustande« (LEONTJEW 1968, 179), es koordiniert seine Motive. Handlungen werden auch durch Bedürfnisse hervorgerufen: »Bedürfnis als innere Bedingung, als eine der unabdingbaren Voraussetzungen der Tätigkeit, und Bedürfnis als das, was die konkrete Tätigkeit des Subjekts in der gegenständlichen Umwelt lenkt und reguliert« (LEONTJEW 1977, 25). Weiter oben wurde gesagt, daß das Motiv einer Handlung auch gegenständlich sein kann. Diese Aussage kann auch auf die Bedürfnisse übertragen werden: »Die Bedürfnisse steuern also die

Tätigkeit seitens des Subjekts, sie können indes diese Funktion nur unter der Voraussetzung erfüllen, daß sie gegenständlich sind« (LEONTJEW 1977, 26).

Der Verlauf der Aneignung ist nach Elkonin (1980) folgender:

1. Das Kind eignet sich »zunächst das allgemeine Handlungsschema mit dem Gegenstand an« (ELKONIN 1980, 237).
2. »Dann erfolgt eine Anpassung der einzelnen Operationen an die physische Form des Gegenstandes und an die für ihn in Frage kommenden Handlungsbedingungen« (ELKONIN1980, 238). Benutzt das Kind z. B. einen Kamm, so muß es erkennen, daß es ihn am Griff halten soll und die Zinken durch das Haar gleiten sollen; dies sind die Bedingungen für die Ausführung der Handlung.
3. Das Kind entnimmt dem Handlungsmuster des Erwachsenen nur das allgemeine Handlungsschema.
4. Die Aneignung verläuft binär: einerseits gesellschaftlich, andererseits operatorisch-technisch, und hieraus entstehen zwei verschiedene Tätigkeiten (s. Tab. 6):

Gesellschaftliche Bedeutung:	Operatorisch-technische Bedeutung:
• Praktisch-utilitaristische Tätigkeit; • Ausführungsoperationen als das Wesentliche; • Orientierung an den Eigenschaften des Gegenstandes; • Anpassen der einzelnen Operationen an diese Eigenschaften.	• Gebrauch der Gegenstände in vielfältigen Situationen; • Tätigkeit der Bedeutung entsprechend als gegenständliches Spiel des Kindes.

Tab. 6.: Gesellschaftliche und operatorisch-technische Bedeutung der Tätigkeit

5. Die Tätigkeit des Kindes entwickelt sich im gemeinsamen Handeln mit dem Erwachsenen: Das Kind handelt nur mit den Gegenständen selbständig, welche es bereits mit dem Erwachsenen benutzt hat.
6. Das Kind weitet seine Handlungsaneignung auf viele Gegenstände aus.
7. Das Kind entwickelt immer mehr Übertragungsmöglichkeiten.
8. Das Kind eignet sich Handlungen durch Beobachtung an (Lernen am Modell im Sinne von Bandura).
9. Die Handlungsrealisation wird immer komplexer: Man muß darauf achten, was das Kind als Handlungsgegenstand benutzt, da das Kind scheinbar einen Gegenstand durch einen anderen ersetzt. Solche Handlungen treten aber erst später auf.

Leontjew (1977) unterscheidet die äußere und die innere Tätigkeit: Die äußere Tätigkeit ist die »sinnlich-praktische Tätigkeit« (1977, 26), jene, die man beobachten kann, die innere Tätigkeit ist die eher theoretische Tätigkeit; sie läßt sich nicht unmittelbar beobachten. Beide stehen aber miteinander in Verbindung, denn »in der äußeren Tätigkeit öffnet sich der Kreis der inneren psychischen Prozesse für die objektive gegenständliche Welt, die gewaltsam in diesen Kreis einbricht« (LEONTJEW 1977, 26).

Gegenständliche Tätigkeit geschieht also in einer Verbindung des Äußeren mit dem Inneren. Dabei spielt das Bewußtsein eine entscheidende Rolle; es dient der Erfassung und Repräsentation der Umwelt und deren Speicherung im Gedächtnis. Es steuert die Tätigkeit anhand der Bedürfnisse. Gegenständliche Tätigkeit wird von bewußten Bedürfnissen ausgelöst und anhand von Gegenständen bewußt befriedigt. Das Bewußtsein bildet also ein inneres Abbild der Realität, eine psychische Widerspiegelung des Gegenständlichen, eine Meinung, die auch von Erlebach, Ihlefeld und Zehner (1972, 144) vertreten wird. Ihrer Meinung nach entwickelt und äußert sich das Psychische in der Tätigkeit.

Elkonin betrachtet die Entwicklung der Tätigkeit aus der Perspektive der Entwicklung des Spiels, hier spezifisch des Rollenspiels: »Die Entstehung des Rollenspiels ist genetisch verbunden mit der Ausbildung der gegenständlichen Handlungen im Kleinkindalter unter der Leitung der Erwachsenen« (ELKONIN 1980, 233).

Die Übertragungen von Handlungen sind auf zwei Ebenen angesiedelt. Zum einen überträgt das Kind bestimmte Handlungsschemata auf andere Situationen, zum anderen führt es die Handlung mit einem Ersatzgegenstand aus. »In beiden Übertragungstypen erfolgt einerseits eine Verallgemeinerung der Handlungen und andererseits eine Loslösung des Handlungsschemas vom Gegenstand« (ELKONIN 1980, 241). Im Ersetzen des Gegenstandes durch einen anderen, einen Ersatzgegenstand, liegt in gewisser Weise der Übergang von der gegenständlichen Tätigkeit zur Spieltätigkeit.

Das Kind lernt gegenständlich zu handeln durch Modelle, die es in seiner Umwelt findet. Es möchte Leistungen vollbringen, weil die Erwachsenen dies auch tun. Somit kann der Erwachsene die Entwicklung der gegenständlichen Tätigkeit des Kindes beeinflussen und fördern. Ähnliche Überlegungen finden sich auch bei Ljublinskaja (1973). Gegenständlich tätig sein bedeutet Lernen. »Mittel des Lernens sind mannigfache geistige und praktische Handlungen: Beobachtungen, Zuhören, Lesen, Rechnen, Schreiben sowie einige Arbeitshandlungen und spezielle Lernverfahren« (LJUBLINSKAJA 1973, 176). Unter diesem Gesichtspunkt wird die gegenständliche Tätigkeit zur Lerntätigkeit: Das Kind lernt die gesellschaftlichen Bedeutungen von und den angemessenen Umgang mit Gegenständen. Auch Ljublinskaja betont die Bedeutung des Modells. Das Kind lernt den Umgang mit Gegenständen durch Nachahmung: Es beobachtet seine Mitmenschen und erschließt sich so die nötigen Verhaltensweisen. Damit werden wir auf das »Lernen am Modell« (Bandura) verwiesen, welches im dritten Band dieser Reihe mit dem Titel »Zur Methodik der Förderung der Handlungsfähigkeit Geistigbehinderter« zu erörtern sein wird.

Die Nachahmung löst sich in diesem SME-Stadium VI nach Piaget (ca. 1;06 bis 2;00: die aufgeschobene Nachahmung) nunmehr quasi von der aktuellen Handlung.

Das Kind lernt, »eine Anzahl von Vorbildern innerlich nachzuahmen, Vorbilder, die bildhaft und gleichsam als skizzenhafter Entwurf der Handlung gegeben sind« (PIAGET 1975c, 84). Auf diesem Stadium beschreibt Piaget drei Neuerwerbungen des Kindes:

1. Die unmittelbare Nachahmung von komplexen Modellen

Dem Kind gelingt nunmehr die Nachahmung auch komplexerer motorischer Abläufe.

Beispiel: »Der Vl. macht eine neue, komplexe Handlung vor (z. B. die Bewegung des sich Warmschlagens): Das Kind ahmt diese Bewegung unmittelbar und vollständig nach« (BIGGER 1993, 257).

2. Die aufgeschobene Nachahmung

Zwischen Modellvorgabe und Nachahmung durch das Kind tritt eine zeitliche Verzögerung ein. Charakteristische Tätigkeiten eines anderen Kindes bspw. ahmt es um Stunden oder Tage verzögert nach.

3. Die Nachahmung von materiellen Dingen

Das Kind imitiert nicht nur Personen, sondern auch Objekte. Diese Objektimitation beginnt nach Piaget allerdings bereits auf Stadium IV SME und ist nicht typisch für Stadium VI.

Im Piagetschen Sinne ist das Kind bereits kurz nach der Geburt in der Lage, Imitationsleistungen auszuführen, und zwar solche, die nicht bewußt erfolgen. In nachfolgender Übersicht wird die Entwicklung der Nachahmung nach Bigger (1993) zusammengefaßt (siehe Tab. 7, S. 111).

Die Tätigkeiten des Menschen entwickeln sich nach den Kulturhistorikern in einer bestimmten Abfolge: reflektorische Tätigkeit, manipulative Tätigkeit, gegenständliche Tätigkeit, Spieltätigkeit, Lerntätigkeit und Arbeitstätigkeit. Ljublinskaja (1973) geht allerdings bereits bei Kindern im Vorschulalter vom Begriff der Arbeit aus. Sie verweist darauf, daß Kinder die Erwachsenen nachahmen und somit auch arbeiten wollen. Das Lob ihrer Eltern kann für sie ein ausschlaggebender Grund für ihre Tätigkeit, ihre Arbeit sein. Die Motive der Arbeit ändern sich allerdings mit fortschreitender Entwicklung, denn »im mittleren und älteren Vorschulalter muß das Kind bereits wissen, *warum* es arbeitet und für *wen* seine Arbeit nützlich ist« (LJUBLINSKAJA 1973, 158). Die Arbeit, auf welche Ljublinskaja verweist, besteht aus den Tätigkeiten, die die Kinder in der Vorschule erledigen. Sie werden aber nur dann als Arbeit angesehen, wenn sie auf die Herstellung eines Produktes hinzielen.

Wesentlich zielt die gegenständliche Tätigkeit, um dies noch einmal zu wiederholen, auf die Fähigkeit der Bewältigung des Alltags hin; es geht pädagogisch um lebenspraktische Erziehung. Das Kind soll lernen, die Dinge, die da sind, für sich be-

Entwicklung der Nachahmung in der manipulativen und gegenständlichen Tätigkeit

Stadium 1: 0;00-0;01	**Stadium 2:** 0;01-0;04	**Stadium 3:** 0;04-0;10	**Stadium 4:** 0;07-0;12	**Stadium 5:** 0;10-1;06	**Stadium 6:** 1;06-2;00
Nachahmung der eigenen Tätigkeit • Saugen • Fixieren • »im Leeren greifen«	bewegt den Kopf • auf und ab • hin und her (differenziert zw. beiden Bewegungen) bringt Hände zusammen und auseinander	bewegt durch *Strampeln* Gegenstände; beginnt immer von neuem versucht immer wieder durch Bewegungen ein Ereignis noch einmal in Erscheinung treten zu lassen	Nachahmungskette von Bewegungen	Imitation einer Tätigkeit ohne Gegenstand Imitation einer Bewegung mit Gegenstand Imitation der Bewegung von Körperteilen – Ziel nicht gleich	
		ahmt ihm »bekannte« Bewegungen nach, die ihm vorgemacht werden	ahmt schon einmal gemachte Bewegungen nach bei unbekannter Bewegung versucht es ähnliche Bewegung nachzuahmen		
		komplexe Bewegungen (Mittel/Ziel)	Perseveration der komplexen Bewegung (Mittel/Ziel)	komplexere Bewegungen werden in Teilschritten ausprobiert führt ein und dieselbe Bewegung immer wieder aus	ahmt komplexere Handlungen unmittelbar und vollständig nach zeitverzögerte Nachahmung von gesehenen Handlungen imitiert Bewegungen mit symbolischer Bedeutung imitiert eine Handlung aus dem täglichen Leben ohne originale Gegenstände zu benutzen imitiert eine solche Handlung ohne Gegenstand

Tab. 7: Aspekt Nachahmung: manipulative und gegenständliche Tätigkeit; zusammengestellt nach Bigger (1993)

nutzbar zu machen. Es handelt sich hierbei um schlichte Handlungen, wie wir sie jeden Tag ausführen: Einen Wasserhahn aufdrehen, die Zahnpasta aus der Tube auf die Zahnbürste drücken gehören genauso dazu wie den Mixer benutzen oder den Herd auf 200° C einstellen, um eine Pizza zu wärmen. Wie bereits weiter oben angedeutet, lernt das Kind diese Handlungen zusammen mit dem Erwachsenen und unter dessen Anleitung. Hierbei kann der Erwachsene auf eine Reihe unterschiedlicher Verfahren zurückgreifen, die weiter unten nur angedeutet und im dritten Band breiter ausgeführt werden.

Die Gegenstände selbst bestimmen die Handlungen, die mit ihnen ausgeführt werden können: Die gesellschaftliche Bedeutung liegt im Objekt selbst. Wie bereits weiter oben erwähnt, sind dies Objekte aus der Umwelt des Kindes. Die Tätigkeit des Kindes weitet sich also vom Körper- und Greiffeld zum Nah- und Umfeld aus. Das Kind soll lernen, woraus ein Gegenstand besteht, wie die Einzelteile zueinander in Beziehung stehen, welche Eigenschaften der Gegenstand hat, wie diese Eigenschaften den Gegenstand bestimmen und welche Unterschiede und Gemeinsamkeiten zu anderen Objekten gleicher oder unterschiedlicher Art bestehen (vgl. PITSCH 1999c). Über diesen Weg lernt das Kind auch die unterschiedlichen Handlungsmöglichkeiten kennen, die dem Gegenstand zugrunde liegen, und die Handlungsschritte zu seiner Benutzung ausführen. Ein Mixer z. B. muß zusammengesetzt werden, um ihn benutzen zu können. Das Kind lernt, die Einzelteile zusammenzufügen, den Mixer anzuschließen, den Schalter zu betätigen, die zum Mixen benötigten Drehbewegungen auszuführen, den Mixer abzustellen, in Einzelteile zu zerlegen, zu reinigen und wegzuräumen.

Die einzelnen Handlungsschritte bilden dabei eine Handlungs- oder Lernkette von aufeinanderfolgenden Handlungsschritten. Über die einzelnen Handlungsschritte werden nicht nur Kenntnisse über das Objekt gewonnen, sondern dessen gesellschaftliche Bedeutung und seine gesellschaftlich festgelegte Benutzungsweise wird erschlossen. Die gegenständliche Tätigkeit besteht also nicht an und für sich, sondern sie besteht in Verbindung mit dem Spiel, dem Lernen und der Arbeit. Die gegenständliche Tätigkeit meint das Erlernen der gesellschaftlichen Bedeutung von Gegenständen, also Lernen. Der Aspekt der Arbeit wird von Ljublinskaja angeführt und kann dahingehend interpretiert werden, daß Kinder die erwachsenen Bezugspersonen nachahmen und in dieser Nachahmung auch »arbeiten« wollen. Insoweit kann die gegenständliche Tätigkeit der Vorschulzeit als Arbeiten gedeutet werden, auch wenn dies eher ein Vorbereiten auf die spätere Arbeitstätigkeit ist, und wenn solche Tätigkeit auf die Herstellung eines Produktes hinzielt.

Die gegenständliche Tätigkeit ist also eine Weiterentwicklung der manipulativen Tätigkeit hin zur Erschließung der gesellschaftlichen Bedeutung der Gegenstände und zum Umgang mit den Gegenständen, so wie er in der Gesellschaft gefordert wird, und wie er den weiteren Verlauf des Lernens vorbereitet.

6.3.2 Der Übergang zum symbolischen Denken

Das SME-Stadium VI nach Piaget (ca. 1;06 bis 2;00: Erfindung neuer Mittel durch geistige Kombination) bildet den Übergang von der Sensomotorik zum symbolischen Denken. Das Kind wird nunmehr fähig, sich Gegenstände und Ereignisse vorzustellen, ohne auch gleichzeitig handeln zu müssen. Es kann zur Bewältigung eines Problems in Gedanken Tätigkeitsformen erfinden oder auswählen. Die anschließende Ausführung der Handlung wirkt auf den Beobachter wie ein Akt plötzlicher Einsicht. Dabei ist das Kind auf diesem sechsten Stadium durchaus noch nicht in der Lage, sich Gesetzmäßigkeiten der Dinge oder der Welt vorzustellen. Wichtig ist, daß es sich überhaupt etwas vorstellen kann.

Die sechs Stadien der Sensomotorik nach Piaget stehen in regelmäßigem Wechsel zwischen Phasen mit betonter Assimilation und betonter Akkommodation und in wechselseitiger Abhängigkeit, die Flavell (1979) wie in Tabelle 8 (S. 114) dargestellt hat.

6.3.3 Gegenständliche Tätigkeit und Spiel

Gegenständliche Tätigkeit geht sehr schnell in das Spiel über. Das Kind übt nicht den Umgang mit den Gegenständen um ihrer selbst willen, sondern in seinem Drang nach der Aneignung von Welt. »Im gegenständlichen Kontakt mit den Erwachsenen, die die Dinge, ihre Eigenschaften und Funktionen auch benennen, lernt das Kind sprechen, lernt es seine Umgebung beobachten, erfaßt es anschauliche Beziehungen zwischen Dingen, erwirb es Fertigkeiten im Umgang mit Gegenständen des täglichen Bedarfs. Es dringt somit immer tiefer in die Wirklichkeit ein und lernt sie bewältigen« (ERLEBACH, IHLEFELD, ZEHNER 1972, 195).

Erlebach, Ihlefeld und Zehner weisen auf die Zielgerichtetheit kindlicher Handlungen hin: »Das Kind spielt nicht nur, sondern es will auch ernsthaft etwas erreichen, etwas haben; es tut etwas, um Gewünschtes zu erhalten oder sich gegen Unerwünschtes zur Wehr zu setzen« (1966, 189). Nach der Auffassung der Aneignungstheorie wird auch diese Tätigkeit der Kinder durch den Erwachsenen gelenkt. Hierdurch ergeben sich eine Reihe von Fördermöglichkeiten, die dem Kind helfen können, seine gegenständliche Tätigkeit weiter auszubilden.

Mit Symbolspiel meint Piaget in diesem SME-Stadium VI (ca. 1;06 bis 2;00: Die Anfänge des Symbolspiels) ein »Tun als ob«; z. B. reibt sich das Kind die Hände und führt damit die Tätigkeiten aus, als ob es sich die Hände wasche. Dabei benutzt das Kind gewohnte Schemata, aber:

1. Es wendet diese Schemata auf neue Gegenstände an, die für eine realitätsgerechte Anwendung ungeeignet sind.
2. Diese neuen Objekte werden nur zu dem Zweck verwandt, dem Kind die Durchführung der gemeinten Schemata zu ermöglichen.

Individuelle, angeborene Reflexschemata (Stufe 1).

↘

Modifikation dieser Schemata (der Stufe 1) in Abhängigkeit von Erfahrung und ihrer graduellen Koordination miteinander, einschließlich der Koordination visueller und manueller Aktivitäten (Stufe 2).

↙

Entwicklung einer Vielfalt von Schemata (die gewöhnlich die genannte Koordination von visuellen und manuellen Schemata einschließen), die interessante Umwelteffekte hervorbringen; dementsprechend sind sie stärker nach außen gerichtet, kognitiv stärker »extravertiert« als die Schemata der vorangegangenen Stufe (Stufe 3).

↘

Koordination der Schemata der Stufe 3 in intentionale, »intelligent« aussehende Mittel-Zweck-Verbindungen, wobei eines der Schemata der Stufe 3 einem anderen Mittel dient (Stufe 4).

↙

Versuch und Irrtum als Verfahren; Modifikation der Schemata der Stufe 3, was oft zum Entdecken neuer Mittel zu einem bestimmten Zweck (in der Art von Stufe 4) führt, was eine noch auffallendere akkommodative, nach außen gerichtete Anstrengung für ein Kennenlernen der Umwelt darstellt (Stufe 5).

↘

Erfindung solcher neuer Mittel, aber mit Hilfe von inneren, geistigen Kombinationen von symbolisch repräsentierten Schemata; allgemeiner noch der Übergang von einer sensomotorischen zu einer symbolischen Art der kognitiven Handlung (Stufe 6).

Tab. 8: Zusammenhänge zwischen Assimilation und Akkommodation in den sechs Stadien der Sensomotorik (FLAVELL 1979; nach BIGGER 1993, 56)

Piaget nimmt hypothetisch Zusammenhänge an zwischen der sensomotorischen Intelligenz, der Nachahmung und dem Spiel. Jedes Kind, so seine Grundannahme, steht in einem ständigen Austauschprozeß mit seiner Umwelt. Diese Umwelt führt einerseits zu Veränderungen des Kindes, andererseits führen die Handlungen des Kindes zur Veränderung der Umwelt. In diesem Prozeß des Austauschs sucht das Kind nach dem jeweils möglichen stabilen *Gleichgewicht* (Äquilibration). Dieses Gleichgewicht entsteht dadurch, daß das Kind so weit wie möglich die Umwelt assimiliert, gleichzeitig jedoch die Struktur der eigenen Schemata an neue Gegebenheiten anpaßt (akkommodiert). »Wenn diese beiden Prozesse (Assimilation und Akkommodation) gleichzeitig als komplementäre Mechanismen ablaufen, dann spricht Piaget von einer intelligenten Anpassung (Adaptation) oder von Intelligenz, und so lange es sich auf die Phase der Sensomotorik bezieht von sensomotorischer Intelligenz« (BIGGER 1993, 82).

Überwiegt bei kindlicher Tätigkeit sehr stark *die Assimilation*, also die Anpassung der Umwelt an die eigenen vorhandenen Schemata, so spricht Piaget von *Spiel.* Er unterscheidet *zwei Formen*:

1. *Die Spielhandlung ist objektiv identisch mit der adaptiven Handlung.* Dies ist z. B. der Fall, wenn das Kind nach einem Gegenstand nicht mehr greift, um Greifen zu lernen, und auch nicht, um den Gegenstand zu gebrauchen, sondern nur des Vergnügens wegen. Hierbei wird wohl der Gegenstand assimiliert. Die Akkommodation, das Anpassen der eigenen Handlungsschemata an die Umweltbedingungen, ist jedoch bereits automatisiert.
2. *»Leer« ausgeführte Spielhandlungen:* Hierbei wird ein vorgegebenes Objekt nicht an das gewohnte Schema assimiliert, sondern an ein anderes (Greifbewegung ohne Objekt, einen Löffel balancieren). Piaget weist darauf hin, »daß in beiden Fällen die ausgeführte Handlung leichter fällt als die normale Handlung« (1975c, 347).

Überwiegt bei kindlicher Tätigkeit jedoch *die Akkommodation*, die Anpassung der erworbenen Schemata an neue Umweltgegebenheiten, so spricht Piaget im Extremfall von *Nachahmung.* »Wenn das Sehen der Hände eines anderen die Bewegung der eigenen Hände zur Folge hat, dann ist es die Akkommodation des Schemas an das Modell« (PIAGET 1975c, 347). Die kindliche Nachahmungshandlung tendiert nicht auf den Gebrauch der Dinge, sondern auf die Imitation und die Übereinstimmung mit dem Modell. Somit entstammt nach Piaget »die Nachahmung der Akkommodation, das Spiel der Assimilation, und die Intelligenz vereinigt beide« (PIAGET 1975c, 138). In der graphischen Darstellung (s. Abb. 28) stellt sich der Zusammenhang so dar:

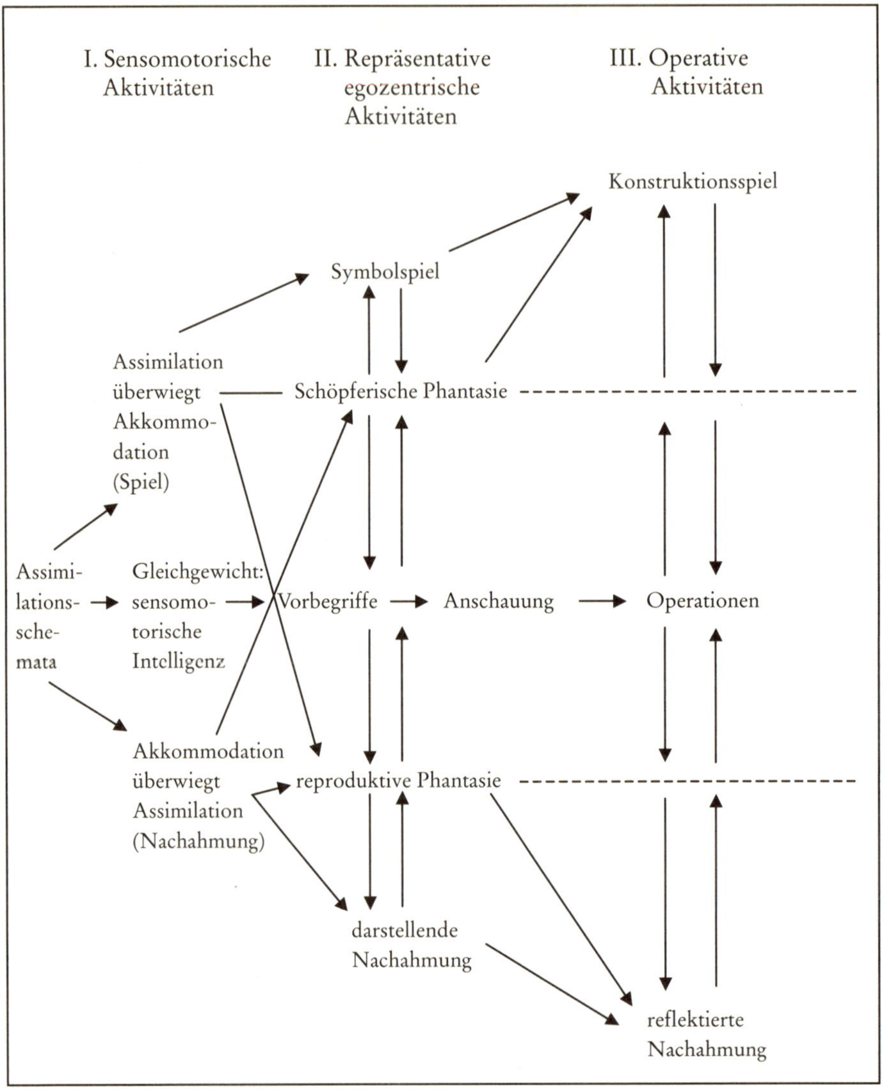

Abb. 28: Zusammenhänge zwischen Nachahmung, Spiel und sensomotorischer Intelligenz (nach BIGGER 1993, 84)

Zur Diagnose des Entwicklungsstandes innerhalb der sensomotorischen Entwicklung und zur Förderung kindlicher Entwicklung in diesem Bereich legt Bigger (1993) umfangreiches Material vor, welches bei erzieherischen Bemühungen bei jungen geistigbehinderten Kindern wie bei älteren schwergeistigbehinderten Kindern sinnvoll benutzt werden kann. Auf die weiteren Phasen der Intelligenzentwicklung nach Piaget gehen wir an dieser Stelle nicht mehr ein.

Obwohl Piaget zwischen experimentierend erworbener Erfahrung des Kindes und der Vermittlung von Erfahrung durch den Erzieher unterscheidet, interessiert er sich hinsichtlich der sensomotorischen Entwicklungsphase weniger für den Vermittlungsaspekt. Dazu Bigger: »Es ist nun Aufgabe der Pädagogen, angemessene Konzepte der Lernvermittlung im Allgemeinen und für Behinderte im speziellen zu entwickeln« (1993, 85).

Es darf nun nicht der Eindruck entstehen, als wäre für Erziehung und Bildung Geistigbehinderter die sensomotorische Phase der kindlichen Intelligenzentwicklung die einzige von pädagogischer Relevanz. Sie ist sicherlich von erheblicher Bedeutung für das basale Lernen, in der Arbeit mit jungen und in der Arbeit mit schwerstbehinderten Kindern. Schule für Geistigbehinderte reicht jedoch in ihrem Anspruchsniveau und in ihren Möglichkeiten weit darüber hinaus, so daß die weiteren Perioden wenigstens kurz dargestellt werden sollen.

6.4 Zusammenfassung und Überleitung

Bezüglich der kognitiven Entwicklung faßt Bigger (1993, 57; 202) die Etappen der Sensomotorischen Entwicklungsphase in einer Übersicht zusammen, aus welcher sich die Entwicklung einzelner Handlungskomponenten herausanalysieren läßt (s. Tab. 9 bis 12, S. 118/119).

Die Stufe der dominierenden gegenständlichen Tätigkeit nach der Kulturhistorischen Schule reicht in der Entwicklungsphaseneinteilung Piagets vom Ende der Sensomotorischen Phase bis in die Periode des vorbegrifflich-operativen Denkens (von ca. 2 bis ca. 4 Jahren) hinein. Diese letztere Phase stellt bei Piaget den ersten Abschnitt der Periode der konkreten Operationen (ca. 2 bis ca. 11 Jahre) dar. Diese Periode der konkreten Operationen unterteilt Piaget in die Teilstufen des vorbegrifflich-symbolischen Denkens und des anschaulichen Denkens.

In der Phase des vorbegrifflich-symbolischen Denkens (ca. 2 bis ca. 4 Jahre) gelangt das Kind durch aktive Akkommodation von sensomotorischen Schemata an ein Ereignis in der Außenwelt, z. B. einen Bewegungsablauf, zur inneren Nachahmung. Die innere Nachahmung wird zeitlich von der Wahrnehmung unabhängig, sie kann aufgeschoben werden durch das Gedächtnis, die Erinnerung. Dadurch wird eine Trennung von aktueller Tätigkeit und vorgestellter Tätigkeit möglich. Der vorgestellte Gegenstand, die vorgestellte Tätigkeit wird zum Denkinhalt, zum Sym-

Handlungsausführung

Stadium 1	Stadium 2	Stadium 3	Stadium 4	Stadium 5	Stadium 6
Reflexverhalten ausweiten und anpassen bezüglich: • der Stimuliaufnahme; • der Reaktion auf die Stimuli.	Über das primitive Reflexverhalten hinausgehende Verhaltensweisen wie: • Lutschen, • Saugen, • Greifen, • Hinhören, • Anschauen.	Verhaltensweisen, die auch von Interesse am Erhalten von Ereignissen in der Umwelt zeugen wie: • Strampeln, • Schlagen, • Schütteln, • Streichen, um Ereignis zu erhalten.	Verhaltensweisen, die auch von Interesse an den Objekten selber zeugen wie: Ergreifen, untersuchen, um zu begreifen. Verschiedene Koordinationsmöglichkeiten der einzelnen Verhaltensweisen.	Verhaltensweisen, die auf Erforschen der Objekte und Ereignisse und auf die Beziehung der Objekte untereinander ausgerichtet sind.	
Elemtarsensorisches AV		intentionales AV bzw. Problemlösungsverhalten			
Primäre ZR		sekundäre ZR		tertiäre ZR	
Körperbezogene motorische Aktivität		ereignisbezogene motorische Aktivität	objektbezogene	Explorationsaktivität	
• Saugfähigkeit • Sehen • Stimmbildung und Hören • Greiffähigkeit		• typische sekundäre ZR	• »Erforschung« neuer Gegenstände • abgeleitete sek. ZR	• Experiment um zu sehen	
Abk: ZR = Zirkulärreaktionen, PV = Problemlösungsverhalten, AV = Anpassungsverhalten					

Tab. 9: Entwicklung der Handlungsausführung in der Sensomotorischen Phase (nach Bigger 1993, 57; 202)

Handlungsbezug

Stadium 1	**Stadium 2**	**Stadium 3**	**Stadium 4**	**Stadium 5**	**Stadium 6**
	körperbezogen	ereignisbezogen	objektbezogen	auf Beziehung der Objekte bezogen	

Tab. 10: Entwicklung des Handlungsbezugs in der Sensomotorischen Phase (nach Bigger 1993, 57)

Handlungsintentionen

Stadium 1	Stadium 2	Stadium 3	Stadium 4	Stadium 5	Stadium 6
		Vorform der Intentionalität in den sog. »Vorgehensweisen«.	Erste Form der Intentionalität durch Trennung von Mittel und Ziel und Anwendung bekannter Mittel auf neue Situationen.	Eigentliche Intentionalität. Entdeckung neuer Mittel durch aktives Ausprobieren.	Vorstellungsmäßige Intentionalität. Neue Mittel durch geistige Kombination.

Tab. 11: Entwicklung der Handlungsintentionen in der Sensomotorischen Phase (nach BIGGER 1993, 57

Handlungsplanung

Stadium 1	Stadium 2	Stadium 3	Stadium 4	Stadium 5	Stadium 6
Betätigung und Uebung der Reflexe	Die ersten erworbenen Anpassungsverhalten und die primären ZR	Die sek. ZR und die Vorgehensweisen, interessante Ereignisse andauern zu lassen	Koordination der sek. Verhaltensschemata und ihre Anwendung auf neue Situationen	Die tertiären ZR und die Entdeckung neuer Mittel durch aktives Ausprobieren	Die Erfindung neuer Mittel durch geistige Kombination
Abk.: ZR = Zirkulärreaktionen					

Tab. 12: Entwicklung der Handlungsplanung in der Sensomotorischen Phase (nach BIGGER 1993, 57)

bol. Das Kind vermag nunmehr erstmals zwischen Symbol und realem Objekt zu unterscheiden. Dies zeigt sich auch in dem nun einsetzenden Spracherwerb.

Die *Symbolfunktion* zeigt ein Kind z. B. beim Spielen, wenn es durch Rutschen mit einem Stuhl »Autofahren« darstellt, was Elkonin als die Verwendung eines Ersatzgegenstandes beschreibt, oder wenn es auf allen Vieren kriecht und »Hund« spielt.

Vorbegriffe im Sinne Piagets zeigen sich u. a. in Vorformen des Schlußfolgerns. Zu solchen Vorformen des Schlußfolgerns ein Beispiel:

> Ein dreijähriger Junge äußert: »Ich werde groß, weil ich mein Gemüse esse. Der Gerhard (sein vier Jahre älterer Bruder) wird nicht groß, der ißt kein Gemüse«.

Während der Etappe der dominierenden gegenständlichen Tätigkeit sind Formen der Auseinandersetzung des Kindes mit Gegenständen aufgetreten, die von vielen Autoren als »Spiel« bezeichnet werden. Übernehmen wir Leontjews Altersgrenzen für die dominierende gegenständliche Tätigkeit mit [ca. 1 Jahr; ca. 4 Jahre], dann müssen z. B. Bau- und Konstruktionsspiele dieser Etappe zugerechnet werden. Andererseits entwickelt sich nach Ansicht der Kulturhistoriker aus dem Konstruktionsspiel das Rollenspiel, so daß die Zuordnung zur Etappe der dominierenden Tätigkeit »Spiel« ebenfalls gerechtfertigt erscheint.

Wiederum ist festzustellen, daß solche Phasen-Zuordnungen einer gewissen Beliebigkeit unterliegen und daß die Angabe von Altersgrenzen von solch subjektiver Beliebigkeit abhängt. In dieser Arbeit wird das »Konstruktionsspiel« der dominierenden Tätigkeit »Spiel« als Vorstufe zum Rollen- und Regelspiel zugeordnet, wofür einerseits die Forderung nach begrifflicher Einheitlichkeit, andererseits Überlegungen hinsichtlich der möglichen Konzeption einer Didaktik der Spielförderung (vgl. STRAßMEIER 1982) sprechen.

7 Die Aneignung von Rollen und Regeln: Spieltätigkeit

Die Spielentwicklung bildet den Gegenstand dieses Kapitels, wobei neben Piaget insbesondere Vertreter der Kulturhistorischen Schule zur Geltung kommen. Letztere trennen einerseits zwischen – eher sozial orientiertem – Rollenspiel und – eher kognitiv orientiertem – Regelspiel, beschreiben aber auch deren Ineinandergreifen und Ineinanderübergehen. Wesentlicher Referenzautor zu diesem Abschnitt ist Daniil Elkonin. Auch wird kurz auf die Spielentwicklung bei behinderten Kindern eingegangen.

7.1 Tätigkeit und Spiel

Spiel und Spielen durchzieht das gesamte menschliche Leben und endet auch nicht im Erwachsenenalter (homo ludens). Ganz besonderes Interesse fand jedoch das Kinderspiel und dessen Entwicklung. Von besonderer Wirkung auf die psychische Entwicklung des Kindes ist das Spiel nach der Tätigkeitstheorie der Kulturhistorischen Schule im Vorschulalter, obwohl wir es bereits bis zur Geburt zurückverfolgen können (vgl. PIAGET 1975; BIGGER 1993). In unserem Zusammenhang wollen wir unter »Spiel« jedoch nicht die manipulativen Bewegungen des Säuglings verstehen, sondern diejenigen Tätigkeiten, welche die Funktionsfähigkeit des Greifwerkzeugs bereits voraussetzen und die frei von unmittelbaren Verwendungszwecken sind. »Spiel« in unserem Verständnis ist eine gegenständliche Tätigkeit, die nicht unmittelbar produktivem Zweck dient.

»Spiel« und »Tätigkeit« hängen aufs engste zusammen. Das Kind wird nach Ansicht der Kulturhistorischen Schule tätig, weil es im Spiel mit den ihm zur Verfügung stehenden Möglichkeiten das Leben der Erwachsenen aktiv nachgestalten kann. Damit hat das Spiel als modifizierte Erwachsenenimitation gesellschaftlichen Charakter; es »ändert [...] sich mit dem Wandel der historischen Bedingungen unter denen die Menschen leben« (LJUBLINSKAJA 1973, 145). So spielen Kinder aus Kriegsgebieten eher kriegerische Situationen nach als Kinder aus anderen Gebieten, die keine derartigen Erfahrungen machen mußten, eine Beobachtung, die sich in allerjüngster Zeit bei Kosovo-Kindern wieder bestätigt hat.

Abgesehen von solchen Beeinflussungen durch aktuelle Ereignisse hat das Spiel kulturspezifischen Charakter. Nicht alle Kinder dieser Erde durchleben die gleichen Spielphasen. So schildert Sutton-Smith in seiner kulturanthropologischen Betrachtung des Spiels, »daß die Kinder in den Teppichweberkulturen des Mittleren Ostens, wo sie einen wirtschaftlichen Aktivposten darstellen, [...] früh mit der direkten Nachahmung von Aktivitäten der Erwachsenen beginnen und sich nicht sonderlich einer Sache widmen, die wir als Spiel bezeichnen würden« (SUTTON-SMITH 1978, 111). Ob Kinder in unserem westeuropäischen Verständnis »spielen« dürfen und können, scheint nach Sutton-Smith davon abhängig zu sein, ob sie – die Kinder – zur Sicherung des Überlebens von Gesellschaften, Sippen oder Familien tätig werden müssen, wie es z. B. »in der ersten Hälfte des 19. Jahrhunderts in England« der Fall war, »als Massenarmut herrschte und Kinder in Bergwerken und Fabriken ausgebeutet wurden, da ihre Arbeit für das Überleben der Familie notwendig war« (SUTTON-SMITH 1978, 111).

Auf Gesellschaftstypen bezogen meint Sutton-Smith, das Spiel habe die größte Bedeutung in »offenen« und nur geringe Bedeutung in »geschlossenen« Gesellschaften. Komplexere Gesellschaften böten »mehr Möglichkeiten für Kinder [...], umherzustreifen und ihre Kameraden selbst zu wählen« (SUTTON-SMITH 1978, 111). Dazu müssen sie ihre Wohnung und deren unmittelbare Umgebung verlassen können, und sei es nur, um den in europäisch-nordamerikanischen Kulturen üblichen Kindergarten aufzusuchen. Ob kindliche Tätigkeiten nun in Wald, Feld und Flur oder in der Einrichtung »Kindergarten« ihre Verortung finden, in jedem Fall weitet sich dadurch ihr Erfahrungsbericht vom engeren Umfeld Familie/Wohnung/Nachbarschaft auf das nähere Umfeld Dorf/Stadtviertel/Umland aus (s. Abb. 29).

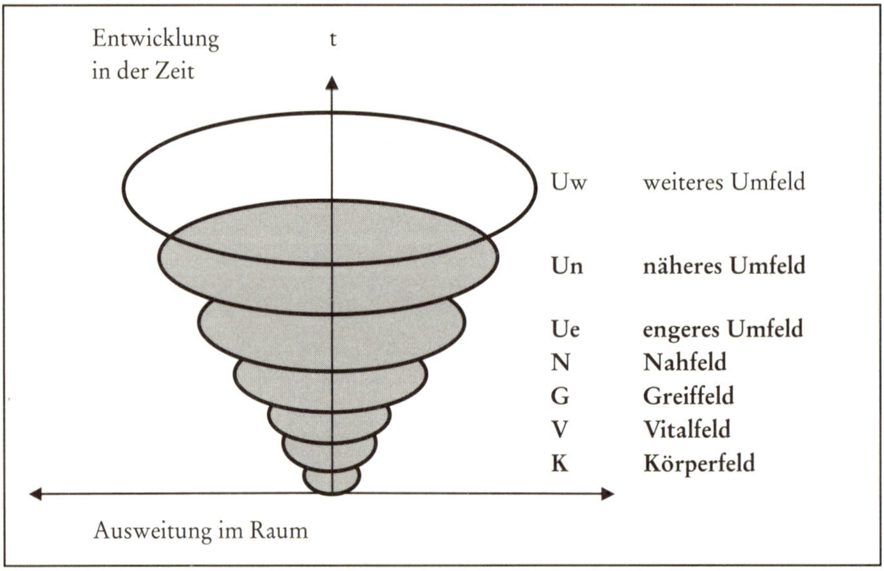

Abb. 29: Ausweitung der Handlungsmöglichkeiten in das nähere Umfeld hinein

Nach Erlebach, Ihlefeld und Zehner ist das Spiel eine der wichtigsten Tätigkeiten im Vorschulalter[1]. Es ist die »angemessene Art und Weise, sich so mit seiner Umwelt

[1] Elkonin gliedert die Kinder der Vorschule in drei Altersniveaus: die jüngeren Kinder (ca. 4 - ca. 5 Jahre), die Kinder mittleren Alters (ca. 5 - ca. 6 Jahre) und die älteren Kinder (ca. 6 - ca. 7 Jahre). Zu bemerken ist, daß in der Regel die sowjetischen Kinder bis zum Ende des sechsten Lebensjah-

auseinanderzusetzen, wie es dem Typus seiner Lebensbedingungen entspricht« (ERLEBACH, IHLEFELD, ZEHNER 1972, 196). Durch die aktive Auseinandersetzung mit seiner Umwelt im Spiel lernt das Kind Eigenschaften und gesellschaftliche Bedeutungen von Dingen und Menschen kennen und entwickelt Prozesse der Erkenntnis, soziale Einstellungen, unterschiedliche Fähigkeiten und bestimmte Charaktereigenschaften. Aus den rasch zunehmenden Bedürfnissen und Forderungen des Kindes, welche die Motivation seiner Tätigkeit bestimmen, entwickeln sich innere Widersprüche zu seinen begrenzten Handlungsmöglichkeiten. Diese Widersprüche werden im Spiel aufgelöst (s. Abb. 30).

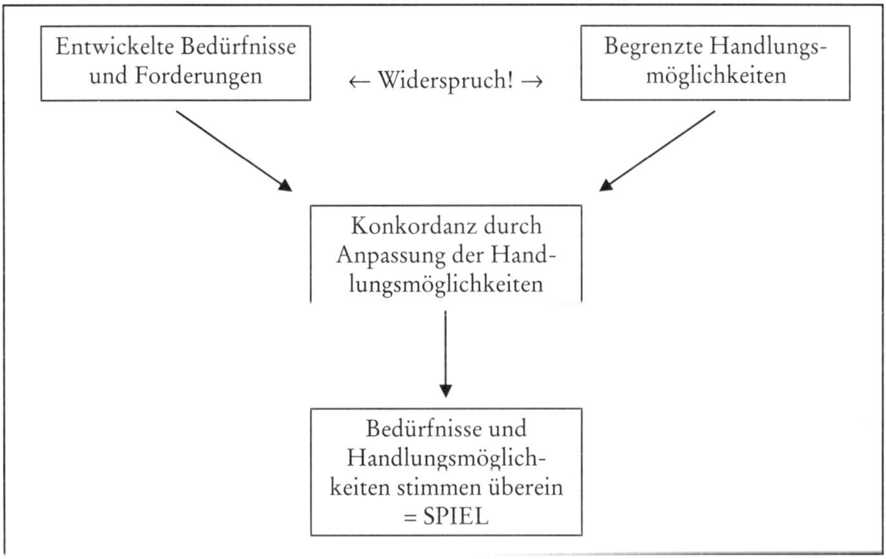

Abb. 30: Die Auflösung von Widersprüchen führt zur Entwicklung des Spiels

Das Spiel ist »sowohl mit dem Lernen als auch mit der Arbeit verbunden« (ERLEBACH, IHLEFELD, ZEHNER 1966, 179). Das Kind lernt im Spiel z. B. die Gesetze der Schwerkraft, gesellschaftliche Regeln, soziale Verhaltensweisen usw. kennen und macht Erfahrungen mit unterschiedlichen Gegenständen, indem es lernt, was es mit diesen tun darf und lassen muß usw. Dabei unterscheidet sich das Spiel vom Lernen in der Schule dadurch, daß es sich um ein in der Regel »noch nicht beabsichtigtes, bewußtes und systematisches Lernen handelt« (ERLEBACH, IHLEFELD, ZEHNER 1966, 178). Im Laufe der Zeit verändert sich das Verhältnis zwischen Spiel und Lernen insofern, als daß das »systematische Lernen« (ebd.) einen immer größer werdenden Platz im Leben des Kindes einnimmt. Die *Entwicklungsaufgabe der Spiel-*

res in die Vorschule gehen, während in den westlichen Ländern die Kinder den Kindergarten üblicherweise bis zum Ende des fünften Lebensjahres besuchen.

tätigkeit besteht demnach darin, *die erforderlichen individuellen Voraussetzungen für organisiertes gemeinsames Lernen zu schaffen.*

Wie erwähnt, gilt das Spiel als auch mit der Arbeit verbunden. Nach Rubinstein ist »das Spiel das Kind der Arbeit« (RUBINSTEIN 1977, 727). Diese Verbindung wird besonders deutlich im Inhalt der Spiele, da diese »bestimmte Formen der praktischen, nichtspielenden Tätigkeit« (ebd.) wiedergeben. Das Spiel des Kindes hängt jedoch nicht von der praktischen Notwendigkeit oder der gesellschaftlichen Pflicht ab, sondern wird geleitet von unmittelbaren Interessen und Bedürfnissen, die aus den Wechselbeziehungen Erwachsener – Kind entstehen. Der Spielende führt nur solche Spielhandlungen aus, »deren Ziel [...] ihrem eigentlichen Inhalt nach bedeutsam sind« (RUBINSTEIN 1977, 729). Motiv und Ziel fallen zusammen.

Erlebach, Ihlefeld und Zehner beschreiben die Besonderheiten des Spiels, die für die Entwicklung von Kindern wichtig sind:

»• Im Spiel spiegelt das Kind seine Umwelt wider.
- Im Spiel erwirbt das Kind Kenntnisse und festigt sie.
- Im Spiel lernt das Kind denken.
- Die Hauptmittel des Spiels sind Handlung und Sprache.
- Im Spiel wird die Wirklichkeit aktiv umgestaltet.
- Das Spiel unterscheidet sich von anderen Tätigkeiten durch die besondere Kombination von Erfundenem und Wirklichem« (ERLEBACH, IHLEFELD, ZEHNER 1972, 197).

Als die für die weitere Entwicklung des Kindes wesentlichsten Spielformen gelten das Konstruktionsspiel, das Rollenspiel und das Regelspiel.

7.2 Klassifikation von Kinderspielen[1]

Die meisten Kinderspiele treten in einer ganz bestimmten zeitlichen Abfolge auf und ändern ihre Inhalte und Äußerungsformen. Sie entwickeln sich vom Einfachen zum Komplizierten. Diese Steigerung bildet sich in der Entwicklung der Spielformen vom Kleinkind- bis zum Vorschulalter ab. Da die Begriffsbestimmung des Spiels vielfältig ist, steckt auch die Einteilung in Spielformen einen weiten Rahmen ab.

1. Sensomotorische Übungsspiele (ab ca. 3. Monat – ca. 16./17. Monat)

Diese »Spiel«form ist hauptsächlich gekennzeichnet durch das Tätigsein mit den eigenen Körperteilen, mit der Stimme und mit unmittelbaren Gegenständen, die einen gewissen Aufforderungscharakter haben. Während das Kind zu Beginn aus reiner

---

[1] Der Begriff »Spiel« wird von verschieden Autoren wie bspw. Piaget (1975), Gröschke (1989) u. a. bereits ab dem Lebensalter von drei Monaten verwandt. Andere Autoren wie Leontjew und Elkonin (1980) z. B. benutzen den Begriff des Spiels erst ab dem dritten Lebensjahr, also zu einem wesentlich späteren Zeitpunkt in der Entwicklung des Kindes.

»Funktionslust« (GRÖSCHKE 1989, 154) spielt, d. h. aus Lust am eigenen Funktionieren unabhängig vom Ergebnis der Tätigkeit, treten etwas später Neugierde und die Lust am Erforschen in den Vordergrund.

2. Symbolspiele/Fiktionsspiele (ab ca. 16./17. Monat)

Nach den sensomotorischen Übungsspielen mißt Gröschke den Symbol- und Fiktionsspielen ab dem 16./17. Monat Bedeutung bei und unterteilt sie zum einen in »Erwachsenen-Imitation« (GRÖSCHKE 1989, 154), unter der er vor allem Rollen- und Arbeitsspiele versteht. Zum anderen spricht Gröschke von Spielen »des Sich-groß-Zeigens« (ebd.), die gekennzeichnet sind durch Spiele, die das ›Ich‹ des Kindes stärken sollen, sowie durch kleine, einfache Mutprobenspiele, die mit einem gewissem Risiko behaftet sind. Auch ordnet er die »Spiele mit Wettkampf-Charakter« (GRÖSCHKE a.a.O.) den Symbol- und Fiktionsspielen zu, die darin bestehen, daß die Kinder sich untereinander vergleichen.

3. Konstruktionsspiele (ab ca. 16./17. Monat)

Neben den Symbol- und Fiktionsspielen bilden sich in der selben Altersspanne auch die Konstruktionsspiele aus. Sie entwickeln sich aus Spielen einfachen Konstruierens, wobei der Bau-Charakter noch prozeßorientiert ist bis hin zu Bau- und Bastelspielen, in denen das Kind in planvolles Bauen übergeht, womit das Spiel dann einen produktorientierten Bau-Charakter erhält. Nach materialistischer Sicht ist diese Spielform eine der frühesten, deren Entwicklung sich aus der manipulativen Tätigkeit über die gegenständliche Tätigkeit hinaus ausbildet. Diese Form des Spiels besteht im Hantieren mit Gegenständen, die zum Konstruieren zufällig dienen. Im Konstruktionsspiel wird nach Rubinstein ein zielgerichtetes Handeln durch den Gegenstand hervorgerufen. Dabei wird zunächst nicht dem Gegenstand, sondern der Handlung selbst Beachtung geschenkt. Demnach ist das Konstruktionsspiel ein sinnvolles gegenständliches Handeln.

4. Rollenspiele

Aus der manipulativen, der konstruktiven und der gegenständlichen Tätigkeit entwickelt sich allmählich das Rollenspiel, in dem das Kind nicht mehr nur den »Vollzug einer Tätigkeit darstellt, sondern [...] den Inhalt einer Handlung wiederzugeben« (ERLEBACH, IHLEFELD, ZEHNER 1966, 184) versucht. Das Kind übernimmt dabei die *Rolle* der Erwachsenen und stellt »viele Arten der Arbeitstätigkeit dar, ohne sich dabei jedoch der spezifischen Mittel und Methoden des arbeitenden Menschen zu bedienen« (ERLEBACH, IHLEFELD, ZEHNER 1972, 200). Diese nachgespielten Inhalte von Rollen enthalten meist verborgene Regeln, so daß sich aus dem Rollenspiel nach und nach eine andere Spielform entwickelt: das Regelspiel.

5. Regelspiele

Regelspiele beginnen langsam im ca. 5. Lebensjahr; mit allen Konsequenzen erst zwischen dem ca. 7. und ca. 11. Lebensjahr. Im Regelspiel tritt die Rolle zusehends in den Hintergrund, und es sind Regelspiele zu beobachten, die feste Regeln enthalten, welche von jedem Mitspieler zu respektieren sind. Charakteristisch für die Regelspiele sind zum einen die Voraussetzung eines höheren Entwicklungsniveaus und zum anderen die Einschränkung der Phantasie und der schöpferischen Tätigkeit. Gröschke (1989) rechnet zu den Regelspielen auch die kooperativen Wettspiele mit bindender Regelung, dann Abzählreime, Tanz- und Singspiele und zuletzt noch die Gesellschaftsspiele.

Zum einen ermöglicht das Spiel, »die Welt im Abbilden umzubilden« (JANTZEN 1992, 200), so daß das Kind »die symbolische Repräsentanz der Welt« (ebd.) ausbauen kann. Zum anderen ermöglicht das Spiel dem Kind, Tätigkeiten und soziale Beziehungen der Erwachsenen kennenzulernen. Die verschiedenen Spielformen bieten dem Kind die Möglichkeit, reale Beziehungen zu seinen Mitspielern einzugehen und die Voraussetzungen für das systematische Lernen in der Schule herauszubilden. Das Kind lernt, sich im Rollenspiel in andere Menschen hineinzuversetzen, und es lernt Regeln kennen, zu beachten, zu verändern und selbst aufzustellen.

Die drei letztgenannten Spielformen werden im folgenden näher erläutert, da in ihnen die wichtigsten psychischen Veränderungen in der Altersspanne zwischen 3 und 6 Jahren stattfinden.

7.3 Das Konstruktionsspiel

Nach materialistischer Sichtweise ist diese Spielform eine der frühesten, deren Entwicklung sich aus der manipulativen Tätigkeit über die gegenständliche Tätigkeit hinaus ausbildet. Diese Form des Spiels besteht im Hantieren mit Gegenständen, die zum Konstruieren zufällig geeignet sind. Im Konstruktionsspiel wird nach Rubinstein ein zielgerichtetes Handeln durch den Gegenstand hervorgerufen. Dabei wird zunächst nicht dem Gegenstand, sondern der Handlung selbst Beachtung geschenkt. Es ist von einem sinnvollen, gegenständlichen Handeln die Rede.

Konstruktionsspiele als die frühesten Spiele beginnen »etwa in der zweiten Hälfte des zweiten Lebensjahres« (ERLEBACH u. a. 1972, 198). Als »Konstruktionsspiele« gelten alle Spiele, in denen etwas »hergestellt« wird, z. B.

- Baukästen,
- Modellbaukästen,
- Modellieren mit Plastilin, Ton, Wachs,
- Spielen mit Sand,
- Papierarbeiten,
- Flechtarbeiten u. ä.,

Tätigkeiten, die auch zu den »schöpferischen« Spielen gerechnet werden.

»Das Konstruieren entwickelt sich aus dem Manipulieren mit Gegenständen, die für diesen Zweck geeignet sind« (ERLEBACH u. a. 1972, 198). Zunächst beginnt das Kind seine konstruktive Tätigkeit, indem es Gegenstände wie bspw. Bausteine, Legosteine usw. in der Horizontalen aneinanderreiht. Nach diesem sogenannten »Flachbau« (ERLEBACH, IHLEFELD, ZEHNER 1966, 183) stapelt das Kind in einer weiteren Stufe die Bausteine in der Vertikalen aufeinander. Dabei werden die Gesetze der Statik wirksam, die sich das Kind nach und nach aneignen muß. Gegen Ende des dritten Lebensjahres beginnt das Kind mit dem Bauen in drei Dimensionen (Bauen von Körpern), das der Wirklichkeit zunehmend näher kommt.

Weiterhin ist eine Veränderung im Umgang mit dem Bauwerk feststellbar. Das einjährige Kind reißt sein Bauwerk unmittelbar nach dem Errichten mit Freude ab. Bei diesem Vorgang ist die Tätigkeit das wichtigste. Das zweijährige Kind dagegen läßt sein Bauwerk stehen und sucht soziale Bestätigung und Lob seitens der Erwachsenen. Dabei sind Ansätze zur Identitätsentwicklung zu verzeichnen.

Auch die Zielorientierung entwickelt sich zunehmend und zeigt sich in der zeitlichen Benennung des Tätigkeitsergebnisses. Anfangs geben die Kinder ihren Bauwerken noch keinen Namen. Etwas später bekommt das Erbaute einen Namen zugeteilt, wenn es das Kind zufällig an etwas Bestimmtes erinnert; die Benennung erfolgt also im nachhinein. Dabei kann ein häufiger Wechsel solcher Benennungen stattfinden. Ein beachtlicher Entwicklungsfortschritt ist feststellbar, wenn das Kind die Benennung während des Bauens preisgibt. Ca. ab dem vierten Lebensjahr teilt das Kind den Namen seines Bauwerkes vor dem Bauen mit. Die vorherige Benennung des Tätigkeitsergebnisses »weist auf die Entwicklung des bewußten, zielstrebigen Handelns hin« (ERLEBACH, IHLEFELD, ZEHNER 1966, 183).

Die Benennung des Tätigkeitsergebnisses erfolgt also in der Reihenfolge (s. Tab. 13):

nachher
↓
während
↓
vorher (ca. im 4. Lj.)

Tab. 13: Abfolge der Entwicklung der Benennung kindlicher Bauten

und »weist auf die Entwicklung des bewußten, zielstrebigen Handelns hin« (ERLEBACH, IHLEFELD, ZEHNER. 1972, 199; s. Tab. 14):

Zielloses Hantieren mit Klötzen. ↓ Das Ziel wird durch die Besonderheiten des Materials nahegebracht. ↓ Ein Vornahmeakt wird ausgegliedert, der die Handlung von vornherein auf ein bestimmtes Ziel hin orientiert.

Tab. 14: Abfolge der Zielorientierung beim kindlichen Bauen

Die pädagogische Vermittlung in diesem Verlauf zielt darauf, daß das Kind lernt,

- die Gegenstände seiner Umwelt immer besser zu beobachten;
- die Gegenstände seiner Umwelt immer besser darzustellen;
- geeignete Handfertigkeiten auszubilden;
- die Grundanforderungen der Statik zu beachten.

7.4 Das Rollenspiel

7.4.1 Quellen des Rollenspiels

Sobald das Kind (z. B. beim Bauen oder Konstruieren) das *Ziel der Handlung vorwegnimmt*, beginnt es eine bestimmte Rolle zu übernehmen, z. B. »Maurer«, »Baumeister« o. ä. Dies ist ein erster Ansatz des Rollenspiels (ERLEBACH, IHLEFELD, ZEHNER 1972, 199). Weitere Ansätze (Vorstufen) finden sich im Manipulieren z. B. mit Puppe, Teddy. Hierbei führt das Kind mit seinem Spielzeug Handlungen aus, die es bei Erwachsenen beobachtet hat oder die es ausführen muß (s. Abb. 31, S. 129).

Zunächst *ahmt* das Kind beobachtete oder bekannte Tätigkeiten lediglich mit einem Spielgegenstand *nach*;

- zunächst wird also nur der Handlungs*ablauf* nachgeahmt;
- später kommt es dem Kind »darauf an, den *Inhalt* der Handlung wiederzugeben« (ERLEBACH, IHLEFELD, ZEHNER 1972, 199).

Den *Zweck* der Gegenstände hat sich das Kind in der gegenständlichen Tätigkeit angeeignet. Nun übernimmt es die Rolle des Erwachsenen, der mit diesen Gegenständen arbeitet. Um dies tun zu können, schafft sich das Kind eine *neue Situation*, die eine besondere *Kombination aus Wirklichem und Erfundenem* darstellt: In solchen Spielsituationen gestaltet es »die eindrucksvollsten Momente der jeweiligen Tätigkeit« (ERLEBACH, IHLEFELD, ZEHNER. 1972, 200) nach, z. B. das Kämmen der Puppe, das Kontrollieren von Fahrscheinen usw. Das Kind »stellt viele Arten der Arbeitstätigkeit dar, ohne sich dabei jedoch der spezifischen Mittel und Methoden

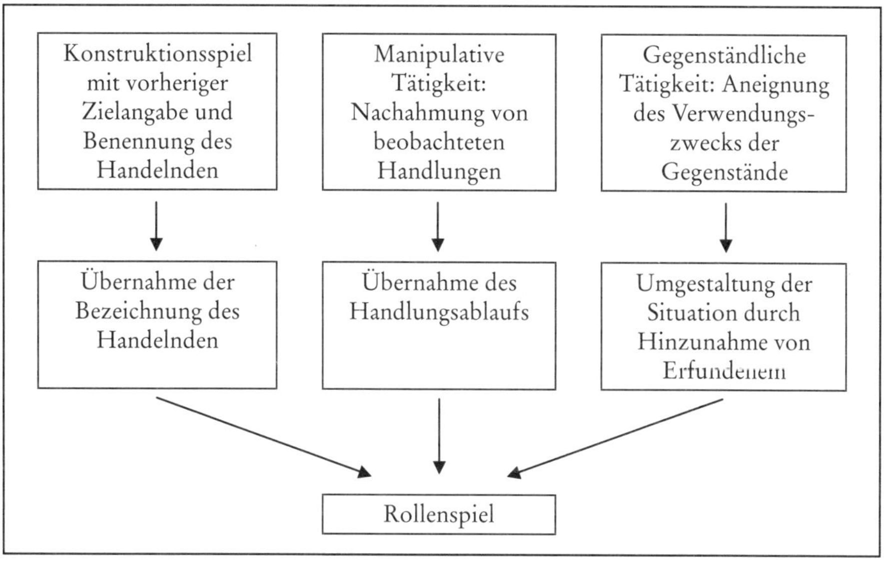

Abb. 31: Quellen des Rollenspiels

des arbeitenden Menschen zu bedienen« (ERLEBACH, IHLEFELD, ZEHNER 1972, 200).

Der nicht verfügbare reale Gegenstand wird durch einen für diese Spieltätigkeit geeigneten Ersatzgegenstand repräsentiert. Derselbe reale Gegenstand kann als Ersatzgegenstand in unterschiedlichen Spielen jeweils eine andere Bedeutung erhalten. Er muß nur den jeweiligen Bedingungen genügen, die für das jeweilige Spiel wichtig sind. Z. B. kann

eine Kiste werden zum Auto, Flugzeug, Schiff.

Die Wirklichkeit, welche das Kind im Spiel abbildet, wird dabei umgebildet. Diese »Fähigkeit, die Wirklichkeit im Abbilden umzubilden«, hält Rubinstein geradezu für »das Wesen des menschlichen Spiels« (1977, 728).

7.4.2 Allgemeine Charakteristiken des Rollenspiels

Als die dominierende Tätigkeit im Vorschulalter gilt den Vertretern der Kulturhistorischen Schule die Spieltätigkeit, die sich nach Elkonin hauptsächlich im Rollenspiel widerspiegelt, da sie zum einen die Grundeigenschaften des Spiels (die gesellschaftlichen Gesetzmäßigkeiten) wesentlich hervorhebt und zum anderen die Möglichkeit bietet, die »Tätigkeit des Kindes pädagogisch wirksamer anzuleiten und zu gestalten« (ELKONIN 1980, 250). Um die Charakteristiken dieser Spielentwicklung hervorzuheben, greift Elkonin auf Beobachtungen bei Vorschulkindern aller Altersgruppen zurück, unter anderem von Arkin[1], der Hauptlinien des Rollenspiels herausgearbeitet hat.

Arkin beobachtete, daß die Kinder im Vorschulalter nach und nach ihre kleinen, unbeständigen Gruppierungen lösen und größere, beständigere Spielgruppen bilden. Weiterhin ändert sich nach Arkin die Spielstruktur erheblich, indem sich aus zusammenhanglosen Spielhandlungen ohne Sujet[2]

> Beispiel: Das Kind kämmt seine Puppe mit einem Bauklotz, anschließend setzt es mehrere Klötze aufeinander, dann wiederum nimmt es seine Puppe und gibt ihr mit Hilfe eines Klotzes zu trinken usw.

planmäßigere Spiele mit einem bestimmten Sujet

> Beispiel: Das Kind spielt ›Mutter und Kind‹, indem es seine Puppe aus dem Bett nimmt, sie wäscht, ihr etwas zu Essen gibt usw..

entwickeln. Auch im Spielinhalt sind Veränderungen im Laufe des Vorschulalters zu verzeichnen. Während drei- bis vierjährige Kinder lückenhafte Episoden des eigenen Lebens und der näheren Umgebung im Spiel verarbeiten, spiegeln ältere Kinder in ihren Spielen häufig »eine vorgelesene Erzählung, gezeigte Bilder oder gesellschaftlich und politisch bedeutsame Ereignisse« (ARKIN; nach ELKONIN 1980, 251) wider.

Arkins Beschreibung des Spiels hebt nur die äußeren Merkmale hervor und gibt weder »Hinweise auf die Beziehungen zwischen den verschiedenen Entwicklungslinien« (ELKONIN 1980, 252), noch Hinweise auf eine pädagogische Vermittlung. Wegen dieses Mangels greift Elkonin auf Rudik zurück, welcher Arkin durch den Hinweis ergänzt, daß sich bei älteren Kindern sowohl der Charakter der Konflikte, des Spielantriebs als auch der Charakter der Rolle verändern. So konnte Rudik bei jüngeren Kindern beobachten, daß die Spielsachen den Spielantrieb auslösen, während später dieser Spielantrieb durch eigene, von den Spielsachen losgelöste Ideen beeinflußt wird. Darüber hinaus hat die Rolle anfangs noch allgemeinen Charakter und erhält erst im späteren Vorschulalter individuelle Züge. Rudik stellte auch fest, daß sich nach und nach »die Handlungen der Kinder, den Rollen entsprechend« (RUDIK; nach ELKONIN 1980, 252) aufeinander abstimmen. Jüngere Vorschulkinder führen Spielhandlungen aus, ohne die anderen Kinder zu beachten, während ältere Vorschulkinder die unterschiedlichen Rollen untereinander absprechen.

Weiterhin nimmt Rudik an, daß die Motive des Spiels bei jüngeren Kindern noch »prozessualen Charakter« (ELKONIN 1980, 253) haben, wobei »der Sinn dieser inhaltlich unkomplizierten Spiele im eigentlichen Prozeß der Handlung und nicht in ihrem Resultat« (ELKONIN a.a.O.) besteht. Später messen die mittleren Gruppen des Vorschulalters in ihren Spielen den Rollen die Hauptbedeutung zu. Das Inter-

---

1 Arkin arbeitete in den Bereichen der Pädagogik, Physiologie und der Hygiene des Vorschulalters. In seinen Forschungen widmete er dem Spiel große Aufmerksamkeit (vgl. ELKONIN 1980, 251).

2 Sujet des Spiels = Thema des Spiels.

esse der ältesten Kinder des Vorschulalters geht über die Durchführung einer Rolle hinaus, insofern die Kinder »Anspruch an die Wahrhaftigkeit und Überzeugungskraft« (ELKONIN 1980, 253) innerhalb der Rolle zeigen möchten.

Beispiel: Auf das Beispiel der »Mutter«, die das »Essen« auftischt, bezogen bedeutet das bei den jüngeren Vorschulkindern, daß sie immer wieder die Handlung »Suppe in den Teller gießen« (Bauklötze auf den Teller legen, wieder wegnehmen, drauflegen usw.) ausführen. Die mittleren Vorschulkinder übernehmen die Rolle der »Mutter«, indem sie die »Suppe« in den »Teller« gießen, der Puppe zu »essen« geben, den Tisch »abräumen« usw., und die älteren Kinder achten darauf, daß sie ihre Puppe behutsam auf den Arm nehmen, dieser zu »essen« geben und die Ausführung ihrer Handlungen sprachlich begleiten.

Mendsherizkaja erweiterte die Liste der Charakteristiken des Kinderspiels: Das Kind verwendet im Spiel unterschiedliche Ersatzgegenstände, die zunächst kaum Ähnlichkeit mit den realen Gegenständen haben. Mit der Zeit jedoch legt es immer mehr Wert darauf, daß sich Ersatz- und realer Gegenstand ähneln. Während das Kind sich zu Beginn noch Spielthemen ausdenkt, deren Ausführung sich kaum als realisierbar erweist, nimmt dieser Widerspruch mit zunehmendem Alter ab. Nach Mendsherizkaja versucht das Kind anfangs, Erscheinungsäußerlichkeiten eines Sujets nur darzustellen

Beispiel: Das Kind übt die Handlung des »Busfahrens« aus, indem es quer durch den Raum läuft.

und lernt nach und nach, die Bedeutung dieses Sujets zu erfassen und wiederzugeben.

Beispiel: Das Kind beschließt, die Handlung des »Busfahrens« auszuführen, um die Mitspieler zur »Schule« zu bringen.

Im Verlauf der kindlichen Entwicklung ist ein allmähliches Einsetzen von Planung im Spielverlauf zu erkennen, die den Handlungen der Spieler eine gewisse Perspektive sowie größere Genauigkeit verleiht. Bei den ältesten Kindern des Vorschulalters gewinnt die Rolle der Spielorganisatoren an Bedeutung. Mendsherizkaja gibt in ihrer Aufzählung nur wenige Hinweise auf die Entwicklung des Spielinhalts, die von Ussowa[1] genauer analysiert wurde.

7.4.3 Entwicklung des Spielinhalts

Aus den Untersuchungsergebnissen von Ussowa faßt Elkonin die Entwicklung des Spielinhalts (des Sujets) zusammen.

Ussowa stellte fest, daß schon bei den jüngsten[2] Spielgruppen des Vorschulalters die selbst ausgedachten Spiele Sujetcharakter aufweisen, der jedoch noch »fragmen-

---

[1] Ussowa analysierte insbesondere die schöpferischen Rollenspiele (vgl. ELKONIN 1980, 254).

[2] Ussowa teilt der jüngsten Gruppe der Vorschulkinder das Alter zwischen 3;2 und 3;4 Jahren zu (vgl. ELKONIN 1980, 254).

tarisch« (USSOWA; nach ELKONIN 1980, 254), ohne Logik und unbeständig ist. Nach und nach entwickelt das Sujet eine gewisse logische Reihenfolge »in Form von Abbildern, von Handlungen und Beziehungen« (ELKONIN a.a.O.). Auch Elkonin untersuchte den Spielinhalt und gibt an, daß Kinder unterschiedlichen Alters beim gleichen Thema verschiedene Inhalte reproduzieren und diese nach und nach erweitern. Dabei spielen die Vorstellungen der Kinder von ihrem Umfeld eine wichtige Rolle. Wenn die Kinder keine Vorstellungen haben, kann auch kein Spiel stattfinden.

Die Art und Weise, wie sich das Sujet entwickelt, hängt unter anderem von den persönlichen Erfahrungen des Kindes und den damit verbundenen Vorstellungen und Beziehungen ab. Wie Arkin erwähnte, geben die Kinder zunächst Erfahrungen des eigenen Lebens und der unmittelbaren Umgebung wieder. Dies bedeutet für die jüngsten Kinder der Vorschulgruppe, daß sie vor allem Vorstellungen und Beziehungen aus ihren alltäglichen Lebenserfahrungen in ihr Spiel einbeziehen, während die älteren Kinder eher sog. gesellschaftliche Ereignisse in ihre Spiele aufnehmen. Die Umstände der Erfahrungssammlung des Kindes zeigen kulturspezifischen Charakter, insofern die Sitten und Gebräuche je nach Kultur unterschiedlich sind und demnach die Entwicklung des Sujets auch unterschiedlich beeinflussen. Darüber hinaus kann das Fehlen von Erfahrungen und den sich daraus ergebenden Vorstellungen in der kindlichen Entwicklung zu einer Beeinträchtigung in der Entwicklung des Spielsujets führen. Ein Kind, das sich z. B. immer alleine überlassen wird, wird sich schwer tun, einen ausgeprägten Inhalt in das Spiel »Mutter und Kind« einzubauen.

Weiterhin ist die Abstimmung der Rollen aufeinander entscheidend für die Weiterentwicklung des Spielsujets: »Je besser die Kinder einander zu verstehen beginnen [...], desto ausgewogener ist der Spielverlauf« (ELKONIN 1980, 255).

Auch ist in bezug auf die Entwicklung des Spielsujets die Veränderung der Bedeutung der einzusetzenden Gegenstände wichtig, die das Sujet bei drei- bis vierjährigen Kindern beträchtlich beeinflussen und erst später nur noch geringen Einfluß haben. So kann das ältere Kind auch ohne Spielzeug spielen, oder es verleiht dem Gegenstand die für sein Spiel gewünschten Eigenschaften.

7.4.4 Entwicklung der Rolle im Spiel

Um die Entwicklung der Rolle im Spiel darzustellen, bedarf es zunächst der Klärung der Bedeutung der Rolle für das Kind und seiner eigentlichen Motivation(en), warum es die Tätigkeit »Spiel« ausübt.

Bedeutung der Rolle in der Motivation des Spielens

Um zu den Motiven des Spiels vorzudringen, greift Elkonin auf Untersuchungen von Slawina (1948)[1] zurück, die davon ausgeht, daß die Spielmotivation je nach Alter der Kinder unterschiedlich ist. So konnte sie bei den jüngeren Kindern beobachten, daß sie die vielfältigen Spielsachen zunächst betrachten, sich anschließend diejenigen darunter auswählen, die ihnen anscheinend am besten gefallen, und dann damit zu hantieren beginnen. Dabei schenken sie während des Spiels ihren Spielkameraden keine Beachtung bzw. interessieren sich nicht dafür, wie und mit welchen Spielsachen die anderen spielen. Sie führen individuell während längerer Zeit immer wieder die gleichen Handlungen aus. Auf die Frage, was sie spielen, geben sie an, daß die ausgeführten Handlungen einen bestimmten Vorgang darstellen (z. B. »ich gieße Suppe in den Teller«) und *sie* darin eine bestimmte Rolle spielen (z. B. »ich bin die Mama«). »Sie sprechen von einem Sujet und einer Rolle, während der reale Inhalt des Spiels doch nur aus einer Reihe von Handlungen mit Spielzeug besteht, denen das Kind allerdings eine bestimmte Bedeutung zuschreibt« (SLAWINA; nach ELKONIN 1980, 262).

Innerhalb der Handlungsausführungen der jüngeren Kinder konnten zwei bestimmte Charakteristiken festgestellt werden: Zum einen entfalten die Kinder ihre Handlungen nicht bis zum Spielsujet (z. B.: Wenn das Kind die Suppe in den Teller gießt, reicht es den Teller nicht an seine Puppe weiter.). Zum anderen benutzen sie Spielsachen, die den realen Gegenstand nur bedingt widerspiegeln (der Sand z. B. ist die »Suppe«). Mit diesen Spielsachen führen die Kinder ausgedehnte Handlungen aus, die sie während längerer Zeit andauern lassen.

Bei den älteren Kindern konnte Slawina beobachten, daß sie im Vorfeld die Rollen untereinander verteilen und nach einem vorher entworfenen Plan das Thema im Spiel entfalten, wobei sie sich in der Ausführung »ziemlich streng an die objektiv logische Reihenfolge der Ereignisse« (ELKONIN 1980, 260) halten. Auch ist ein gemeinsames Handeln unter den Kindern zu beobachten, da jedes Kind seine Handlung in Zusammenhang mit den Handlungen der anderen Kinder bringt. Die Kinder greifen in ihren Spielen auf Gegenstände und Spielsachen zurück, denen sie eine bestimmte Spielbedeutung zuschreiben, und halten diese Bedeutungen während des Verlaufes des ganzen Spiels bei.

Slawina vermutet, daß es im Spiel der jüngeren Vorschulkinder zwei Motivationsebenen geben müsse. Zum einen verspüre das Kind einen unmittelbaren Drang, mit den verfügbaren Spielsachen Handlungen auszuführen. Zum anderen bestimme es eine eingebildete Situation und eine Rolle, die den Hintergrund für die Handlungen mit den Gegenständen bilden. So geben die eingebildete Situation und die Rolle dem Kind neuen Sinn für sein Handeln. Das Spiel gewinnt für das Kind erst dann einen

---

[1] Slawina untersuchte auf experimentellem Wege die Spiele von Kindern des jüngeren und älteren Vorschulalters (vgl. ELKONIN 1980, 259-261).

neuen Sinn, nachdem darin einerseits die eingebildeten Situationen und andererseits die Rolle zum Vorschein gekommen sind.

Mit zunehmendem Alter sieht das Kind demnach einen anderen Sinn in seinem Spiel. Während die Kinder des jüngeren Vorschulalters den Sinn in den Handlungen der Person sehen, deren Rolle sie übernommen haben, sind für die Kinder des mittleren Vorschulalters die Beziehungen der übernommenen Rolle zu anderen dargestellten Rollen von wesentlicher Bedeutung. Erst bei den ältesten Kindern liegt der Sinn ihres Spiels in den »typischen Beziehungen« (ELKONIN 1980, 300) der Person, die das Kind in seine Rolle übernimmt.

Elkonin schließt daraus, daß die Rolle, die das Kind in seinem Spiel übernimmt und in die es sich hineinversetzt, die Handlungen und die Bedeutung der Handlungsgegenstände wesentlich verändern kann. Diese Rolle wird von außen, über das Sujetspielzeug, in die kindlichen Handlungen hineingetragen. Dabei geben die Sujetspielsachen dem Kind Aufschluß darüber, »welche Bedeutung die Handlungen mit diesen Sachen für den Menschen haben« (ELKONIN 1980, 268). Die geschaffene Spielsituation und die Spielhandlungen dienen der Verwirklichung der Rolle, der im Spiel die zentrale Bedeutung beigemessen wird.

Die Entwicklung der Rolle im Spiel des Kindes ist im Folgenden darzustellen.

Entwicklungsstufen des Rollenspiels nach Elkonin

Elkonin unterscheidet vier Spielentwicklungsniveaus, in denen er bei Kindern unterschiedlichen Alters

- die Entfaltung des Spielinhalts,
- die Verwirklichung der Rolle,
- die Handlungslogik, mit der das Kind Handlungen ausführt,
- und die Beziehungen des Kindes zu Verstößen gegen diese Logik

beschreibt.

Erstes Spielentwicklungsniveau

Innerhalb dieses Entwicklungsniveaus stehen hauptsächlich Handlungen mit bestimmten Gegenständen im Zentrum des Spielinhalts. Diese Handlungen gelten zwar den Mitspielern, jedoch ist für das Kind die Ausführung der Handlungen das Wesentliche. Das Kind wiederholt die gleichen Handlungen während längerer Zeit und geht weder logisch in die dann erforderlichen Handlungen über, noch gehen »andere situationsgerechte Handlungen voraus« (ELKONIN 1980, 310).

> Beispiel: Ein Kind spielt die »Mutter«, die ihren »Kindern« (anderen Mitspielern) zu essen gibt. Dabei führt die »Mutter« immer wieder die Handlung des Essengebens aus, indem sie »ihren Kindern« Kuchen, dann Suppe und Fleisch usw. auf den Tisch stellt. Anschließend gibt die »Mutter« den »Kindern« den Auftrag sich schlafen zu legen. Sie gesellt sich zu ihren »Kindern« und räumt den Mittagstisch nicht mehr ab.

Nur der Zufall bewirkt manchmal, daß das Kind zu einer situationsgerechten Handlung kommt; jedoch greift das Kind anschließend wieder auf seine ursprüngliche Handlungsart zurück. Die Reihenfolge der einzelnen Handlungen ist noch von geringer Bedeutung, so daß sie nicht mit den Realhandlungen in Übereinstimmung steht.

Zu diesem Zeitpunkt ist die Rolle schon vorhanden, wird jedoch »durch den Charakter der Handlungen bestimmt, und nicht umgekehrt« (ELKONIN 1980, 309). Meist sprechen die Kinder ihre Rolle nicht aus und geben ihr nicht den Namen der Person, die sie nachahmen. Darüber hinaus »nehmen die Kinder praktisch nicht die Beziehungen zueinander auf, die im realen Leben in solchen Situationen typisch sind« (ELKONIN 1980, 309).

Zweites Spielentwicklungsniveau

Auch auf diesem Entwicklungsniveau bilden die Handlungen mit Gegenständen den Hauptinhalt des kindlichen Spiels, mit dem Unterschied, daß nun die Spielhandlungen mit den realen Handlungen übereinstimmen. Die Spielhandlungen gewinnen an Logik, indem sie sich am realen Handlungsablauf orientieren. Aus diesem Grund lehnen die Kinder auch Verstöße gegen die Handlungsabfolge ab. Die Orientierung am realen Handlungsablauf bewirkt, daß sich die Anzahl der Spielhandlungen erweitert und »die Grenzen irgendeines Handlungstyps« (ELKONIN 1980, 310) durchbricht.

Beispiel: Zwei Kinder spielen »Schule«: Das eine spielt die »Lehrerin«, und das andere ist der »Schüler«. Die »Lehrerin« verbessert Prüfungen und fordert den »Schüler« auf, eine Aufgabe zu schreiben; der »Schüler« schlägt vor, daß beide zunächst Pause machen. Jedoch lehnt das Kind, das die »Lehrerin« spielt, diesen Vorschlag ab mit dem Argument, daß der »Schüler« zunächst etwas lernen muß und darüber hinaus auf das Klingelzeichen zu warten hat, ehe er in die Pause gehen darf.

Im Gegensatz zum ersten Spielentwicklungsniveau sprechen die Kinder ihre Rollen aus, und es deutet sich eine Funktionsverteilung an: Dadurch, daß die Kinder ihre Rolle preisgeben, vermitteln sie ihren Mitspielern die Funktionen, die sie im Spiel ausführen, und demnach auch die Funktionen, die die anderen zu übernehmen haben. Jedoch beschränkt sich die Rollenausführung zu diesem Zeitpunkt noch auf die Ausführung der Handlungen, die mit der jeweiligen Rolle in Zusammenhang stehen.

Drittes Spielentwicklungsniveau

Innerhalb dieses Niveaus werden die Ausführung der Rolle und die sich daraus ergebenden Handlungen zum Hauptinhalt des Spiels. Hier beginnt das Kind Handlungen auszuführen, die seine Beziehungen zu den anderen Spielteilnehmern zum Ausdruck bringen, indem es sich beim Ausführen seiner Rolle an die Spielteilnehmer wendet. Dabei setzt das Kind eine bestimmte Rollensprache ein, in der es sich »an den Spielgefährten entsprechend der eigenen Rolle und der Rolle des Spielgefährten wendet« (ELKONIN 1980, 311).

Beispiel: Die Kinder spielen »Arzt«; das eine Kind spielt den »Doktor«, das andere den »Patienten«. Der »Patient« wendet sich mit folgenden Worten an den »Doktor«: »Ich habe sehr große Kopfschmerzen, und auch der Hals tut mir weh.« Der »Doktor« antwortet: »Machen *Sie* den Mund auf und sagen *Sie* »a-a-a-a«. (Schaut in den Mund.)« (ELKONIN 1980, 306; H.i.O.).

Innerhalb dieser Rollensprache kommen jedoch auch manchmal noch die realen Beziehungen der Kinder zueinander, die nicht zum Spiel gehören, zum Ausdruck.

Die Kinder legen die Rollen vor Spielbeginn genau fest, d. h. sie nennen die zu spielenden Rollen und verteilen sie untereinander. So bestimmen und lenken die Rollen die Logik und den Charakter der während des Spiels ausgeführten Handlungen, die immer vielfältiger werden. Die Kinder sondern die richtigen Verhaltensweisen aus. Verstöße gegen die Handlungslogik werden nicht geduldet und führen zum Protest. Dabei wird ein Verstoß gegen die Regel, d. h. gegen eine Handlungsfolge, eher von den anderen Spielern bemerkt als von dem, der den Handlungsverstoß begangen hat. Das Kind, das gegen eine Handlungsfolge verstößt, versucht sich im Nachhinein zu rechtfertigen und seinen Fehler wiedergutzumachen.

Beispiel: Innerhalb des »Doktorspiels« möchte das Kind, das die Rolle des »Doktors« übernommen hat, seinen »Patienten« untersuchen. Es nimmt das Stethoskop und beginnt damit das andere Kind abzuhören. Ein drittes Kind, das die »Assistentin« spielt, ärgert sich über den »Doktor«, da dieser sich nicht die Hände vor der Untersuchung gewaschen hat. Das betroffene Kind entschuldigt sich, es habe das vergessen und führt sofort die Handlung des Händewaschens aus.

Viertes Spielentwicklungsniveau

Auf diesem letzten Entwicklungsniveau bildet die Ausführung von Handlungen, in denen die Kinder innerhalb ihrer Rolle Beziehungen zu den anderen dargestellten Rollen aufnehmen, den Mittelpunkt des Handlungsinhalts. Diese Beziehungen zeigen sich z. B. in der Hierarchie, die zwischen den verschiedenen darzustellenden Personen besteht.

Beispiel: Das Kind, das die Rolle der »Mutter« übernommen hat, gibt folgende Anweisungen an die anderen Kinder, die »ihre Kinder« spielen: »Kommt sofort zum Essen, aber wascht euch vorher die Hände!«

Die Kinder legen die Rollen klar und eindeutig vor Beginn des Spiels fest und erhalten diese »Verhaltenslinie« (ELKONIN 1980, 312) bis zum Ende des Spiels. Die Funktionen aller Rollen stehen in wechselseitiger Verbindung, und die Sprache der Kinder zeigt eindeutigen Rollencharakter, indem sie »durch die Rolle des Sprechenden wie auch durch die Rolle des Angesprochenen« (ELKONIN 1980, 312) bestimmt wird.

Beispiel: Das Kind, das die »Verkäuferin« eines Ladens spielt, wendet sich an ihre »Kunden«: »Guten Tag, was kann ich für Sie tun?«.

Die Handlungen haben im Spielverlauf eine logische Reihenfolge und spiegeln die reale Logik sowie die Vielfältigkeit der Handlungen der Person, deren Rolle das

Kind übernommen hat, präzise wieder. Dabei werden die Regeln bzw. die Handlungsabfolge klar herausgesondert; sie beziehen sich auf das reale Leben und werden von allen Kindern innerhalb des Spiels befolgt. Verstöße gegen die Handlungslogik wie auch gegen die Regeln werden auf diesem Entwicklungsniveau nicht geduldet mit dem Argument, daß sie weder den Realitätsbedingungen noch den Regeln entsprechen.

Elkonins Beschreibung dieser Entwicklungsniveaus, die er auch als Entwicklungsstadien bezeichnet, zeigt, daß mit zunehmendem Alter das Spielniveau steigt. Jedoch dürfen diese Spielentwicklungsniveaus nicht mit Altersniveaus verwechselt werden. Elkonin berichtet, daß sich Kinder im gleichen Alter durchaus auf unterschiedlichen Entwicklungsniveaus befinden.

Da die beiden ersten sowie die beiden letzten Entwicklungsniveaus vieles gemeinsam haben, werden sie von Elkonin in zwei Hauptphasen bzw. -stadien der Spielentwicklung zusammengefaßt:

- Im ersten Stadium (ca. 3 bis ca. 5 Jahre), das die beiden ersten Spielentwicklungsniveaus umfaßt, bilden »sozial gerichtete Handlungen, die mit der realen Handlungslogik verglichen werden« (ELKONIN 1980, 315) den Hauptinhalt des Spiels.
- Im zweiten Stadium (ca. 5 bis ca. 7 Jahre), welches das dritte und vierte Spielentwicklungsniveau umfaßt, »werden die sozialen Beziehungen zwischen den Menschen und die gesellschaftliche Bedeutung ihrer Tätigkeit zum Hauptinhalt« (ELKONIN 1980, 315) des Spiels.

Diese sozialen Beziehungen zu anderen Kindern wie auch zu erwachsenen Menschen werden dem Kind mit zunehmendem Alter bewußt. Sie sind nach Elkonin von großer Bedeutung für die Entwicklung sozialer Verhaltensweisen, die dem Kind den gesellschaftlichen Umgang mit anderen Menschen nahebringen. Das Kind eignet sich diese sozialen Verhaltensweisen zum einen im menschlichen Miteinander mit Spielteilnehmern an, und zum anderen, indem es sich an der Tätigkeit der anderen Kinder und der Erwachsenen orientiert und deren Handlungen in sein Spielen einbezieht.

Im folgenden ist die Entwicklung der Beziehungen des Kindes zu anderen Menschen, die es innerhalb des Rollenspiels aufbaut, darzustellen.

Bedeutung der Rolle

Inwieweit sich das Kind mit seiner Rolle identifizieren kann, wurde anhand weiterer Spiele (Straßenbahn, Fuchs und Hase) zu erklären versucht, bei denen es darum ging, die Rolle des Kindes »in Widerspruch zu den Handlungen« (Elkonin 1980, 316) zu bringen. Aufgrund der durchgeführten Experimente können vier Ebenen unterschieden werden:

- Das »Spiel vor der Umbenennung«;
- der »Vorschlag der Versuchsleiterin, nicht der übernommenen Rolle entsprechend zu handeln«;

- der »Charakter des Spiels nach angenommenem Vorschlag«;
- die »Beziehung des Kindes zu seiner Rolle« nach der Umbenennung des Spiels (ELKONIN 1980, 327).

Die *erste Ebene* ist durch das übliche Spiel charakterisiert, wie es in den vorangegangenen Erläuterungen beschrieben wurde.

Auf der *zweiten Ebene* konnte festgestellt werden, daß die jüngeren Kinder noch nicht ihrer Rolle entsprechend handeln können. Entweder tauschen sie die Rollen oder sie widersetzen sich der Umbenennung (»Der Fahrer verkauft keine Fahrkarten.«). Die Kinder verbinden ihre Rolle also mit den Gegenständen, mit denen sie handeln; d. h. ihre Rolle wird von den Gegenständen bestimmt. Die jüngeren Kinder können die »Beziehung zur Rolle« noch nicht »als gesonderte Beziehung« (ELKONIN 1980, 327) betrachten, sondern bringen sie mit ihrer Handlung in Verbindung.

Auf der *dritten Ebene* setzen die Kinder den Vorschlag, nicht der Rolle entsprechend zu handeln, zunächst um, verfallen jedoch während der Ausführung wieder in die Rolle, die sie übernommen haben. Konkret bedeutet dies: Das Kind bleibt Schaffner, obwohl es die Rolle des Fahrers übernimmt. Während der Ausführung der Handlungen als Fahrer verfällt es automatisch in dessen Rolle und bezeichnet sich am Ende des Spiels auch als Fahrer. Diese Verhaltensweise der Kinder spiegelt sich besonders in Regelspielen wider. Sie sind bereits in der Lage, den Widerspruch »zwischen der Benennung und der Handlungsweise« (Elkonin 1980, 328) zu erkennen und sind deshalb nicht bereit, diese Umbenennung zu akzeptieren. Ihre Ablehnung begründen sie mit dem Hinweis auf die Realität: »Das gibt es nicht«. Das Kind orientiert sich an der realen Handlung, die seine Beziehung zur Rolle festlegt. »Das Kind vergleicht seine Handlungen und Beziehungen mit realen Handlungen und Beziehungen, und ihm wird seine Beziehung zu seiner Rolle im Spiel bewußt« (ELKONIN 1980, 329).

Hinsichtlich der *vierten Ebene* ist zu beobachten, daß ältere Kinder durchaus in der Lage sind, die Handlungen des anderen Spielteilnehmers zu übernehmen, ohne dabei aber ihre Bezeichnung zu wechseln. Sie sehen diese neue Situation als neue Spielbedingung an.

Durch diese Untersuchungen, welche die Beziehung des Kindes zu seiner Rolle eruieren, wurde nachgewiesen, daß der vom Kind übernommenen Rolle eine Verhaltensregel zugrunde liegt, die sich in den realen Handlungsfolgen und Beziehungen widerspiegelt. Aus diesem Grunde läßt das Kind einen Verstoß gegen die Handlungslogik nicht mehr zu.

Unterordnung unter die Regel im Rollenspiel

Elkonin beschreibt in bezug auf die Konsequenz, mit welcher das Kind eine Regel erfüllt, vier Stadien der Unterordnung:

Im *ersten Stadium* sind nach Elkonin noch keine Regeln vorhanden, da »es eigentlich auch noch keine Rolle gibt« (1980, 333). Das Kind erfüllt sich noch seinen Augenblickswunsch und hält sich nicht an eventuell abgemachte Handlungsvorgänge.

Beispiel: So kommt es vor, daß ein Kind seine Puppe nicht in den »Kindergarten« gibt, sondern es vorzieht, sich aus dem Spiel zurückzuziehen, obwohl die anderen Spielteilnehmer beschlossen haben, ihre Puppen in den »Kindergarten« zu geben.

Im *zweiten Stadium* ist schon der Ansatz einer Regel zu beobachten. Im Gegensatz zum ersten Stadium gibt das Kind jetzt in einer Konfliktsituation mit den anderen Spielteilnehmern seinem unmittelbaren Wunsch, mit einem bestimmten Gegenstand zu handeln, nach.

Beispiel: Auf das vorangegangene Beispiel bezogen, bedeutet dies, daß das Kind seine Puppe schließlich doch in den »Kindergarten« gibt, nachdem ein anderer Spielteilnehmer, der die »Lehrerin« spielt, erklärt hat, daß auch seine Puppe in den »Kindergarten« gehen muß und etwas lernen kann.

Elkonin geht davon aus, daß im *dritten Stadium* die Regel eindeutig in der Rolle enthalten ist, jedoch noch nicht ganz das Verhalten des Kindes bestimmt. Dies zeigt sich darin, daß das Kind manchmal noch die Tendenz zeigt, gegen die Regel zu verstoßen. Gewöhnlich wird aber ein solcher Verstoß sofort von den anderen Spielern bemerkt. Diese weisen den »Schuldigen« auf seinen Verstoß gegen die Regel hin, so daß dieser seinen Fehler umgehend korrigiert.

Beispiel: Das Kind, das die Rolle des Kraftfahrers im »Feuerwehrspiel« übernommen hat, gibt seinen Sitzplatz auf und läuft im Eifer des Gefechts mit den anderen Kindern mit, um den »Brand« zu löschen. Ein Mitspieler bemerkt dies und macht das Kind darauf aufmerksam, daß es im Feuerwehrwagen sitzen bleiben muß, weil es den »Kraftfahrer« spielt. Sofort geht es an seinen Sitzplatz zurück und führt seine Rolle regelgerecht aus.

Im *vierten Stadium* wird das Verhalten »von der übernommenen Rolle bestimmt« (ELKONIN 1980, 334), in der eindeutig die Verhaltensregel zum Vorschein kommt. In diesem Stadium weicht der Augenblickswunsch, eine neue, eventuell für das Kind interessanter erscheinende Handlung auszuführen, der festgelegten Regel.

Beispiel: So beschließt das Kind, das z. B. den »Feuerwehrkraftfahrer« spielt, seine Rolle regelgerecht auszuführen, auch dann, wenn es aufgefordert wird, beim Löschen des Brandes behilflich zu sein, mit dem Argument, daß ein Feuerwehrkraftfahrer seinen Laster nicht verlassen darf.

Diese vier Entwicklungsstufen der Konsequenz, mit welcher ein Kind die Regel erfüllt, gliedert Elkonin nicht in Altersstufen, sondern betrachtet sie »als zusammenhängende Etappen, denen der allgemeine Entwicklungsverlauf des Rollenspiels zugrunde liegt« (ELKONIN 1980, 335). Die Spielerfahrungen, die das Kind im Laufe seiner Entwicklung sammelt, bestimmen, inwiefern es die Rollenregeln befolgt.

Die Erkenntnisse aus Elkonins Untersuchungen über die Beziehung des Kindes zu seiner Rolle und zu der mit dieser verbundenen Regel bestätigen den Zusammenhang zwischen der übernommenen Rolle und der Verhaltensregel sowie, daß das Kind die Regel mit der Zeit »als Kern seiner Rolle aussondert« (ELKONIN 1980, 335). Dieser Zusammenhang und die Aussonderung der Regel aus der Rolle werden im Regelspiel bestimmend.

Das Symbol im Rollenspiel

Ein Merkmal des Kinderspiels ist das spielerische Verwenden von Gegenständen. Im Spiel verlieren die »aufgenommenen Gegenstände gleichsam ihre ursprüngliche Bedeutung und erlangen eine neue, spielerische. Dieser Bedeutung entsprechend benennt das Kind die Gegenstände« (ELKONIN 1980, 335) und gemäß ihnen handelt es auch. So wird bspw. der Stock zum Pferd, das gefüttert, gepflegt usw. wird. Das Ausmaß des Ersetzens eines Gegenstandes durch einen anderen ist sehr groß, aber die Meinung, im Spiel könne alles ›alles‹ darstellen, wird nicht von allen Autoren geteilt.

Besonders Piaget hat sich mit dem Symbol im Spiel beschäftigt und versteht darunter »das individuell Bezeichnete, das Darstellungselemente des gesuchten Objekts enthält« (ELKONIN 1980, 336). Er sieht einen Zusammenhang zwischen dem Symbolismus und der Entwicklung der repräsentativen Intelligenz, insofern seiner Meinung nach die Entstehung des Symbols als deren Hauptvoraussetzung gilt, d. h. als »die Entstehung einer Differenzierung zwischen »Zeichen« und »Bezeichnetem«« (ELKONIN 1980, 336). Nach Elkonin gestaltet sich dieser Prozeß der Differenzierung[1] nur, indem sich das Kind Symbole in der gemeinsamen Tätigkeit mit dem Erwachsenen aneignet.

Wygotski spricht nicht von Symbolismus, »sondern von einer Übertragung der Bedeutung des einen Gegenstandes auf einen anderen« (ELKONIN 1980, 365). Das Ersetzen eines Gegenstandes (z. B. eines Autos) durch einen anderen (z. B. durch eine Kiste) dient der Entfaltung einer bestimmten Rolle (der Rolle des Fahrers), insofern mit dem Ersatzgegenstand (der Kiste) die durch die Rolle bedingte Handlung (das Autofahren) ausgeführt werden kann. Das Konkrete der Handlung (das Fahren mit dem realen Gegenstand ›Wagen‹) geht durch das Ersetzen des Gegenstandes (die Kiste) verloren und wird in eine darzustellende Handlung (das Fahren) verwandelt, die nur eine allgemeine Bestimmung widerspiegelt.

In der Spielentwicklung werden zwei Ebenen der Symbolisierung unterschieden:

- Wird die Handlung von einem Gegenstand auf einen anderen übertragen, hat die Symbolisierung die Funktion der Zerstörung der »strengen Fixierung der gegenständlichen Handlungen« (ELKONIN 1980, 366). Dabei stellt die Symbolisierung eine Bedingung der Umgestaltung der allgemeinen Bedeutung der Handlung

[1] Differenzierung ist nach Elkonin der »Prozeß, in dem sich ein Gegenstand in ein Spielzeug verwandelt« (1980, 338)

dar. Zum Beispiel überträgt das Kind die Handlung des ›Kämmens‹ mit einem Kamm auf den Gegenstand ›Mundharmonika‹ und verändert somit die Handlung des Musizierens mit dem Gegenstand ›Mundharmonika‹ in die Handlung ›Kämmen‹.

- Übernimmt das Kind eine Rolle des Erwachsenen, ist die Verkürzung und Verallgemeinerung der Handlungen ausschlaggebend für das Modellieren zwischenmenschlicher Beziehungen in der Tätigkeit. Das Kind, das bspw. die Rolle des Busfahrers übernommen hat, verkürzt die Handlung ›Busfahren‹ auf das Hin- und Herfahren auf kurzen Strecken, damit die ›Fahrgäste‹ immer wieder ein- und aussteigen und so in Interaktion mit dem Busfahrer treten können.

Bedingt durch die beiden »Ebenen der »Symbolisierung« schaltet sich die Handlung in die Tätigkeit ein und erhält [...] ihren Sinn im System der zwischenmenschlichen Beziehungen« (ELKONIN 1980, 366).

7.5 Das Regelspiel

7.5.1 Funktion und Stellenwert

Nach Elkonin unterscheiden sich Rollen- und Regelspiele in ihrem Inhalt. Während der »Inhalt des Rollenspiels unmittelbar mit dem realen Leben der Erwachsenen aus der Umgebung des Kindes verbunden ist und unmittelbar durch dieses Leben bestimmt wird, ist der Inhalt der Regelspiele und sind die sich darin spiegelnden Beziehungen nicht so unmittelbar mit den realen Beziehungen verbunden« (ELKONIN 1980, 383).

In den Regelspielen kommt grundsätzlich die Aussonderung der Regeln zum Ausdruck. Im Rollenspiel ordnet sich das Kind verschiedenen Regeln unter, die einen Zusammenhang zwischen Rolle und Regel aufweisen. Dabei werden die Regeln um so komplizierter, je komplizierter der Rolleninhalt wird. Es interessiert nunmehr, »welche Beziehung das Kind zur Regel hat und welche psychologischen Mechanismen das Unterordnen unter die Spielregel bewirken« (ELKONIN 1980, 367). Unter Regelspielen versteht Hillig »soziale Spiele, deren Ausübung die Einhaltung vorgegebener oder zwischen den Spielpartnern vereinbarter, prinzipiell modifizierbarer Regeln verlangt (z. B. Gesellschafts-, Strategie- oder Sportspiele) und die meist Wettbewerbscharakter haben« (HILLIG 1996, 384).

Das Kleinkind erobert sich als letzte Spielform das Regelspiel, und dies ab dem vierten Lebensjahr. Durch die Auseinandersetzung des Kindes mit der »Ordnung« der Welt (die Auseinandersetzung mit Geboten und Verboten, Ursachen und Wirkungen) ist es allmählich in der Lage, an der sozialen Gemeinschaft teilzunehmen, sich die verschiedenen Regeln dieser Gemeinschaft anzueignen und sich diesen anzupassen. Am Regelspiel beteiligen sich mehrere Personen, und es läuft nach zuvor festgelegten Regeln (vgl. SENCKEL 1996, 54). Das Regelspiel setzt also viele Kenntnisse des Kindes bereits voraus, die es nach und nach spielerisch erweitert.

Beim Regelspiel wird der Handlungsspielraum durch die Regeln begrenzt. Die Regeln legen fest, welches Verhalten in welcher Reihenfolge unter welcher Bedingung erfolgen soll. Ein von den Spielteilnehmern zu erreichendes Ziel wird mit Hilfe der Regeln festgelegt. Auch wird der erfolgreichste Spieler zum Sieger ernannt. Wenn die Regeln nicht eingehalten werden, ist der Spielverlauf gebrochen. Beim Funktions-, Rollen- und Konstruktionsspiel kommt eine charakteristische Struktur zum Vorschein: Diese Spiele folgen inneren Regeln. Im Regelspiel sind die Spielregeln klar formuliert. Die für die anderen Spielarten so typische Spontaneität geht bei den Regelspielen verloren, und das Verhalten der Mitspieler wird auf wenige Handlungselemente eingeschränkt. Dies ermöglicht den Mitspielern ein gemeinsames und gleichzeitiges Erleben, das jedoch durch den Wettbewerbscharakter eingeschränkt wird, da es einen Sieger und einen Verlierer gibt (vgl. SENCKEL 1996, 300). Wir sehen also, daß sich das Regelspiel grundlegend von anderen Spielen unterscheidet und dem Kind eine andere Form der Auseinandersetzung mit der Umwelt bietet.

Bei drei- bis fünfjährigen Kindern sind folgende Spiele sehr beliebt: Memory, Bilder-Lotto, Domino und Schwarzer Peter. Am Anfang hält sich das Kind nur so lange an die Regel, wie es Lust hat. Wenn es keinen Spaß mehr bereitet, sich an die Regeln zu halten, etwa weil es zu lange dauert oder der erhoffte Erfolg ausbleibt, so ändert das Kind die Regeln zu seinem Vorteil um. Mit der Zeit paßt das Kind sich dem vorgegebenen Ablauf immer leichter an, weil es mitmachen möchte. Die meisten Regelspiele bieten einen großen Anreiz, da man bei ihnen gewinnen und verlieren kann. Sie wecken die Leistungsmotivation und bieten dem Kind die Möglichkeit, Rivalitätsgefühle zu entwickeln. Gewinnen bereitet den Kindern keine Probleme, da jeder gewinnen möchte. Allerdings fällt das Verlieren den Kindern schwer. Dies ohne Emotionsausbrüche auszutragen, lernen die meisten Kinder erst im Grundschulalter (vgl. SENCKEL 1996, 54-55). Das Kind lernt demnach nicht nur, sich an Regeln zu halten, sondern auch, sich über ein Gewinnen zu freuen und ein Verlieren zu akzeptieren.

Es gibt nach Elkonin zwei Arten von Regelspielen. Erstens gibt es Regelspiele, bei denen die Erwachsenen den Kindern die Regeln mitteilen. Zweitens gibt es solche Regelspiele, bei denen die Weitergabe der Regeln von Kindergeneration zu Kindergeneration erfolgt (vgl. ELKONIN 1980, 383).

7.5.2 Bedeutung des Sujets im Regelspiel

Ein vierjähriges Kind ist meist schon in der Lage, »sich einer einfachen Regel unterzuordnen« (ELKONIN 1980, 373). Durch die Einführung eines Sujets verändert sich für das Kind der Sinn des Spiels. Entspricht der Sinn nicht der Regel (z. B. spiegelt das Sujet die Regel nicht eindeutig wider), dann kommt es bei *jüngeren Kindern* zu keinem regelgerechten Verhalten.

Elkonin beschreibt zwei Hauptmechanismen der Beeinflussung der Regel durch das Sujet und durch die Rolle:

- Einerseits verändert sich der Sinn des Spiels so, daß das Kind die Beziehungen zwischen den Spielenden erfaßt und als Folge davon seiner Rolle durch das Einhalten bestimmter Verhaltensregeln gerecht wird.
- Andererseits werden die Handlungen des Kindes objektiviert und somit besser gesteuert.

Mittlere Vorschulkinder können sich bereits nach einer Spielregel richten, die nicht mit einem Rolleninhalt verbunden ist. Nach und nach nehmen die Spielregeln einen immer größeren Raum ein, und das Sujet verliert im Schulalter fast völlig an Bedeutung. Die Vermittlung dieser Regeln hält Elkonin für einerseits durch den erwachsenen Menschen gesichert und andererseits durch die Weitergabe der Regeln von Kindergeneration zu Kindergeneration gewährleistet. Elkonins Untersuchungen bestätigen die Hypothese, daß die Regeln sich nach und nach aus dem Sujet herausbilden, aus ihm ausgesondert und dann verallgemeinert werden, ehe sie sich zu eigentlichen Regeln entwickeln. Diese Entwicklung wird im folgenden dargestellt.

7.5.3 Ausbildung von Regeln im Sujetspiel

Elkonin beschreibt die Entwicklung von Regeln im Sujetspiel in vier Stufen.

Die *erste Stufe* bezeichnet Elkonin als Vorstufe des Spiels, die weder ein ausgebildetes Sujet noch Regeln beinhaltet, sondern in der sich die kindlichen Handlungen nur auf das Manipulieren mit den Gegenständen reduzieren.

Die *zweite Stufe* enthält nach Elkonin »verborgene Regeln« (1980, 399), die auf im Spiel vorfindlichen Sujet- und Rollenelementen aufbauen. Sie stehen in enger Verbindung mit dem Spielsujet sowie mit den einzelnen Spielteilnehmern. Jedoch sind die Spielepisoden noch nicht miteinander verbunden. Die Kinder geben auf dieser Stufe noch keine Regeln preis, da sie nicht einmal zu wissen scheinen, »daß es Regeln geben könnte« (ELKONIN 1980, 399.); sie zeigen die Handlung, wissen sie aber nicht zu beschreiben.

Auf der *dritten Stufe* kommt das Sujet eindeutig zum Vorschein und verbindet die Regeln, die aus der allgemeinen Spielsituation heraus entstehen. Diese Regeln sind aber weder ausgesondert noch verallgemeinert, sondern werden im Spielverlauf von den Kindern formuliert. Dabei kann es vorkommen, daß die Kinder eine bekannte Regel aus anderen Spielen einführen.

Auf der *vierten Stufe* kommt es vor Spielbeginn zur Aussonderung und Festlegung der Regeln. Unabhängig vom Sujet und der Spielsituation entstehen »rein bedingte Regeln« (ELKONIN 1980, 402). Basis der Entwicklung von Regeln sind einerseits die von der Gesellschaft vorgegebenen Regeln, andererseits die Regeln anderer Spiele.

Zu diesen vier Entwicklungsstufen der Ausbildung von Regeln im Sujetspiel gibt Elkonin zusätzlich an, daß sich die jüngsten Vorschulkinder ausnahmslos auf der ersten Stufe befinden, während die ältesten Kinder die Regeln auszusondern wissen und in der Lage sind, diese vor Spielbeginn zu formulieren. Die Gruppe des mittleren Vorschulalters befindet sich auf der ersten und der zweiten Stufe.

Nach der Darstellung der Ausbildung der Spielregeln im Sujetspiel interessiert nun, inwiefern diese Regeln von den Kindern unterschiedlichen Alters akzeptiert werden.

7.5.4 Entwicklung der Akzeptanz von Regeln

Elkonin unterscheidet fünf Stufen der Entwicklung der Akzeptanz der Regeln, die am Beispiel eines Hüpfspiels veranschaulicht werden.

1. Der Sinn des Spiels besteht in dieser Phase in der Tätigkeit selbst, z. B. »ein Steinchen zu werfen und zu hüpfen« (ELKONIN 1980, 392). Regeln gibt es auf dieser Stufe noch nicht.
2. Nach und nach gewinnt die Ausführung der Tätigkeit an Bedeutung wie z. B. bis zum Ende hüpfen, ohne daß das Steinchen herunterfällt. Aus dem Motto »springst du richtig, dann hast du gewonnen« ergeben sich Regeln, aber noch gibt es keine »Grenzen setzende Regeln« (ELKONIN 1980, 393).
3. Auf der dritten Stufe entstehen immer mehr »Grenzen setzende Regeln« (ELKONIN 1980, 393), wie z. B. nicht mit dem Fuß die Linie übertreten, deren Einhaltung streng von den Mitspielern überwacht wird. Der Hauptakzent liegt in einer genau festgelegten Handlungsfolge, d. h. die Tätigkeit wird »in einer feststehenden Reihenfolge« (ELKONIN a.a.O.) ausgeführt. Die Mitspieler machen das hüpfende Kind zwar auf das Übertreten der Linie aufmerksam, erheben jedoch keinen Protest, wenn dieses das Spiel fortsetzt.
4. Der Spielverlauf entspricht genau den Regeln, und die Kinder achten genau auf deren Einhaltung. Im Falle eines Konflikts zwischen der Einhaltung der Regel und dem Wunsch, als Gewinner hervorzutreten, siegt die Regel. Jedoch sind »die Regeln noch nicht von den Handlungen gelöst« (ELKONIN 1980, 394), und so kommt es vor, daß sie erst während des Spielverlaufs entstehen.
5. Diese Phase ist dadurch gekennzeichnet, daß das Spiel den Regeln entsprechend verläuft. Die Regeln, die zu Beginn des Spiels festgelegt werden, werden streng eingehalten wie z. B., welche Linien berührt werden dürfen und welche nicht. »Die Regeln sind aus dem Spiel herausgelöst und als solche formuliert« (ELKONIN 1980, 394). Falls den Kindern die Regeln zu einfach erscheinen, erschweren sie diese im nachhinein. Die Hauptcharakteristik des Spiels ist die Bedingt-

heit und Selbständigkeit der Regeln. Die Regeln werden auf dieser Stufe als Wesen des Spiels genannt.

Die beiden letzten Stufen können nach Elkonin nur bei Schulkindern beobachtet werden. Vorschulkinder verwenden dagegen nur solche Regeln, die unmittelbar mit der Spielsituation zusammenhängen, und formulieren sie weder noch verallgemeinern sie diese im voraus. Elkonin verweist an dieser Stelle auf die Unterordnung der Regeln im Rollenspiel, unter die sich das Vorschulkind eher unterordnet als unter die Regeln im Regelspiel. Während die Regeln der Rollenspiele festgelegte reale soziale Beziehungen widerspiegeln, enthalten die Regeln des Regelspiels etwas Bedingtes. Rollenspiele enthalten immer Regeln, wenn auch in verborgenen Formen; Regelspiele dagegen beinhalten nur unter bestimmten Bedingungen ein Sujet.

7.5.5 Allgemeine Aneignungsprinzipien für Regeln

Elkonin stellt vier allgemeine Aneignungsprinzipien für Regeln fest:

1. Durch eine Rolle ordnet sich das Kind einer feststehenden Regel unter, weil sie der Regel den nötigen Sinn verleiht und sie zu überprüfen ermöglicht.
2. Die Möglichkeit der Unterordnung unter die Regel wird durch die Anwesenheit der Spielpartner erhöht. Die Regel tritt – nur im Umgang mit Spielpartnern – als solche auf.
3. Ehe das Kind sich die verschiedenen Regeln aneignet, eignet es sich zunächst »die äußere Spielsituation [und] ihr allgemeines Bild« (ELKONIN 1980, 404) an. Die allgemeine Spielsituation verfügt über die gleiche Funktion »wie das Sujet im Rollenspiel« (ELKONIN a.a.O.). Zum Beispiel wäre das ›Fußball spielen‹ eine äußere Spielsituation, das durch das allgemeine Bild – mit dem Fuß einen Ball zu spielen – gekennzeichnet ist.
4. Nach und nach zeigen sich eine »Einheit von Spielsujet und Regeln sowie die entscheidende Bedeutung des Sujets für das Aussondern und Formulieren von Regeln« (ELKONIN 1980, 404). Das vorherige Beispiel aufgegriffen, eignet sich das Kind nach und nach im Zusammenspiel mit anderen die Regeln des Fußballspielens an.

Da zwischen Rollen- und Regelspiel strukturelle Ähnlichkeiten feststellbar sind, kann von einer Entwicklungslinie des Spiels gesprochen werden. Eine Verselbständigung der bedingten Regeln – die nicht mit dem Sujet verbunden sind – erfolgt erst gegen Ende des Vorschulalters. Von bedingten Regeln ist die Rede, wenn bestimmte Bedingungen im Vorfeld erfüllt sein müssen, die das Ausführen der Regel erst ermöglichen. Weiterhin bemerkt Elkonin, »daß es zu den Merkmalen der Schulfähigkeit gehört, wenn ein Kind die Regel als etwas Bedingtes zu betrachten beginnt« (ELKONIN 1980, 404).

7.6 Fazit

In der Alterspanne zwischen drei und sechs Jahren ist die Spieltätigkeit von wesentlicher Bedeutung für die Gesamtentwicklung des Kindes. In der Spieltätigkeit vollziehen sich psychische Prozesse, die einerseits Voraussetzungen für das spätere organisierte gemeinsame Lernen in der Schule bilden und andererseits das Kind dazu befähigen, sich in seinem alltäglichen Leben zurechtzufinden. Im Rollen- und Regelspiel eignet sich das Kind das menschliche Miteinander an, indem es die Regeln des sozialen Verhaltens im Zusammenspiel mit den anderen Kindern erlernt. Im Rollenspiel sammelt das Kind Erfahrungen, die ihm einen Einblick in die verschiedenen Rollen, die der Mensch im Leben einnimmt (wie z. B. Mutter, Ehefrau, Büroangestellte usw.), verschafft. Das Regelspiel ermöglicht dem Kind, sich Regeln unterzuordnen, sie zu verändern und neue Regeln zu erfinden, einen Handlungsablauf zu planen, umzugestalten usw. Das Kind lernt somit Normen, Gesetze und Regeln der Gesellschaft im Spiel kennen und respektieren.

In dieser Zeit, die sich ziemlich genau mit der von Piaget als Etappe des anschaulichen Denkens bezeichneten Entwicklungsphase (ca. 4 bis ca. 7 Jahre) deckt, erwirbt das Kind zunehmend Begriffe (wachsende Verbegrifflichung). Diese Begriffe haben jedoch noch anschaulichen Charakter, und das kindliche Denken erfolgt in Vorstellungen, in inneren Bildern. Das Denken bleibt noch an Wahrnehmungsinhalte gebunden. Nicht alle Handlungen, welche das Kind ausführt, kann es auch denkerisch reproduzieren.

Nach und nach sammelt das Kind jedoch die nötigen Erfahrungen zur Entwicklung der Fähigkeit, seine Aufmerksamkeit und Konzentration zu verlagern, verschiedene Informationen im Gedächtnis zu behalten und gleichzeitig mehr als einen Aspekt eines Problems zu beachten und zu berücksichtigen.

Wegen der Eingleisigkeit seines Denkens und seiner Gebundenheit an die Anschauung ist dem Kind stets nur die Ausführung einer einzigen inneren (geistigen) Handlung möglich. Bei Klassifikationsaufgaben kann ein Kind dieser Altersstufe noch nicht gleichzeitig z. B. die Farbe und die Materialbeschaffenheit von Gegenständen berücksichtigen. Werden ihm z. B. acht braune und zwei weiße Holzperlen vorgelegt mit der Frage, ob mehr Holzperlen oder mehr braune Perlen vorhanden seien, so antwortet das Kind, es seien mehr braune Perlen. Das Kind kann also noch nicht die Eigenschaft »Holzperle« und gleichzeitig die Eigenschaft »weiße Holzperle« erfassen.

Nach Ansicht der Kulturhistorischen Schule werden in der Phase der dominierenden Spieltätigkeit diejenigen Kompetenzen erworben, die Voraussetzung zum gemeinsamen Lernen in der Schule sind. Wiederum gilt es zu beachten, daß nicht in allen menschlichen Gemeinschaften, und dort wo, auch nicht alle Kinder eine Schule besuchen. Auch ein kurzer Blick in die Vergangenheit zeigt, daß das gesellschaftlich-staatlich organisierte schulische Lernen keineswegs durchgängiges Konstituens menschlicher Sozietäten ist. Lernen konnte – und kann auch heute noch – als unmittelbare Ausbildung zu einer Erwerbstätigkeit organisiert werden oder völlig entfallen. Aus gutem Grund setzt Jantzen (1992) das »schulisch« beim »(schulischen) Lernen« in Klammern.

8 Schulisches Lernen

Die Tätigkeitsstufe des »schulischen Lernens« nach Leontjew umgreift auch die kognitiven Entwicklungsetappen des anschaulischen Denkens sowie der konkreten und formalen Denkoperationen nach Piaget. Die Ausführungen hierzu werden knapp gehalten, da sie – wie von der Kulturhistorischen Schule vorgelegt – für das schulische Lernen Geistigbehinderter nur von geringerer Relevanz sind.

8.1 Schulisches Lernen

Zunehmend beginnt das Kind die Handlungen gemeinsam mit anderen Kindern durchzuführen. »Im Spiel kommt eine bestimmte Beziehung der Persönlichkeit zur Umwelt zum Ausdruck. Das Spiel ist die dem jüngeren Kind angemessene Tätigkeit, sich so mit seiner Umwelt auseinanderzusetzen, wie es dem Typus seiner Lebensbeziehungen entspricht. Dabei entwickelt und äußert sich das Bedürfnis des Kindes, auf die Welt einzuwirken. Im Spiel löst das Kind die inneren Widersprüche, die sich aus seinen rasch zunehmenden Bedürfnissen und Forderungen (die die Motivation seiner Tätigkeit bestimmten) und den begrenzten Handlungsmöglichkeiten ergeben. Indem sich das Kind im Spiel mit seiner Umwelt aktiv auseinandersetzt, lernt es die Eigenschaften und die gesellschaftliche Bedeutung von Gegenständen und Menschen kennen. Im Spiel entwickeln sich psychische Prozesse und Eigenschaften sowie die sozialen Beziehungen« (ERLEBACH, IHLEFELD, ZEHNER 1972, 196-197).

Im Spiel werden Ersatzgegenstände verwendet. Immer mehr erfolgt eine Beachtung sozialer Regeln. Die Ordnung des Spiels dient der zunehmenden Anpassung an Regeln. Anschließend werden Spiele verwendet, die bereits Regeln besitzen. Das *Spiel* stellt also die dominierende Tätigkeit dieses Lebensabschnitts dar. Während dieser Zeit werden neue Handlungsmuster und schließlich Regeln erworben. Die übliche Verwendung des Gegenstandes und dahinterstehende Gesetzmäßigkeiten werden erfahren. Das Kind lernt auch mit Ersatzgegenständen zu hantieren und durch das gemeinsame Spiel mit anderen Kindern sich Regeln der Gesellschaft anzupassen. Dies führt zu Spielen mit Regeln.

Darauf folgt nach Leontjew das *Lernen* als dominierende Tätigkeit, wobei er dezidiert das Lernen *in der Schule* meint. Wir lernen zwar unser ganzes Leben lang, aber die Bedingungen verändern sich. Dieser Phase des schulischen, des organisierten Lernens folgt in der Regel die *Arbeit*.

Die Kulturhistorische Schule sieht schulisches Lernen in engem Zusammenhang mit der Arbeit. Ljublinskaja erklärt diesen Zusammenhang dadurch, daß jede Arbeit gelernt werden und das Lernen der Arbeit vorausgehen muß. Organisiertes, das heißt schulisches, Lernen wird als spezielle Arbeit gesehen, die auf die eigentliche, der Schule nachfolgende Arbeitstätigkeit im Sinne einer Berufsausübung vorbereitet und damit den Tätigkeitsraum von Kindern zumindest im theoretisch-abstrakten Sinne über das nähere Umfeld hinaus in die Welt hinein ausweitet (s. Abb. 32).

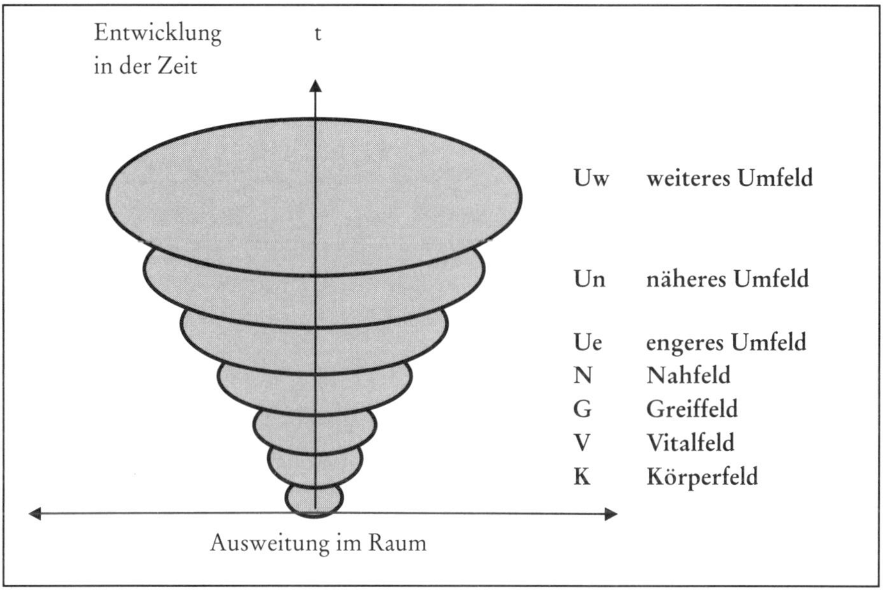

Abb. 32: Ausweitung der Handlungsmöglichkeiten in das weitere Umfeld hinein

8.2 Spezifika des schulischen Lernens

Auch das organisierte (schulische) Lernen dient der Vorbereitung auf die Arbeitstätigkeit und beansprucht »eine besondere Periode im Leben des heranwachsenden Menschen« (RUBINSTEIN 1977, 740). Streng an den Anforderungen der Arbeit orientiert soll das Kind lernen, Aufgaben zu erfüllen und Disziplin zu halten, eine Arbeitshaltung zu erwerben (vgl. RUBINSTEIN 1977, 740). Das Lernen als die Aneignung der »Ergebnisse der gesellschaftlichen Arbeit« (RUBINSTEIN 1977, 741) unterscheidet sich von der Arbeit dadurch, daß nicht das hergestellte Produkt von primärem Interesse ist, sondern das Verfahren seiner Herstellung, das Ausführungsverfahren. Lernen bestimmt Rubinstein als ein Handeln, »das zum Ziel hat, sich die Ausführungsverfahren einer Handlung anzueignen« (1977, 742). Solche Aneignung geschieht durch den Schüler, dem der Lehrer die Inhalte des Anzueignenden vermittelt. Vermittlung und Aneignung stellen nach Rubinstein den Bildungsvorgang dar »als einen einheitlichen Prozeß, der sowohl den Lehrer wie den Schüler umfaßt – beide sind durch bestimmte wechselseitige Beziehungen verbunden« (RUBINSTEIN 1977, 741).

Im ersten Abschnitt, welcher die ersten vier Schuljahre umfaßt, eignet sich das Kind zunehmend »Mittel wie Beherrschung der Schriftsprache, mathematische Fähigkeiten und Kenntnisse, Orientierung im Raum (Geographie) auf der Basis von Karten, in der Zeit (Uhr, Geschichtsunterricht)« (JANTZEN 1992, 200) an. Die Lerntätigkeit wird zur eigenständigen Form der Tätigkeit. Diese Lerntätigkeit ist fremdgesteuert, berücksichtigt die eigenen situativen Bedürfnisse nur wenig und findet im Kollektiv statt. Bedeutung und Sinn des zu Lernenden erschließen sich nicht unmittelbar.

In der Schule ist nicht freigestellt, sondern *vorgegeben*, was das Kind lernt. Es handelt sich um die Erwartungen der Gesellschaft, die in Lehrplänen festgelegt sind. Die Kinder werden fremden Anforderungen unterworfen, die für jedes Kind dieses Alters gelten. Was das Kind lernen soll, ist nicht der Ertrag seiner eigenen Erfahrungen; es kann nicht alles ausprobieren. Vielmehr handelt es sich um Erfahrungen anderer Menschen, die vorher erworben wurden – also *Fremderfahrungen*. Diese Fremderfahrung wird in einem komplexen Zusammenhang mit der eigenen Erfahrung gesehen, der den persönlichen Sinn erst ermöglicht.

Das Lernen kann sich nur über die Vermittlung vollziehen. Die auf anspruchsvollem Niveau sicherlich effektivsten Formen stellen die *Sprache* und die *Schrift* dar. Damit das Kind sich fremde Erfahrungen aneignen kann, muß es zuerst das Instrumentarium zu ihrem Zugang (das Lesen und Schreiben) erwerben. Wenn das Kind sich diesen Zugang zum gesammelten menschlichen Wissen angeeignet hat, besitzt es auch die Möglichkeit, Inhalte selbst auszuwählen.

Lernen bedeutet das Aneignen von vergangenen und fremden menschlichen Erfahrungen, das heißt in *Unabhängigkeit von eigenen Sinneserfahrungen*. Jedoch werden Phantasie und Vorstellungsvermögen benötigt, um Fremderfahrungen nachzuempfinden, wenn schon nicht mitempfunden werden kann. Die eigenen Erfahrungen (über die persönlichen Sinne) stellen dabei den Bezugspunkt dar, da sie dem Kind erlauben, eine Verbindung zwischen Eigen- und Fremderfahrungen herzustellen. Die Eigenerfahrungen sind notwendig, um andere Erfahrungen damit zu verbinden.

Als Mittel des schulischen Lernens gelten *geistige Handlungen* wie zuhören, lesen, schreiben, rechnen, beobachten usw., und nicht die praktischen Handlungen des Spiels. Grundlegende Unterschiede kennzeichnen den Bruch zwischen dem vorschulischen und dem schulischen Lernen des Kindes: Das Lernen ist nun gesellschaftsgebunden, vorstrukturiert, aufgetragen und besitzt eine bestimmte aufbereitete Form. Das Wissen der Kinder wird somit von den Lehrern und den Verfassern der Lehrpläne und Lehrbücher, das heißt von der Gesellschaft, beeinflußt.

»Bei der Aneignung handelt es sich nicht einfach um ein Einprägen von Tatsachen, Erscheinungen oder Gesetzmäßigkeiten, die der Lehrer *vermittelt* oder die in den Büchern dargelegt sind. ›Sich etwas anzueignen bedeutet, die Produkte fremder Erfahrungen mit den Ergebnissen der eigenen Erfahrungen zu verknüpfen‹, schreibt Setschenow (1947, 257)« (LJUBLINSKAJA 1973, 170; Hervorhebung durch H.J.P.). Es handelt sich um das Verschmelzen der zu erwerbenden gesellschaftlichen Erfahrungen mit den eigenen. Potentiell steht dem Kind das gesamte menschliche Wissen und Können zum Aneignen zur Verfügung.

Damit das Aneignen von ausgewählten Ausschnitten fremder Erfahrungen möglichst schnell geschehen kann, muß dieser Prozeß *didaktisch aufbereitet* sein. Das Lernen entfernt sich somit ein weiteres Stück von der Zufälligkeit. Die Fremdvorgaben beziehen sich nicht nur auf den Inhalt, sondern auch auf die Art der Vermittlung, welche dem Kind vorgegeben, vom Lehrer organisiert wird. Hierzu bringt das Kind bestimmte Voraussetzungen mit. Aufnahme und Verarbeitung von Informationen wie das Verknüpfen der Informationen mit eigenen Erfahrungen werden zum *kognitiven Prozeß*. Phantasie und Vorstellungsvermögen werden angesprochen, welche das Kind bewußt einbringen muß. Es muß sich entschließen, diese Informationen mit eigenen Erfahrungen zu verbinden. Dies ist eine Form der Willensentscheidung. Der Wille äußert sich für außenstehende Beobachter in der Anstrengung, dem Fleiß, der Aufmerksamkeit, der Konzentration und dem bewußten Zuhören.

Wie erwähnt, gilt das schulische Lernen in der Sicht der Kulturhistoriker als fremdgesteuert. Im Moment des Lernens kann dieses dann nicht nur individuelle Angelegenheit eines Kindes sein, sondern gilt als *kollektive Angelegenheit* einer ganzen Klasse, die als *soziales Phänomen* an Bedeutung gewinnt und zum sozialen Bezugspunkt des Kindes wird. Schulisches Lernen besitzt eine bestimmte aufbearbeitete Form. Ein Erdkundebuch z. B. ist immer subjektiv. Es handelt sich nicht um eine Realität in didaktischem Gewand, sondern um subjektive Sichtweisen der Schulbuchautoren. Das Wissen der Kinder wird somit von den Lehrern und den Verfassern der Lehrbücher, das heißt von der Gesellschaft, beeinflußt.

Innerhalb der Lerntätigkeit unterscheidet Ljublinskaja (1973)

- die *übergeordnete Lerntätigkeit*, die das Motiv bietet,
- die *Lernhandlung* als einzelnen Abschnitt, die das Ziel bietet. Ihr Anfang, Ablauf und Ziel sind definiert.

Die Tätigkeit des Lernens wird von der Kulturhistorischen Schule so gesehen wie andere Tätigkeiten auch. Lernhandlungen sind danach überschaubare, relativ abgeschlossene Tätigkeitsabschnitte, »die in ihrer Gesamtheit und vielfältigen wechselseitigen Verflechtungen die Lerntätigkeit konstituieren:

- von der unmittelbaren Informationsaufnahme aus verschiedenen Quellen [...];
- über die Suche von Informationen zu einem bestimmten Zweck [...];
- bis hin zum praktischen, sprachlichen, bildnerischen oder andersartigen Gestalten und Darstellen;
- sowie zum Lösen von Problemen« (LOMPSCHER 1977, 19; Spiegelstrichgliederung durch H.J.P.).

Die *Kennzeichen des Lernens* sind nach Lompscher

- die Aufnahme von Informationen durch
  - unmittelbaren Kontakt mit den Objekten oder Situationen,
  - anschaulich-bildliche Vermittlung,
  - anschaulich-schematische Vermittlung,
  - mündliche Vermittlung (vgl. LOMPSCHER 1977, 19);
- das *selbständige Suchen nach Informationen* und die Fragen nach dem persönlichen Nutzbarmachen solcher Informationen oder nach dem richtigen Lesen eines Buches (Stichwortregister). Als Mittel zur Informationsgewinnung gelten ihm das Ausprobieren, Beobachten usw.;
- das *Verarbeiten von Informationen*, worunter das Verknüpfen von Informationen mit dem eigenen Wissensstand verstanden wird. Es handelt sich um das Herstellen von Strukturen, von neuen Verbindungen mit alten und bereits vorhandenen Informationen. Dieses strukturelle Lernen wird als die effektivste Lernform angesehen.
- die *Vergegenständlichung*, die *Entäußerung*, beispielsweise die Vergegenständlichung von bildhaften Erinnerungen in der Form der Zeichnung.

Beispiel: Das Kind soll ein Bild von einem Kirmesplatz malen. Hierzu stehen ihm nun zwei Erinnerungen zur Verfügung: die von gestern und eine frühere. Das gemalte Bild muß nicht der Realität von gestern entsprechen. Eine individuelle und subjektive Wirklichkeit, die für das Kind wichtig ist, tritt hervor.

»Wirklichkeit« ist in der Sprache Leontjews das, was sich im Individuum ereignet, »Realität« das für jeden Gleiche, das »Objektive.

Wie jede andere *Tätigkeit* muß auch die des Lernens *gesteuert* werden. Bei der psychischen Regulation (Steuerung) der Lerntätigkeit unterscheidet Lompscher zwei Aspekte:

1. *Strukturkomponenten*:
   - Ziel,
   - Sinn,
   - Motiv,
   - Inhalt,
   - Verlauf und
   - Ergebnis der Lerntätigkeit.
2. *Funktionelle* Aspekte:
   - kognitive Verarbeitungsprozesse,
   - rationale und emotionale Verwertungs- und Kontrollprozesse,
   - Entscheidungen,
   - Gedächtnismäßige Fixierungen und Aktualisierungen,
   - emotionales Erleben,
   - Motivation und Handlungsbereitschaft (vgl. LOMPSCHER 1977, 20).

Lompscher beschreibt damit eine Struktur der psychischen Regulation von Lernprozessen, deren Abläufe kontrolliert und wenn nötig verändert werden müssen.

Der Lernende muß hierzu eine gewisse Motivation und Bereitschaft zum Handeln einbringen, besonders was die Einspeicherung und das Abrufen betrifft.

Menschliches Lernen wird von den Aneignungspsychologen als *hierarchisch* und *strukturiert* gesehen. Dieser Forderung entsprechen Hierarchiekonzepte der Lernarten, wie sie z. B. Gagné darstellt, oder die Abstufungen der jeweils *dominierenden Tätigkeit*, zu welcher das *Lernen* während des Schulbesuchs wird.

8.3 Motivation zum schulischen Lernen

Bei selbstinitiiertem Handeln ist davon auszugehen, daß das selbst beschlossene Handlungsvorhaben der Befriedigung eigener, individueller Bedürfnisse dient. Dabei unterscheiden wir mit Hacker (1986) *antriebsunmittelbare* und *zielgerichtet-willentliche* Handlungen. Zu den antriebsunmittelbaren Tätigkeiten zählt Hacker »beispielsweise affektive oder triebhafte Tätigkeiten« (1986, 63). Sollen aber zielgerichtete Handlungen betrachtet werden, so müssen Motive und Emotionen mit berücksichtigt werden. Unter Einbeziehung von Motiven und Emotionen unterscheidet Kannheiser (1992) drei Formen der selbstbestimmten Handlungsinitiierung, denen er – bezugnehmend auf Arbeitstätigkeit – eine Form der fremdbestimmten Handlungsinitiierung gegenüberstellt, wie sie auch die lehrergesteuerte Lerntätigkeit von Schüler(inne)n kennzeichnet. Emotionen können hierbei einerseits der Initiierung von Handlungen dienen, andererseits deren Bewertung.

Antriebsunmittelbare Tätigkeiten

Die *antriebsunmittelbare Tätigkeit* wird häufig als typische Affekthandlung beschrieben, wogegen Lersch »auch die *Erfahrungshandlungen*« (KANNHEISER 1992, 166; H.i.O.) zu dieser Gruppe rechnet, da sie eher emotional und damit die Kognition entlastend gesteuert werden. Als Auslöser gelten »innere oder äußere Veränderungen: Ein Motiv oder eine Gefährdung eines Persönlichkeitskonzepts [...] lösen unmittelbar eine Handlung aus« (KANNHEISER 1992, 167), für welche kein Ziel festgelegt werden muß. Der Verzicht auf die Zielbildung erhöht die Schnelligkeit, mit der solche Handlungen ablaufen. Auch automatisierte Teilhandlungen, Operationen auf dem Niveau der sensomotorischen Handlungsregulation, zählt Kannheiser zu dieser Gruppe, da sie ebenfalls keine Zielfindung erfordern. Kannheiser hält es für denkbar, daß solche Teilhandlungen innerhalb einer hierarchisch-sequentiellen Handlungsstruktur emotional kodiert und ausgelöst werden.

Antriebsregulatorisch initiierte Tätigkeiten

Unter *antriebsregulatorisch initiierten Tätigkeiten* versteht Kannheiser, über Hacker (1986) hinausgehend, zwei Arten:

1. Ein emotional erlebtes Bedürfnis führt zu einer ungerichteten Handlungsauslösung (Beispiel: Man fühlt sich unwohl und sucht nach Ursache und Abhilfe.).

2. Das Erleben eines Motivs, also eines gerichteten Bedürfnisses, »führt ohne Orientierungsleistungen – aufgrund der Erfahrung – zu einer Zielbildung« (KANNHEISER 1992, 167).

An beiden Handlungsformen ist – im Gegensatz zur antriebsunmittelbaren Handlung – das kognitive System mit beteiligt, sei es bei der Zielbildung, sei es bei der vorausgehenden Orientierung.

Ausführungsregulatorisch initiierte Tätigkeiten

Ausführungsregulatorisch initiierte Tätigkeiten sind nach Kannheiser »prinzipiell Antworten auf äußere Veränderungen« (1992, 168). Solche äußeren Veränderungen werden durch solche Orientierungsleistungen wahrgenommen, die nach außen gerichtet sind. Emotionen sieht Kannheiser hierbei als Bewertungsgrößen; Kognitionen steuern den Ablauf von der Handlungsinitiierung bis zur Zielbildung. »Erst das gebildete Ziel wird an übergeordnete tätigkeitsleitende Motive rückgekoppelt und resultiert in Emotionen, die den weiteren Handlungsablauf regulieren können« (KANNHEISER 1992, 168).

Fremddeterminierte Handlungen

Fremddeterminierte Handlungen schließlich sind Handlungen auf Befehl, Anweisung, Anregung, Bitte, Angebot hin. Im Falle des Auftrags, der Anweisung durch den Lehrer etwa, wird der fremdgegebene »Auftrag wahrgenommen und an übergeordnete Motivstrukturen zurückgekoppelt; emotional werden Abweichungen oder Übereinstimmungen zwischen [fremdvorgegebenem; H.J.P.] Ziel und [eigenen; H.J.P.] Motivstrukturen angezeigt« (KANNHEISER 1992, 168). Stimmen fremdgesetzte Ziele und eigene Motivstrukturen überein, so wird das zunächst fremdgesetzte Ziel als nunmehr eigenes »redefiniert« (KANNHEISER 1992).

Übersicht

Seine Überlegungen zu den unterschiedlichen Abläufen in diesen Tätigkeits- bzw. Handlungsarten faßt Kannheiser in einer Übersicht (s. Tab. 15, S. 155) zusammen, die hier leicht verändert wiedergegeben wird.

Die in vorliegender Studie beigezogenen Vertreter der Kulturhistorischen Schule sehen schulisches Lernen des Kindes/Jugendlichen als gesellschaftlich determiniert, also als fremdbestimmt, an. Seien es die gesellschaftlichen Erwartungen, die sich in Lehrplänen und Lehrbüchern niederschlagen, sei es die nach Meinung der Kulturhistoriker zwingend erforderliche Vermittlungstätigkeit des Pädagogen, immer spielen starke Fremdbestimmungen in die Schule hinein und beeinflussen die Lerntätigkeit der Schüler(innen). So sprechen z. B. Kossakowski und Otto dezidiert vom »*gelenkt*-reproduktiven« (1977, 38; H. d. H.J.P.) Handeln, bei welchem der Erzieher»das Handlungsziel, die Handlungsschritte und die Begründungen« (KOSSAKOWSKI, OTTO 1977, 38) vorgibt, die Handlungsmotive vermittelt und die Hand-

Selbstdeterminierte Handlungsinitiierung			Fremddeterminierte Handlungsinitiierung
Emotionen als Initiatorgrößen		Emotionen als Bewertungsgrößen	
Antriebsunmittelbare Tätigkeit	Antriebsregulatorisch initiierte Tätigkeit	Ausführungsregulatorisch initiierte Tätigkeit	
Innere und/oder äußere Veränderungen	Innere Veränderungen	Äußere Veränderungen	Vorgegebener Auftrag
Motiv ↓ Emotionen ↓ Handlung	Motiv ↓ Emotion ↓ Orientierung ↓ Zielbildung ↓ Handlung; Motiv ↓ Emotion ↓ Zielbildung ↓ Handlung	Orientierung ↓ Zielbildung ↓ Motiv ↓ Emotion ↓ Handlung	Orientierung ↓ Motiv ↓ Emotion ↓ Zielbildung ↓ Handlung

Tab. 15: Formen der Handlungsinitiierung bei Arbeitstätigkeiten (leicht verändert nach KANNHEISER 1992, 166)

lungsausführung lenkt. Aufgabe des Lehrers ist dann ebenso zwingend die Vermittlung der Handlungs(Lern)motive an die Schüler, wodurch die Problematik der Motivation besondere Brisanz gewinnt.

Etwas Älteres

Aber auch ohne die besondere Betonung der Fremddetermination durch die Kulturhistoriker durchzieht das Problem der Motivierung der Schüler als ewiger Denk- und Arbeitsauftrag an die Lehrer die Jahrhunderte. Ein Beispiel aus dem 19. Jahrhundert mag dies verdeutlichen:

»Jeder Unterricht sei anziehend; »langweilig zu sein ist die ärgste Sünde des Unterrichtes.« Das Kind besitzt ursprünglich gar keine eigene Kraft, durch die es seinem Gedankenlaufe eine bestimmte Richtung geben und erhalten könnte, sondern wird ganz von den äußeren Reizen gelenkt, es ist nur der unwillkürlichen Aufmerksamkeit fähig; daraus folgt, daß der Unterricht nur dann fruchtbar werden könne, wenn er in Inhalt und Form so beschaffen ist, daß er des Schülers Aufmerksamkeit, sein Interesse anzieht.« (MICH 1875, 62)

Mit diesen Bemerkungen hätte der »königlich-kaiserliche Gymnasial-Professor« und »k. k. Bezirks-Schulinspector« Dr. Josef Mich 1875 den Startschuß zu einer ganzen Richtung der Psychologie geben können: der Motivationspsychologie bzw.

Motivationsforschung. Die Altvorderen waren durchaus nicht so dümmlich, wie sie von manchen Modernisten gerne hingestellt werden. Auch eine weitere Bemerkung des gleichen Autors trägt ganz »moderne« Züge:

»Soll des Schülers Interesse dem Unterrichtsgegenstande bleibend zugewendet werden, so muß die Thätigkeit ungehemmt von Statten gehen und in den Lustgefühlen des Gelingens fort und fort einen Antrieb zur Fortsetzung erhalten; denn wo die Thätigkeit des Schülers ist, da ist sein ganzes Ich, sein Interesse« (MICH 1875, 63).

Inhalt und Form des Unterrichts sind hier angesprochen: Gegenstand und Verlauf der Lerntätigkeit, überhaupt die Tätigkeit, das Aktivsein und Aktivseindürfen.

Tätigkeit und Motiv

Der Gegenstand der Tätigkeiten, »auf den sie gerichtet sind, deckt sich mit dem objektiven Beweggrund, aus dem sie vom Subjekt vollzogen werden, das heißt mit dem Motiv«, schreibt Leontjew (1973, 405). Darüber hinaus hängt die Tätigkeit nach Leontjew mit Emotionen und Gefühlen zusammen: »Diese inneren Erlebnisse [...] werden stets durch den Gegenstand, den Ablauf und das Schicksal der ganzen Tätigkeit bestimmt, in deren Bestand sie eingehen« (LEONTJEW 1973, 406). Innere Erlebnisse, emotionale Bewertungen wie die subjektive Wahrnehmung der objektiven Gegebenheiten formen die »Abbilder im Gehirn eines Menschen, die ihn zur Tätigkeit veranlassen und diese auf die Befriedigung eines bestimmten Bedürfnisses lenken«. Diese Abbilder bezeichnet Smirnow »als die Motive dieser Tätigkeit« (1962; nach ERLEBACH, IHLEFELD, ZEHNER 1972, 364). Erlebach, Ihlefeld und Zehner definieren die Lernmotivation im Anschluß an Smirnow u. a.: »Die Abbilder im Gehirn eines Menschen, die ihn zur Tätigkeit veranlassen und diese auf die Befriedigung eines bestimmten Bedürfnisses lenken, bezeichnen wir als Motive dieser Tätigkeit« (SMIRNOW u. a. 1962, 344; zit. n. ERLEBACH, IHLEFELD, ZEHNER 1972, 364). Somit ist es eigentlich »die objektive Beschaffenheit der Umwelt, die das Kind anregt, sich mit ihr zu beschäftigen« (ERLEBACH, IHLEFELD, ZEHNER 1972, 365).

Gerade die Vertreter der Aneignungspsychologie betonen die starke emotionale Verankerung der Motive: »Wirksame Motive sind emotional stark verankert, sie bilden eine wichtige Grundlage für angemessene Aufmerksamkeit und für den Lernerfolg« (ERLEBACH, IHLEFELD, ZEHNER 1972, 365). Damit wird auch die Aufmerksamkeit als motiv- bzw. motivationsabhängig gesehen.

Motive, da von der Umwelt bestimmt, sind mit der Entwicklung der Art der Wahrnehmung/Widerspiegelung dieser Umwelt auch entwicklungsabhängig, auch abhängig von der Entwicklung der Bedürfnisse, die sie befriedigen helfen. Grundlage aller Motivformen sind die physiologischen Bedürfnisse, die den Menschen unter Handlungszwang setzen: Er muß schlafen, essen und trinken. Hinzu kommen »Sicherheitsbedürfnisse, Bedürfnisse nach Geborgenheit, Liebe und Zugehörigkeit,

Geltungs- und Wertschätzungsbedürfnisse, Selbstverwirklichungsbedürfnisse, Bedürfnisse nach Wissen und Verstehen« (MEISTER 1977, 63).

Neben diesen Grundbedürfnissen scheint ein allgemeines Aktivitätsstreben zu existieren: Neurodynamische Prozesse laufen ab, Abbilder der Gegenstände (kognitive Leistung des Wahrnehmens) und Beurteilungen (kognitive Leistung des Verknüpfens) werden gebildet und müssen im Gedächtnis gespeichert werden. Das Erleben von Bedürfnissen und ihrer Befriedigung ist immer mit mehr oder weniger ausgeprägten emotionalen Zuständen verbunden. Zu jeder Beziehung zwischen Individuum und Umwelt tritt die Reaktion des Individuums auf sein Handeln, seine Bewertung des Erfolgs oder Mißerfolgs, seine Beurteilung der Zufriedenheit oder Unzufriedenheit. Diese Reaktion nennen wir Gefühl.

Gefühle haben Finalitäts-Charakter und mobilisieren die inneren Kräfte (Energie; PIAGET 1974, 6 ff.). Eine Handlung kann emotional besetzt werden. Ursprünglich Mittel zur Bedürfnisbefriedigung, kann sie so selbst zum Bedürfnis werden. Durch diese Kopplung haben sich im Verlaufe der Geschichte »kulturelle Bedürfnisse« an die physiologischen Bedürfnisse angelagert. Auch Emotionen spiegeln die Lerngeschichte eines Individuums; sie hängen von seinen bisherigen Erfahrungen mit Gegenständen, anderen Menschen und Situationen ab.

Motive sind entwicklungsabhängig, abhängig vom jeweiligen Alter des Kindes und von individuellen Besonderheiten. Zunehmend gewinnt nach Erlebach, Ihlefeld und Zehner neben der Wißbegierde der gesellschaftliche Inhalt[1] der Motivation an Bedeutung. Die Ichbezogenheit des Vorschulkindes weicht einer sachbezogenen Einstellung. Das Kind interessiert sich für die objektive Beschaffenheit der Umwelt. Jüngere Kinder interessieren sich noch für alles, was anschaulich dargeboten wird, während später eine deutliche Differenzierung der Motive erfolgt. »Diese Differenzierung ist alterstypisch, da sich die Inhalte, die zum Lernen anregen, verändern. Die Alterstypik schließt individuelle Besonderheiten nicht aus. Wirksame Motive sind emotional stark verankert, sie bilden eine wichtige Grundlage für angemessene Aufmerksamkeit und für den Lernerfolg« (ERLEBACH, IHLEFELD, ZEHNER 1972, 365).

Wegen der Entwicklungsbedingtheit der Motive muß Motivation immer in Zusammenhang mit der individuellen Entwicklungsgeschichte und deren Ergebnis, dem individuellen Entwicklungsstand eines Kindes, gesehen werden. Auch die Mo-

---

[1] Erlebach, Ihlefeld und Zehner betrachten die Inhalte der Lernmotive der Schüler näher. Für sie ist es wichtig, nicht nur hohe Bildungsergebnisse zu erreichen, sondern auch »sozialistische Persönlichkeiten« (ERLEBACH, IHLEFELD, ZEHNER 1972, 364) zu entwickeln. Sie vertreten keine individualistischen Motive und keinen Konkurrenzkampf, sondern favorisieren solche Lernmotive, die auf das Bemühen gerichtet sind, »tüchtig« zu lernen, um »gute Ergebnisse« zu erhalten, damit dadurch das Ansehen und die »Kraft« der Schulklasse gehoben werden. Die politischen Implikationen einer solchen Denk- und Argumentationsausrichtung liegen auf der Hand und bedürfen an dieser Stelle keiner weiteren Erläuterung.

tiventwicklung Geistigbehinderter verläuft unter erschwerten Bedingungen, mit Brüchen, Sprüngen, Widersprüchen.

Die Autoren gehen davon aus, daß die Lerntätigkeit durch ihr entsprechende Motive ausgelöst wird. Lernmotive können aber recht unterschiedlich sein: Man lernt, weil der Lehrstoff einen persönlich anspricht, um den Eltern oder Lehrern eine Freude zu bereiten, um sich nicht zu blamieren, um einem gesellschaftlichem Erfordernis gerecht zu werden, usw. Beim einzelnen Schüler ist das individuelle Motivsystem sehr differenziert, denn es sind immer mehrere mit einem Hauptmotiv verbundene inhaltlich ähnliche Lernmotive, die eine bestimmte Lerntätigkeit auslösen (vgl. ERLEBACH, IHLEFELD, ZEHNER 1972, 363-366). Das Motiv steuert nach Leontjew die Tätigkeit, während das Ziel die Handlung steuert; die Formulierung des Ziels ist demnach spezifischer. Das Ziel beschreibt eine Umsetzungsmöglichkeit des Motivs. Es soll Sinn ergeben und subjektive Bedeutung haben.

Die persönlichen Motive und Ziele der Kinder stimmen häufig nicht mit den Zielen des Lehrers überein. Auf einen wichtigen Widerspruch macht D. Fischer (1994) aufmerksam: Auf der einen Seite gehen geistigbehinderte Schüler(innen) so gerne wie kaum eine andere Schülergruppe zur Schule. Auf der anderen Seite ist im Unterricht von der anfänglichen Schulbesuchsmotivation oft nicht mehr viel zu spüren. Zeigen geistigbehinderte Schüler(innen) zunächst einmal begeisterte Zustimmung zu Vorhaben, welche der Lehrer vorschlägt, so darf uns dies nicht darüber hinwegtäuschen, daß sie innerhalb kurzer Zeit beginnen zu trödeln, Lernzeit verbummeln und sich Ausweichaufgaben suchen. D. Fischer (1994, 239) ist der Ansicht, daß Geistigbehinderte deswegen gerne in die Schule gehen, weil sie dort ein für sie bereitetes Erlebens- und Lernfeld vorfinden, weil sie dort in eine Gruppe integriert sind und sich wohlfühlen können. Das hierdurch erzeugte aktive Bedürfnisniveau stehe, so D. Fischer, im Gegensatz zu den Lernanforderungen. Die Bedürfnisbefriedigung durch den Schulbesuch geschieht durch soziale Einbettung und durch soziale Erlebnisse; Bedürfnisbefriedigung durch Lernen basiert auf Anstrengung, Zielerreichung, Veränderung.

Die unterschiedlichen Interessenrichtungen von Lehrer und Schüler stellt D. Fischer so dar (s. Tab. 16):

System	Bedürfnisse	Erfüllung
Schüler	haben wollen, dabei sein, mögen, usw.	durch Befriedigung
Lehrer	vermitteln, unterrichten, lernen	durch Ziel-Erreichung

Tab. 16: Interessen von Lehrern und Schülern (nach D. Fischer 1994, 240)

Diese Unterschiedlichkeit der Bedürfnisse und ihrer Erfüllungsmöglichkeiten führt zu Interessenkonflikten zwischen Lehrer und Schüler. Das Ergebnis seiner Überlegungen faßt D. Fischer so zusammen:

»1 Das Schülersystem und das Lehrersystem decken sich nicht.
2. Die Befriedigung von Vitalinteressen steht bei vielen Geistigbehinderten im Vordergrund.
3. Eine lerngeleitete, sachbezogene Bedürfnisbefriedigung kommt nicht automatisch zustande, sie muß erst gelernt werden.
4. Die Außengerichtetheit vieler Geistigbehinderter läßt diese anfangs nahezu allen Vorschlägen und Vorhaben eines Lehrers zustimmen, d. h. bei der Ankündigung von Vorhaben ist Zustimmung vorhanden, die aber dann nicht durchgehalten werden kann.
5. Es scheint so zu sein, daß Lehrer geistigbehinderte Schüler, was deren Lernmotivation betrifft, »pausenlos« überfordern« (D. FISCHER 1994, 241).

Es ist jedoch vorteilhaft, diese subjektiven Schülerziele in der Schule zu berücksichtigen und schulisches Lernen auf Motive und Ziele zu beziehen, welche ein Bedürfnis der Schüler befriedigen. In diesem Zusammenhang gerät projekt- oder handlungsorientierter Unterricht in den Fokus der Aufmerksamkeit.

8.4 Nach der Schule: Arbeit

Beim Jugendlichen im Alter zwischen 14 und 17 Jahren ist eine deutliche Übernahme der Funktionen der Erwachsenen zu beobachten, als deren herausragende die Arbeit angesehen wird. Die Arbeit hat im System der Aneignungspsychologie einen ganz besonderen Stellenwert. Rubinstein bringt das Aufkommen menschlichen Bewußtseins mit der Entwicklung der Arbeitstätigkeit in ursächliche Verbindung (1977, 173). Arbeit kennzeichnet er als »auf bestimmte Ziele, auf die Erzeugung eines bestimmten Produkts, auf ein bestimmtes Resultat gerichtet« und als »immer planmäßiger reguliert« (RUBINSTEIN 1977, 173). Diese Zielgerichtetheit der Arbeitshandlung habe zur Herausbildung der Bewußtheit insbesondere durch die Arbeitsteilung geführt, innerhalb derer der Einzelne nicht mehr alles selbst herstellte, was er benötigte. Das Motiv der Befriedigung der eigenen Bedürfnisse war nicht mehr ausschließlich in selbst zu verwirklichende Ziele umzusetzen; auch die Tätigkeit anderer und deren Produkte waren mit zu berücksichtigen. Der Mensch mußte also die Welt in einem weiteren Umfang im Kopf behalten und seine eigene Tätigkeit mit der anderer koordinieren. Rubinstein faßt diese Überlegungen in die beiden Sätze: »Die Arbeit schuf den Menschen, sie schuf auch sein Bewußtsein.« und: »Das Bewußtsein, als Voraussetzung der spezifisch menschlichen Formen der Arbeitstätigkeit, ist auch ihr Produkt« (1977, 195).

»Arbeit« bestimmt Rubinstein als »die grundlegende, historisch ursprüngliche Form menschlicher Tätigkeit« (1977, 706), mit welcher auch die Tätigkeiten des

Spielens und des Lernens verbunden und von der sie abhängig seien. In Arbeit, Spiel und Lernen kommen nach seiner Meinung »alle psychischen Prozesse« (RUBINSTEIN 1977, 707) zum Vorschein. Bei der Erörterung von »Arbeit« bezieht sich auch Rubinstein auf Marx, der Arbeit charakterisiert hat »als bewußte, *zielgerichtete* Tätigkeit, die sich auf die Verwirklichung eines Resultats richtet, das vor der Handlung in der *Vorstellung* des Arbeitenden gegeben ist und durch den *Willen* entsprechend ihrem bewußten Ziel reguliert wird« (MARX; zit. n. RUBINSTEIN 1977, 707; H.i.O.).

Arbeitstätigkeit ist »die Ausführung einer bestimmten *Aufgabe*« (RUBINSTEIN 1977, 708, H.i.O.) und erfordert Planung, Ausführungskontrolle, das Einhalten von Verpflichtungen wie auch Disziplin, Anstrengung, das Überwinden von Hindernissen, Willen und willkürliche Aufmerksamkeit.

Um Arbeit verrichten zu können, benötigt der Mensch neben Materialien und Werkzeugen »*Kenntnisse* und *Fertigkeiten*«, erstere »für kompliziertere Arbeitsformen«, letztere »für die stärker mechanisierten Zweige und Formen der Arbeit, bei denen die wesentlichen Handlungen weitgehend standardisiert und einförmig sind und leicht automatisiert werden können« (RUBINSTEIN 1977, 709, H.i.O.), eine Feststellung, die nicht nur für den von Rubinstein gemeinten Fabrikarbeiter[1] gilt, sondern auch für den geistigbehinderten Mitarbeiter in einer Werkstatt für Behinderte. Aber auch für diese gilt Rubinsteins Forderung: »Die Arbeit des Arbeiters darf nicht nur auf automatisierten immer gleichbleibenden mechanisch angewandten Verfahren aufbauen« (RUBINSTEIN 1977, 711).

Abgesehen von den politischen Implikationen bleibt Rubinsteins Analyse der Arbeit dennoch bemerkenswert und nützlich. Sie müsse, und hier bezieht er sich auf Uschinski, geradezu »die anthropologische und insbesondere auch die psychologische Basis für das System der Pädagogik sein« (RUBINSTEIN 1977, 105). Dieses System der Pädagogik ist insbesondere gefragt, um den Menschen auf seine (künftige) Arbeitstätigkeit vorzubereiten.

---

[1] Etwas merkwürdig klingen in westlichen Ohren immer noch gesellschaftspolitische wie machtpolitische Überhöhungen der Arbeit wie bei Rubinstein: »Die Arbeit ist für den Arbeiter im Kapitalismus eine schwere Last. An ihrem Ergebnis ist er nicht interessiert. Im Sozialismus dagegen weiß er, daß seine Arbeit der Allgemeinheit dient und daß die allgemeine, gesellschaftliche Sache seine eigene ist« (RUBINSTEIN 1977, 711). Was aber die allgemeine, gesellschaftliche Sache zu sein hat, bestimmte seit Lenin die Partei. »Die einzige Quelle der Autorität ist die Parteizentrale. [...] Kein anderer Brennpunkt der Loyalität ist zulässig, es darf keine untergeordneten Führer mit eigener Autorität geben« (UTECHIN 1966, 207). Die Hochwertung der Arbeit und mit ihr des Arbeiters als Trägers der proletarischen Revolution führte nach der Verfassung der »Sowjetmacht« von 1918 dazu, daß »die Stimme eines städtischen Arbeiters [...] fünfmal so viel [zählte] wie die Stimme eines Bauern«, was Utechin als lediglich *einen* »Aspekt eines umfassenden Systems rechtlicher Ungleichheit« bezeichnet, »das von den Bolschewiki eingeführt wurde« und die »privilegierte Stellung der städtischen Arbeiter« (UTECHIN 1966, 214) sicherte.

9 Zusammenschau und Kritik

Im letzten Kapitel wird der Versuch unternommen, das bisher Dargelegte in das Aneignungs-Verausgabungs-Konzept Sèves einzuordnen und die Arten der Arbeit Geistigbehinderter zu bestimmen. Dominierende Tätigkeit, Abbildniveau und Niveau der intellektuellen Entwicklung werden in einer Synopse nach Jantzen dargestellt. Abschließend wird auf kritische Anmerkungen zu Piaget eingegangen mit der Konsequenz, daß eine an der Entwicklungslogik orientierte Didaktik aufzufinden und weiter auszuarbeiten ist.

9.1 Menschliche Tätigkeit im Lebensablauf: Zeitpläne

Sève geht nach Jantzen davon aus, daß das menschliche Wesen »nur im konkreten Individuum erfaßt werden kann und nur dann erfaßt werden kann, wenn man die Entwicklungslogik dieses konkreten Individuums begreift« (JANTZEN 1977, 42). Um dies leisten zu können, bezieht er sich auf Sèves Unterscheidung verschiedener Arten der Tätigkeit:

- »auf die Verausgabung von Fähigkeiten gerichtet«;
- »auf die Aneignung von Fähigkeiten gerichtet«;
- »konkrete Tätigkeit als gebrauchswertschaffende Tätigkeit«;
- »abstrakte Tätigkeit«, worunter er solche versteht, die »unter kapitalistischen Verhältnissen determiniert vom Verhältnis von Lohnarbeit und Kapital stattfindet« (JANTZEN 1977, 42).

Jantzen schlägt hierfür eine graphische Darstellung vor, ohne diese auszuführen (s. Tab. 17):

	konkrete Fähigkeiten	abstrakte Fähigkeiten
Verausgabung von Fähigkeiten	II k	II a
Aneignung von Fähigkeiten	I k	I a

I k: Aneignung konkreter Fähigkeiten
II k: Verausgabung konkreter Fähigkeiten
I a: Aneignung abstrakter Fähigkeiten
II a: Verausgabung abstrakter Fähigkeiten

Tab. 17: Arten der Tätigkeit nach Sève

Im Verhältnis dieser Quadranten spiegelt sich nach Sève der »Zeitplan des Individuums« (JANTZEN 1977, 43). Auf die Lebenszeit bezogen ordnet Jantzen zu:

- dem *Vorschulkind* den Quadranten I k als Schwerpunkt mit Anteilen von II k (*Aneignung von konkreten Fähigkeiten* mit teilweiser Verausgabung),
- dem *Schulkind* und dem sich auf einen Beruf vorbereitenden Menschen den Quadranten I a, da es in dieser Zeit wesentlich »um die *Aneignung abstrakter Fähigkeiten* im Hinblick auf die Maschinerie, auf die Strukturierung der großen Industrie, d. h. vorgegebene Arbeitsplatzsituationen« (JANTZEN 1977, 43; H. d. H.J.P.) geht,
- dem *Arbeiter* am Fließband den Quadranten II a (*Verausgabung abstrakter Fähigkeiten*) und
- *alten Menschen* den Quadranten II k (*Verausgabung konkreter Fähigkeiten*) wegen des Überwiegens von »Konsumaktivitäten« (JANTZEN 1977, 43).

Übertragen auf Behinderte stellt Jantzen fest, »daß viele Behinderte sehr häufig durch Tätigkeitsstrukturen mit Schwerpunkt im Quadranten II k [Verausgabung konkreter Fähigkeiten; H.J.P.] gekennzeichnet werden können, also vorrangig in dem Bereich konkreter Konsumaktivität leben, daß ihnen keine oder nur geringe Gelegenheit zur Aneignung konkreter und abstrakter Fähigkeiten geboten wird und auch nicht zur Verausgabung abstrakter Fähigkeiten im Arbeitsprozeß« (JANTZEN 1977, 43).

Solche Zuordnungen bezeichnet Jantzen als »spezifische Aktivitätsmatrizen[1] (1977, 43), deren unterschiedliche Ausprägungen (z. B. Schüler, Hilfsarbeiter, Behinderter) individuelle Entwicklung auch in unterschiedlicher Weise beeinflussen. Als betroffenen Entwicklungsbereich bezeichnet er »Struktur und Inhalt der psychischen Regulation« (JANTZEN 1977, 43), womit er die Tätigkeitsregulation im Sinne Hackers meint. Für Behinderte gilt hierbei: »Je weniger umfassend das gesellschaftliche Erbe dargeboten wird, je mehr in Teilbereiche fragmentiert, desto weniger kann eine Intellektualisierung der psychischen Regulation stattfinden, desto mehr findet sie nur auf sensomotorischer oder perzeptiv-begrifflicher Ebene, d. h. auf niederen Regulationsebenen statt, wird Realität nicht umfassend angeeignet und durchdrungen« (JANTZEN 1977, 43-44).

Gleichzeitig weist Jantzen aber auch darauf hin, »daß menschliche Lernprozesse [...] zugleich auf verschiedenen Regulationsebenen hierarchisch verlaufen, d. h. gleichen Handlungen eine je unterschiedliche regulative Struktur zugrundeliegen kann« (JANTZEN 1977, 44).

Wenn es im Alltag um die Frage erfolgreichen Handelns geht, richtet sich die Beurteilung einer Handlung nur noch danach, ob sie zum gemeinten Erfolg geführt hat oder nicht. Eine Bewertung der jeweiligen Regulationsebene des Handelns findet dann nicht mehr statt. Ein geistigbehinderter Mensch kann z. B. auf der sensomotorischen oder begrifflich-perzeptiven Regulationsebene genau so erfolgreich

---

[1] Diese »spezifischen Aktivitätsmatrizen«, wie Jantzen sie nennt, werden üblicherweise als »Rollen« bezeichnet (vgl. z. B. HAUG 1972).

handeln wie ein anderer Mensch auf der intellektuellen Regulationsebene. Nicht mehr der Handlungserfolg kann dann zur Diskrimination zwischen »geistigbehinderten« und »nicht geistigbehinderten« Menschen beigezogen werden, sondern nur noch die je unterschiedliche Regulationsebene der erfolgreichen Handlung. Damit ist prinzipiell der auf der sensomotorischen Regulationsebene handelnde Mensch (z. B. der Geistigbehinderte) in Bezug auf eben diese Handlung dem auf der intellektuellen Regulationsebene Handelnden gleichwertig. Geistigbehinderte haben somit als grundsätzlich gleichwertig Handlungsfähige zu gelten.

Der Übergang von einem Entwicklungsstadium zum anderen und demnach die Ablösung einer dominierenden Tätigkeit durch eine andere ist nach Leontjew gekennzeichnet durch neue Aufgaben, die dem Kind durch die Erziehung gestellt werden, »und die seinen veränderten Möglichkeiten und seinem neuen Bewußtsein angemessen sind« (LEONTJEW 1973, 405). Innerhalb der verschiedenen Entwicklungsstufen entwickelt sich das Kind nach und nach zum Mitglied der Gesellschaft und hat als solches auch bestimmte Pflichten zu erfüllen.

Dieses Konzept der dominierenden Tätigkeiten hat durchaus strukturelle Gemeinsamkeiten mit Piagets Beschreibung der Entwicklung der Intelligenz, so daß sich eine tabellarische Gegenüberstellung lohnt (s. Tab. 18, S. 164).

Trotz Ähnlichkeiten im Aufbau, in den Altersangaben und in der Struktur verfolgen die beiden Theorien unterschiedliche Sichtweisen. Während Piaget die innerpsychischen Prozesse des Kindes darlegt, ist für die Aneignungstheoretiker – deren Konzept auf der als prinzipiell beobachtbar angesehenen Tätigkeit aufbaut – die pädagogische Vermittlung von großer Bedeutung für die Entwicklung des Kindes.

Für geistigbehinderte Kinder gilt die Abfolge der dominierenden Tätigkeit nur bedingt und können die Altersangaben keineswegs gelten. Geistigbehinderte Kinder unterliegen der gesetzlichen Schulpflicht nach ihrem Lebensalter und nicht erst dann, wenn sie die Lernaufgaben z. B. der gegenständlichen Tätigkeit und der Spieltätigkeit bewältigt haben. Viele von ihnen befinden sich bei Eintritt in die Schule noch im Stadium der manipulativen Tätigkeit, schwerst- und schwerstmehrfach behinderte Kinder unter Umständen noch im Stadium des basalen Wahrnehmenlernens.

All das, was irreguläre und dramatisch verzögerte Entwicklung geistigbehinderten Kindern in ihren ersten sechs Lebensjahren vorenthalten hat, sollen sie nunmehr in der Schule lernen. Sie lernen also im Schwerpunkt nicht Abstraktes wie z. B. die mathematische Formel $(a + b)^2 = a^2 + 2ab + b^2$, sondern ganz Konkretes, Körper- und Lebensnahes: Die Dinge wahrzunehmen, die Dinge zu gebrauchen, Perspektiven anderer Menschen zu beachten, Regeln zu beachten, anzupassen und selbst aufzustellen.

Dominierende Tätigkeit nach Leontjew und Elkonin	Entwicklungsniveau nach Piaget
Wahrnehmungstätigkeit (bis ca. 4 Monate)	**1. Die sensomotorischen Entwicklung** • Stadium 1: Betätigung und Übung der Reflexe (0 - ca. 1. Monat) • Stadium 2: Erworbenes Anpassungsverhalten und primäre Zirkulärreaktionen (einfache Gewohnheiten) (ca. 1. - ca. 4. Monat)
Manipulative Tätigkeit (bis ca. 1 Jahr)	• Stadium 3: Die sekundären Zirkulärreaktionen und das Andauernlassen interessanter Ereignisse (aktive Wiederholung) (ca. 4. - ca. 10. Monat) • Stadium 4: Koordination der sekundären Verhaltensschemata und ihre Anwendung auf neue Situationen (Verknüpfung von Mittel und Zweck) (ca. 7. Monat - ca. 1. Jahr)
Gegenständliche Tätigkeit (bis ca. 3 Jahre)	• Stadium 5: die tertiären Zirkulärreaktionen (aktives Experimentieren) (ca. 10. Monat - ca. 18 Monate) • Stadium 6: Erfindung neuer Mittel durch geistige Kombination (ca. 18. Monat - ca. 2. Jahr) **2. Die präoperativen Denkoperationen** • Das vorbegrifflich-anschauliche Denken) (ca. 2 - ca. 4 Jahre)
Spieltätigkeit (ca. 3 - ca. 6 Jahre)	• Das anschauliche Denken (ca. 4 - ca. 7 Jahre)
Schulisches Lernen (ca. 7 - ca. 13/14 Jahre)	**3. Die konkreten Denkoperationen (ca. 7 - ca. 11 Jahre)** **4. Die abstrakten Denkoperationen (ab ca. 11 Jahre)**
Arbeit (ab ca. 14/15 Jahre)	• Piaget gibt kein weiteres Niveau an.

Tab. 18: Dominierende Tätigkeiten und Piagets Stufen der Intelligenzentwicklung (nach MAJERES, ORIGER 1998, 6)

Unterricht mit Geistigbehinderten führt in der Regel aus der manipulativen über die gegenständliche Tätigkeit unmittelbar zur Arbeit (s. Abb. 33). Rollen und Regeln, welche das nichtbehinderte Kind sich im Spiel aneignet, erwerben geistigbehinderte Kinder unmittelbar in der konkreten gegenstandsbezogenen Tätigkeit, welche das Arbeiten vorbereitet. Daß dabei das Spielen häufig zu kurz kommt, ist ein beklagenswerter Mangel in vielen Schulen – auch in vielen Schulen für Geistigbehinderte.

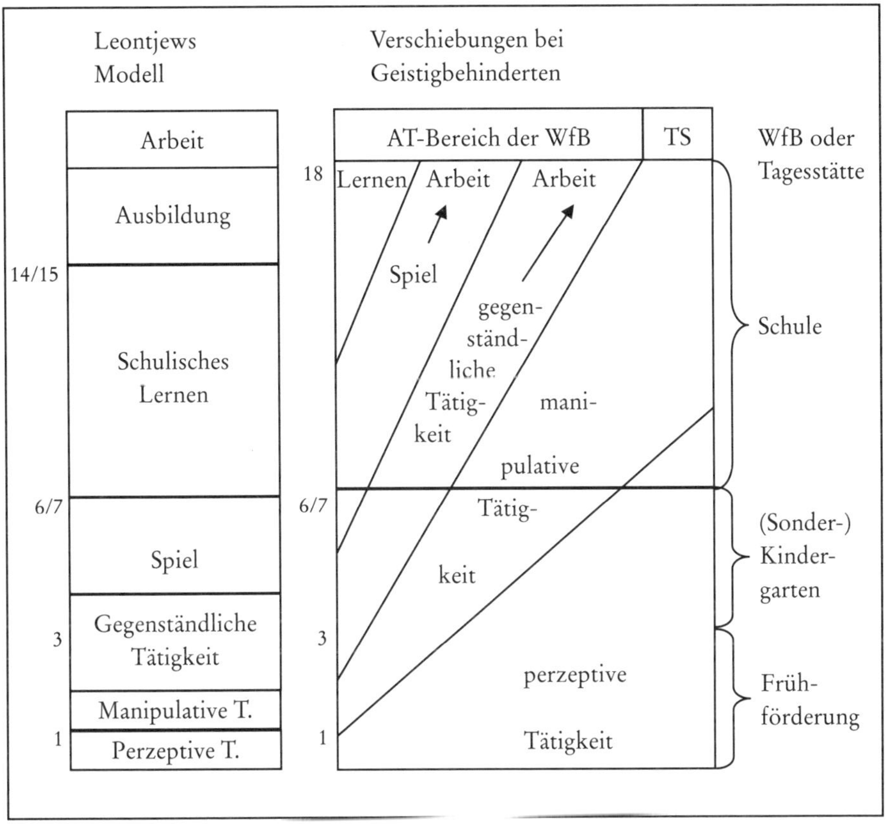

Abb. 33: Verschiebungen der dominierenden Tätigkeiten bei Geistigbehinderten

Die Schule für Geistigbehinderte wie daran anschließende Ausbildungs- bzw. Bildungseinrichtungen haben daher auch und vordringlich die dem regulären Kleinkind- und Vorschulalter zugeordneten Entwicklungsbereiche der manipulativen Tätigkeit, der gegenständlichen Tätigkeit und der Spieltätigkeit zu fördern und aus diesen Tätigkeiten heraus unmittelbar in die Arbeitstätigkeit zu führen.

9.2 Arbeit, Handeln und Aneignung Geistigbehinderter

Das weiter vorne nach Jantzen konstruierte Modell des Zeitplans[1] enthält bei Sève noch als weitere Dimension die Dichotomisierung zwischen geistiger Arbeit und

[1] Was hier als »Zeitplan« bezeichnet wird, heißt bei Sève »emploi du temps« und ist angemessener mit »Verwendung/Nutzung der Zeit« oder »Zeitnutzung« zu übersetzen. Die virtuelle Komponente der Verfügung über Zeit ist die Disposition der noch nicht stattgefundenen Zeit, der Zeitplan.

körperlicher Arbeit. Damit erweitert sich das Schema in Tab. 17 zu einer dreidimensionalen Darstellung (s. Abb. 34):

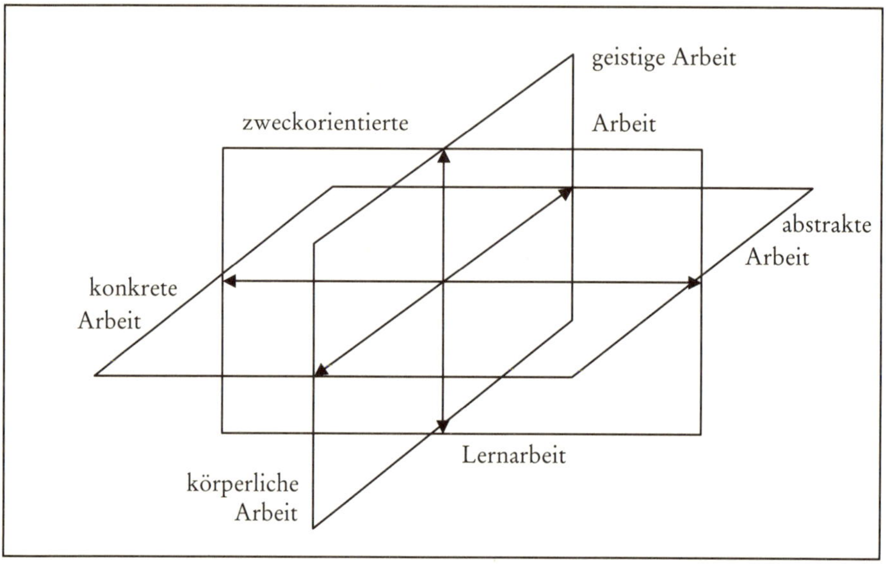

Abb. 34: Arten der Arbeit (vgl. Autorenkollektiv Wissenschaftspsychologie 1974, 149)

Die Trennung zwischen »konkreter« und »abstrakter« Arbeit findet ihre Begründung in der Marxschen Kritik des Kapitalismus mit seiner »Entfremdung« der Arbeitskraft. Ohne hierauf weiter einzugehen, kann für geistigbehinderte Menschen festgehalten werden:

1. Unter den durchaus kapitalistischen Produktionsbedingungen der Werkstatt für Behinderte verrichtet der dortige behinderte Mitarbeiter »abstrakte« Arbeit, deren Produkte er sich nicht unmittelbar zunutze machen kann.
2. Unter dem Auftrag der Werkstufe der Schule für Geistigbehinderte, ihre Schülerinnen und Schüler auf eine Arbeitstätigkeit vorzubereiten, hat dies als Vorbereitung auf »abstrakte« Arbeit zu geschehen.
3. Unter Beachtung einerseits des Intellektualkriteriums wie der realen Verhältnisse in Schule für Geistigbehinderte wie Werkstatt für Behinderte ist deren »abstrakte« Arbeit als »körperliche« Arbeit konzipiert und realisiert.
4. Im günstigsten Falle haftet dieser körperlichen und »abstrakten« Arbeit noch eine gewisse konkrete Zweckhaftigkeit an, so daß insbesondere in der Werkstufe der Schule für Geistigbehinderte »gesellschaftliche Bedeutung« einen »individuellen Sinn« erhalten kann.
5. Zweckorientierte körperliche konkrete Arbeit kennzeichnet durchgängig die »Lernarbeit« in der Schule für Geistigbehinderte und wird konventionell mit der »Sachverhaftetheit«, »Gebundenheit an das Konkrete«, der Notwendigkeit des

Einsatzes der Motorik und dem motorischen bzw. sensomotorischen Lernen begründet.

6. Zweckhaftigkeit und individueller Sinn sind jedoch konstitutive Merkmale von »Handlung«.
7. Somit läßt sich auch aus dieser Analyse »Handlung« als das Mittel des Lernens/der Aneignung in der Schule für Geistigbehinderte begründen.
8. Die Schule für Geistigbehinderte ist die Schule des Lernens zu handeln, um durch Handeln zu lernen. Die Allmersche Dichotomie (ALLMER 1985) des hier: »Lernen durch Handeln« und da: »Lernen zu handeln« ist damit aufgehoben.
9. Lernen zu handeln geschieht als Akkommodation, lernen durch Handeln als Assimilation, beide in dialektischer Verschränkung als Adaptation, als Erwerb und als Anwendung neuer Handlungsschemata auf jeweils komplexerem, höherem Niveau und damit als majorierende Äquilibration.
10. Majorierende Äquilibration ist Verbesserung der Handlungsfähigkeit.
11. Die dem Menschen ab Geburt verfügbaren ersten Handlungsschemata finden sich in seiner Ausstattung mit angeborenen Reflexen bzw. Bewegungsprogrammen. Diese bilden die biologische Basis für jede weitere Aneignung/jedes weitere Lernen, welches mit Bredenkamp (1998) als »biologisch vorbereitetes Lernen« bezeichnet werden kann.
12. Das »Lernen zu handeln« beginnt als biologisch vorbereitetes Lernen.

Grundsätzlich ist die Tätigkeit der Schüler(innen) in der Schule für Geistigbehinderte Lerntätigkeit. Tätigkeit jedoch wird verstanden als übergreifender Zusammenhang bewußten und gesteuerten Verhaltens, welches in größerer zeitlicher Perspektive gesehen wird (»Lebenstätigkeit«, »Berufstätigkeit«, auch »Lerntätigkeit«). Sie wird als von einem in der Zeitperspektive weiter entfernten und gesellschaftlich bestimmten Motiv gesteuert betrachtet, welches geistigbehinderten Kinder i.d.R. nicht faßbar ist (vgl. die Bachsche Kategorie der Zentrierung auf das zeitlich und räumlich Nahe). Zeitlich und räumlich nah ist jedoch der gedachte/geplante Zweck einer Handlung, deren Ziel. Im Gegensatz zu übergreifenden und abstrakten Tätigkeitszielen (Du mußt lernen, um später arbeiten zu können!) sind Handlungsziele konkret und zeitlich nah. Selbst die von Bach (1974; 1976) beschriebenen Geistigbehinderten können, sofern die Bachschen Lernverhaltensweisen diese Gruppe angemessen beschreiben, Handlungsziele grundsätzlich erfassen und verfolgen, eine weitere Begründung dafür, warum »handeln« das Lernen/die Aneignung Geistigbehinderter konstituieren und das Lernen in der Schule für Geistigbehinderte durchgängig kennzeichnen kann. Es besteht dann keine Notwendigkeit mehr, sich auf weichere Formen der vorsichtigen Annäherung (wie z. B. handlungs*orientiertes* oder handlungs*bezogenes* Lernen) zurückzuziehen. Lernen als bewußte auf ein konkretes Ziel orientierte und konkret ausgeführte Tätigkeit ist Handeln; Aneignung geschieht durch handeln im Handeln.

9.3 Zusammenschau

Die Entwicklungstabelle der menschlichen Tätigkeit nach Leontjew hat von Aufbau, Altersangaben und Struktur her deutliche Ähnlichkeiten mit der Stufenfolge der intellektuellen Entwicklung bei Piaget. Diese Äquivalenzen stellt Jantzen in folgender Tabelle 19 zusammen:

Dominierende Tätigkeit	**Abbildniveau**	**Niveau nach *Piaget***
Bis ca. 4 Monate: Wahrnehmungstätigkeit	Erbkoordinationen, modale und intermodale Abbilder	Reflexe; primäre Zirkulärreaktionen
Bis ca. 1 Jahr: manipulierende Tätigkeit	Individuelle Gegenstandsbedeutungen	Sekundäre Zirkulärreaktionen und ihre Koordination
Bis ca. 3 Jahre: gegenständliche Tätigkeit	Individuelle Werkzeugbedeutungen	Tertiäre Zirkulärrektionen; Lernen durch Einsicht
	Individuelle Tätigkeitsbedeutungen	Egozentrisch–präoperationales Denken; 2-4 Jahre: vorbegrifflich,
Spiel (erste Geburt der Persönlichkeit) (ca. 3-6 Jahre)	Individuelle Ich-Bedeutung/ soziale Gegenstandsbedeutungen	4-6/7 Jahre: anschaulich
(schulisches) Lernen (ca. 7-13/14 J.)	Soziale Werkzeugbedeutungen	Konkret-operatives Denken (funktionell) (ca. 7-10 Jahre)
	Soziale Tätigkeitsbedeutungen	Formallogisches Denken (kategorial) (ab ca. 11 Jahre)
Arbeit (zweite Geburt der Persönlichkeit) (ca. 14/15 Jahre)	Soziale Ich-Bedeutung	*Piaget* gibt kein weiteres Niveau an. *K. Riegel* ergänzt *Piaget* um das Niveau: Dialektisches Denken

Tab. 19: Dominierende Tätigkeit, Abbildniveau und Niveau der intellektuellen Entwicklung nach Piaget (aus JANTZEN 1992, 202; gekürzt)

Der grundlegende Unterschied zwischen diesen beiden Konzepten liegt auch weniger in der formalen Struktur als in der Art, wie Aneignung von Welt, wie Lernen beschrieben wird. Piaget geht davon aus, »daß jeder Organismus den Zustand eines Gleichgewichts zwischen Organismus und Welt anstrebt. Wird dieses Gleichgewicht gestört, was sich in einem Unangepaßtsein manifestiert, entsteht das Bedürfnis, durch eine Handlung eine Wiederanpassung zu erreichen« (EIGLER 1967, 209).

Dabei stellen die Reflexe die ersten »Handlungsfiguren« (EIGLER 1967, 210) dar, die dem neugeborenen Kind zur Verfügung stehen. Diese werden zum bedingten Reflex weiterentwickelt, was bedeutet, daß ein neues Element an ein bereits vorhandenes Schema assimiliert wird und damit dieses alte Schema in ein neues höherer Ordnung integriert wird. Die gesamte kognitive Entwicklung beschreibt Piaget in diesem Mechanismus: Ein vorhandenes Schema wird durch Assimilation eines neuen Elementes erweitert, dann werden Schemata miteinander koordiniert usw. Diese neuen, erweiterten Schemata werden zunehmend beweglich und befreien sich »von der Starrheit und Eingleisigkeit eines Reflexes« (EIGLER 1967, 212).

Wesentlich an Piagets Anschauung ist hierbei, daß die bereits ausgebildeten Schemata unerläßliche Voraussetzungen für das Ausbilden neuer Schemata sind. Als Konsequenz für Lernen heißt das: Nur auf der Basis bereits ausgebildeter Schemata ist Lernen möglich. Die durch die tätige Auseinandersetzung mit der Umwelt (z. B. auch durch schulisches Lernen) eingeleiteten Lernprozesse werden von Piaget nicht beachtet. Nicht beachtet wird, daß auch das strukturelle Niveau der pädagogischen Anforderungen die Höhe der Entwicklung des Denkens beeinflussen kann. Hierauf macht erst Aebli (1963) aufmerksam: »Es sind die relativ spontanen Erfahrungen und Beobachtungen des Kindes in seiner täglichen Umwelt, welche Anlaß zur Konstruktion der Begriffe und Operationen geben« (AEBLI 1963; nach EIGLER 1967, 345).

9.4 Zur Kritik an Piagets Konzept

Begemanns Kritik an Piagets Konzept setzt ganz grundsätzlich an der Frage an, ob es denn eine »Normalentwicklung« überhaupt gebe, was er ebenso in Frage stellt wie ein »typisches« Lernverhalten »Lernbehinderter« (1998b, 60), bei welchen er mit Klauer (1966) und Kanter (1977) eher von aufgabenspezifischen Schwierigkeiten ausgeht. Höchst merkwürdig ist dann jedoch sein Rückschluß, wenn es schon »keine »schulartspezifischen« Eigenarten und keine »typischen« Schüler« gebe, »daß es [dann auch] keine »normale« Entwicklung gibt« (BEGEMANN 1998b, 60), womit er insbesondere gegen Piagets Stufenlehre anargumentiert. Diese Argumentation richtet sich zunächst gegen das Herausisolieren einzelner Schemata aus ihren Lebenszusammenhängen, wogegen er einwendet: »Um eine alltägliche Situation zu bewältigen, werden immer schon verschiedene Fähigkeiten gleichzeitig gefordert. Schon kleine Kinder kombinieren mehrere Elemente einer Beobachtung miteinander. Sie können also [...] durchaus schon operativ verfahren« (KATHER 1997, 13; nach BEGEMANN 1998b, 61).

Den hier gemeinten Situationsbezug hat Seiler herausgearbeitet, der schreibt: »Jedes individuelle kognitive System ist in seinem Wesen nach beschränkt auf die Situation, in denen es erarbeitet wurde und auf die Elemente und ihre Beziehungen, die es strukturiert« (SEILER 1973, 266; nach BEGEMANN 1998b, 62).

Formale Denkoperationen entstehen nach Seiler aus der Auseinandersetzung des Individuums mit spezifischen Problemen. Seiler geht weiter davon aus, »daß diese formalen Operationen nie eine uneingeschränkte, alle Probleme und Problembereiche umfassende Generalität annehmen« wie auch, »daß in ein und demselben Individuum bezüglich ein und desselben Gegenstandsbereiches unterschiedliche formale Denk- und Lösungssysteme nebeneinander bestehen« (SEILER 1973, 268; nach BEGEMANN 1998b, 62). Aus der Begemannschen Rezeption Seilers geht nun nicht hervor, ob die erwähnten unterschiedlichen formalen Denk- und Lösungssysteme im Sinne unterschiedlicher Repräsentationsebenen sensu Bruner oder unterschiedlicher Regulationsebenen sensu Hacker (1986) zu denken sind; deren Passung hinsichtlich der Seilerschen Argumentation drängt den Vergleich geradezu auf.

Begemann referiert weiter die Kritik von Regine Kather, »daß *Piaget* sich nicht für die Veränderungen der Schemata der Intelligenz bei Erwachsenen interessiert habe« (BEGEMANN 1998b, 62). Hier allerdings überzieht Regine Kather ihre Kritik, und mit ihr überzieht Begemann. »La naissance de l'intelligence chez l'enfant« (PIAGET 1959; dt. 1975a), die »Geburt der Intelligenz beim Kind« zentriert die Aufmerksamkeit eindeutig auf die Genese, der gegenüber »Les variations assimilatives de l'intelligence chez l'adolescent«[1] von nachrangigem Interesse sind. Diese Kritik ist auch deswegen unangebracht, weil sich der Kritiker selbst nicht um Phänomene des »horizontalen Lernens« bei Erwachsenen bemüht hat[2].

Wiederum Regine Kather zitierend, kritisiert Begemann an Piagets Stufenkonzept: Die Entwicklung der Intelligenz vollzieht sich nicht in streng hierarchisch aufeinanderfolgenden Stufen, sondern durch eine kontinuierliche Ausweitung und Verzahnung mit anderen Fähigkeiten. In den meisten Situationen sind sensomotorische, kognitive und soziale Intelligenz, Gefühle, Werte und Ziele gleichzeitig gefordert« (KATHER 1997, 14f.; nach BEGEMANN 1998b, 62).

Die hier ausgedrückte Selbstverständlichkeit des Zusammenwirkens mehrerer oder vieler Faktoren in einer gegenwärtigen, aktuellen Situation ist jedoch kein Widerspruch zu Piagets Akzentuierung der Entwicklung der Intelligenz auf den rationalen Aspekt, orientiert am Paradigma mathematisch-formaler Logik. Piaget hat nicht beansprucht, *alles* erklären zu wollen. Wohl aber haben Piaget-Adepten geglaubt, mit Piagets Konzept der Intelligenzentwicklung eine All-Theorie zur Hand zu haben, die nun Alles und Jedes erklären könne.

Wichtiger erscheint Kathers Anmerkung, dem Kind und dem Erwachsenen sei gemeinsam »das Bemühen, in den Ereignissen einen sinnvollen Zusammenhang zu entdecken und sie durch eine schöpferische Konstruktion zu erklären« (KATHER 1997, 14f.; nach BEGEMANN 1998b, 62). Damit verweist Begemann lediglich auf den hinlänglich bekannten, von Piaget vertretenen Konstruktivismus, den ja auch Begemann selbst zur Grundlage seines eigenen Denkens macht.

Ein anderes Gewicht hat die Kritik Begemanns, wenn er den pädagogischen Nutzen des Piagetschen Stufenkonzepts in Zweifel zieht. Dabei beruft er sich auf Aebli: »Wenn *Piaget* in seinen genetischen Untersuchungen nachweist, daß in einem bestimmten Alter eine Operation vorhanden ist, so braucht sie dem Kind nicht mehr

---

1 »Die assimilativen Veränderungen der Intelligenz beim Erwachsenen«; eigene Titel-Erfindung des Verfassers.

2 Es zeugt zumindest von schlechtem Stil, eigene Versäumnisse bei anderen zu beklagen oder, schlimmer noch, die eigene Nichtbefassung damit zu exculpieren, daß andere, wohl auch noch bekanntere, Autoren sich mit genau dieser Thematik auch nicht beschäftigt haben.

beigebracht zu werden. Wenn die Operation aber noch nicht vorhanden ist, so kann sie ihm noch nicht beigebracht werden« (AEBLI 1963, 88; nach BEGEMANN 1998b, 63; H.i.O.). Unter Berufung auf Herzog (1991) macht Begemann darauf aufmerksam, daß Piagets Forschungsinteresse sich nicht auf den Prozeß des Erkenntniserwerbs gerichtet hat, sondern auf dessen Endprodukt, die voll entwickelten Schemata. Insoweit läßt Piaget Raum für die didaktisch-methodische Füllung der Aneignungsphase und damit auch für die pädagogische Vermittlung. Diese Vermittlung geschieht durch die soziale Umwelt, ohne deren Einfluß in der Interaktion kognitive Entwicklung »nicht verständlich ist« (HERZOG 1991, 292). Die konkrete Analyse dieser sozialen Einflüsse hat Piaget allerdings vernachlässigt, worauf bereits Eigler (1967) hingewiesen hat. Herzog weist zusätzlich darauf hin, »daß *Piaget* das Soziale als Kausalfaktor abgelehnt hat« (HERZOG a.a.O.). Herzog sieht die Bedeutung sowohl der physischen wie der sozialen Umwelt nun »genau darin, daß sie dem Individuum ein Ziel vorgibt und einen Rahmen schafft, innerhalb dessen es das Ziel erreichen kann. [...] Der Rahmen sind die pädagogischen Stützsysteme, die dem Individuum helfen, sich auf das Ziel hin zu bewegen« (HERZOG 1991, 292).

Herzog betont, Piaget habe »ein neues Verständnis menschlicher Subjektivität« (1991, 302) ermöglicht, die »Einsicht, daß jeder Mensch sein Leben selbst durch Aktivität verwirklichen muß« (BEGEMANN 1998b, 65). Der Mensch konstruiert seine Erkenntnis durch Handeln nicht als plattes Abbild der objektiven Realität, sondern »als gestaltende Deutung« (BEGEMANN 1998b, 65) in seiner subjektiven Wirklichkeit.

Ganz besonders der Kritik unterworfen war jedoch, daß Piaget der Gesellschaft, in welcher das Kind sich entwickelt und lernt, nur eine untergeordnete Bedeutung beigemessen hat. Das »milieu social« habe bezüglich der Herausbildung kognitiver Schemata »keine konstitutive, sondern lediglich eine beschleunigende, hemmende oder sogar verhindernde Kraft« (EIGLER 1967, 344). Mit der Nichtberücksichtigung der Gesellschaft geht auch die Nichtberücksichtigung des menschlichen, des führenden, anleitenden, des pädagogischen Einflusses einher. Gerade diesen Momenten jedoch schreibt die tätigkeitsorientierte Aneignungspsychologie der Kulturhistorischen Schule in der Aufgabe der »Vermittlung« geradezu konstitutive Bedeutung zu. Die Lerntheorie dieser Schule, die Aneignungstheorie, widmet gerade dieser gesellschaftlichen Vermittlung ihre besondere Aufmerksamkeit, wobei insbesondere die Rolle der Sprache als Mediator betont wird (so Lurija). Für die Aneignungsprozesse Geistigbehinderter förderliche vor-, para- oder außersprachliche Vermittlungsformen werden innerhalb der Aneignungspsychologie mit Ausnahme des Modellernens im Typ I der Galperinschen Orientierungsgrundlage kaum bis nicht erörtert. Diesen Mangel gilt es zu beheben, wozu eine erste Annäherung in der Ergänzung der Feuserschen dreidimensionalen »Entwicklungslogischen Didaktik« (Feuser 1989; 1995) zu sehen ist. Diese Ausweitung findet sich bei Pitsch (1998; 1999a;

1999b; 1999c; 2001) sowie in Band 1 des Gesamtwerks mit dem Titel »Zur Theorie und Didaktik des Handels Geistigbehinderter«.

Die vorstehende Beschreibung der Entwicklung des kindlichen Handelns beantwortet abschließend unsere *fünfte Frage nach den Leitlinien*, an denen sich die pädagogische Förderung kindlicher Handlungsfähigkeit orientieren kann und erfüllt die Erwartungen unserer *fünfte Annahme: Eine die Entwicklung der Bewegungen, der Tätigkeit und des Denkens integrierende Beschreibung der Entwicklung kindlicher Handlungsfähigkeit stellt die Orientierungsgrundlage für Bemühungen um die pädagogische Förderung der Handlungskompetenz bereit.*

Die didaktischen und methodischen Konsequenzen hieraus sind innerhalb dieser Reihe in Teil 3 »Zur Methodik der Förderung der Handlungsfähigkeit Geistigbehinderter« veröffentlicht, auf welchen im Vorwort bereits und nun an dieser Stelle noch einmal hingewiesen wird.

Literaturverzeichnis

ADAM, Heidemarie: Curriculumkonstruktion für Geistigbehinderte. Eine Untersuchung zu Theorie und Praxis in den USA, unter besonderer Berücksichtigung des Normalisierungsprinzips. Solms-Oberbiel: Jarick, 1978

ADAM, Heidemarie: Mit Gebärden und Bildsymbolen kommunizieren. Voraussetzungen und Möglichkeiten der Kommunikation von Menschen mit geistiger Behinderung. Würzburg: edition bentheim, 1993

ADAM, Heidemarie: Arbeitsplan für den Unterricht bei Schülerinnen und Schülern mit geistiger Behinderung. Würzburg: edition bentheim, ^{3}1997

AEBLI, Hans: Denken: Das Ordnen des Tuns. Band I: Kognitive Aspekte der Handlungstheorie. Stuttgart: Klett-Cotta, ^{2}1993

AEBLI, Hans: Denken: Das Ordnen des Tuns. Band II: Denkprozesse. Stuttgart: Klett-Cotta, ^{2}1994

AFFOLTER, Félicie: Wahrnehmung, Wirklichkeit und Sprache. Villingen-Schwenningen: Neckar-Verlag, ^{4}1990 (^{1}1987)

AFFOLTER, Félicie; BISCHOFBERGER, Walter: Lernen im Alltagsgeschehen. In: FRÖHLICH, Andreas (Hrsg.) 1991, 241-247

ALLMER, Henning: Entwicklungspsychologie aus handlungstheoretischer Sicht: Implikationen für die Theoriebildung und Forschungskonzeption. Psychologische Rundschau XXXVI (1985), H. 4, 181-190

ANOCHIN, P. K.: Physiologie und Kybernetik. In: KITTLER u. a. (Hrsg.) 1968, 59-76

AUTORENKOLLEKTIV WISSENSCHAFTSPSYCHOLOGIE: Materialistische Wissenschaft und Psychologie. Köln: Pahl-Rugenstein 1975

AUTORENTEAM MÜLHEIM a. d. Ruhr: Beispiel zur veränderten Schülerschaft: Und das sollen nun »Geistigbehinderte« sein? Lernen konkret 18 (1999), Heft 2, 2-3

AWO-SfG: Schule für Geistigbehinderte der Arbeiterwohlfahrt D-66763 Dillingen: Einschulungsgutachten C. A. (1995); Akte S 442

BACH, Heinz: Geistigbehinderte unter pädagogischem Aspekt. In: DEUTSCHER BILDUNGSRAT (Hrsg.): Sonderpädagogik 3 – Geistigbehinderte, Lernbehinderte, Verfahren der Aufnahme. Deutscher Bildungsrat: Gutachten und Studien der Bildungskommission, Bd. 34. Stuttgart: Klett, 1974, 17-116

BACH, Heinz: Didaktik der Sonderschule für Geistigbehinderte. In: KLUGE, Karl-J. (Hrsg.): Einführung in die Sonderschuldidaktik. Darmstadt: Wissenschaftliche Buchgesellschaft, 1976, 16-51

BACH, Heinz: Personenkreis Geistigbehinderter (1979a). In: BACH, Heinz (Hrsg.) 1979c, 3-18

BACH, Heinz (Hrsg.): Pädagogik der Geistigbehinderten (Handbuch der Sonderpädagogik, Bd. 5). Berlin: Marhold, 1979c

BACH, Heinz: Pädagogik bei mentaler Beeinträchtigung – sogenannter geistiger Behinderung. Revision der Geistigbehindertenpädagogik. Bern: Haupt, 2001

BANDURA, Albert: Lernen am Modell. Ansätze zu einer sozial-kognitiven Lerntheorie. Stuttgart: Ernst Klett, 1976

BEGEMANN, Ernst: Eigenwelt und Teilsein der Wirklichkeit als Basis für alles menschliche Leben und Lernen. Vergessene Dimensionen in der (Sonder-) Pädagogik. Darstellung, Begründung und schulische Konsequenzen. Behinderte in Familie, Schule und Gesellschaft 16 (1993) 1, 3-62

BEGEMANN, Ernst: Piaget, Normal-Entwicklung, individuelle Erfahrung. Überlegungen und Bilanzierungen für (›Sonder‹-)Schulen und Pädagogen. Behindertenpädagogik 37 (1998a) 2, 138-155. Auch: Behinderte in Familie, Schule und Gesellschaft 21 (1998b) 3, 59-74

BENNER, Dietrich. Grundstrukturen pädagogischen Denkens und Handelns. In: LENZEN, MOLLENHAUER (Hrsg.) 1995, 283-300

BIGGER, Alois: Förderdiagnostik Schwer- und Schwerstbehinderter. Diagnostik und Förderung unter dem Aspekt der Kognition. Luzern: Schweizerische Zentralstelle für Heilpädagogik, [2]1993

BIRBAUMER, N[iels]; SCHMIDT, R[obert] F.: Biologische Psychologie. Berlin et al.: Springer, [2]1991

BISCHOFBERGER, Walter: Aspekte der Entwicklung Taktil-Kinaestethischer Wahrnehmung. Eine Vergleichsuntersuchung zwischen einer Gruppe sehender und blinder Kinder im Alter von 10 und 16 Jahren im Taktilen Formerkennen und im Vibrotaktilen Sukzessiven Mustererkennen. Villingen-Schwenningen: Neckar-Verlag, 1989

BLANKERTZ, Herwig: Theorien und Modelle der Didaktik. München, 1973

BOSHOWITSCH, L[ydia] I.: Die Persönlichkeit und ihre Entwicklung im Schulalter. Berlin (DDR): Volk und Wissen VEV, 1970

VON BRANDENSTEIN, Bela: Handlung. In: KRINGS, BAUMGARTNER, WILD (Hrsg.) 1973, Bd. 3, 677-685

BREDENKAMP, Jürgen: Lernen, Erinnern, Vergessen. München: Beck, 1998

BREITENBACH, Erwin: Wie frei sind die Bahnen? – Edu-Kinestetik aus empirischer Sicht. In: SCHMETZ, WACHTEL (Hrsg.) 1999, 195-203

BREITINGER, Manfred; FISCHER, Dieter: Intensivbehinderte lernen leben. Würzburg: edition bentheim, 1993

BRUNER, Jérome S.: Über kognitive Entwicklung. In: BRUNER, OLVER, GREENFIELD (Hrsg.) 1971, 21-44; 55-96

BRUNER, Jérome: Wie das Kind sprechen lernt. Bern, Stuttgart, Toronto: Hans Huber, 1987

BRUNER, Jérome S.; OLVER, R. R.; GREENFIELD, P. M. (Hrsg.): Studien zur kognitiven Entwicklung. Stuttgart: Klett, 1971

BURGSCHAT, Sabine: Gesundheitslehre. Studieneinheit Gesundheitslehre, Biologie im Fernkurs Erziehen – Aufgabe, Chance, Beruf. Erprobungsfassung o. O., 1994 (Quelle: Kath. Fachschule für Sozialpädagogik Trier)

COHEN, Jack; STEWART, Ian: Chaos – Antichaos. Ein Ausblick auf die Wissenschaft des 21. Jahrhunderts. Sonderausgabe. Berlin: Byblos, 1997

DAMASIO; Antonio R.: Descartes' Irrtum: Fühlen, Denken und das menschliche Gehirn. München: Deutscher Taschenbuch Verlag, [3]1998

DITTMANN, Werner: Eine Intelligenzuntersuchung mit dem Binetarium (BBN) bei Schülern der Sonderschule für Geistigbehinderte. Zeitschrift für Heilpädagogik 25 (1974), 92-108

DÖRNER, Dietrich; KAMINSKI, Gerhard: Handeln – Problemlösen – Entscheiden. In: IMMELMANN, SCHERER, VOGEL, SCHMOOCK (Hrsg.) 1988, 375-414

DORNES, Martin: Der kompetente Säugling: Die präverbale Entwicklung des Menschen. Frankfurt a. M.: Fischer, 1997

DOWE, Georg; HEILHECKER, Paul; KITTLER, Gerhard; STRECKENBACH, Klaus; STRITZKE, Fritz (Hrsg.): Psychologische Studientexte Unterstufe für die Ausbildung an Instituten für Lehrerbildung. Berlin (DDR): Volk und Wissen VEV, 1972

DUSCHA, Rolf (Oberhausen): Persönliche Mitteilung an den Verfasser vom 30. Mai 1998

EGGERT, Dietrich: Zur Bewährung der Testbatterie für geistigbehinderte Kinder (TBGB) in der Schulpraxis. Eine Längsschnittuntersuchung zur prognostischen Gültigkeit. Zeitschrift für Heilpädagogik 25 (1974), 75-91

EIGLER, Gunther: Bildsamkeit und Lernen. Weinheim, Berlin: Julius Beltz, 1967

ELKONIN, Daniil: Psychologie des Spiels. Köln: Pahl-Rugenstein, 1980 (Original: Moskau 1978)

ERLEBACH, E.; IHLEFELD, U.; ZEHNER, K.: Psychologie für Lehrer und Erzieher. Berlin (Ost): Volk und Wissen VEV, 2 1972 (1 1966)

FESTINGER, Leon: Theorie der kognitiven Dissonanz. Hrsg. v. IRLE, Martin; MÖNTMANN, Volker. Bern, Stuttgart, Wien: Huber, 1978

FEUSER, Georg: Allgemeine integrative Pädagogik und entwicklungslogische Didaktik. Behindertenpädagogik 28 (1989), H. 1, 4-48

FEUSER, Georg: Behinderte Kinder und Jugendliche. Zwischen Integration und Aussonderung. Darmstadt: Wissenschaftliche Buchgesellschaft, 1995

FISCHER, Dieter: Eine methodische Grundlegung (Reihe: Neues Lernen mit Geistigbehinderten). Rheinbreitbach: Dürr & Kessler, 5 1994

FRÖHLICH, Andreas (Hrsg.): Pädagogik bei schwerster Behinderung (Handbuch der Sonderpädagogik, Band 12). Berlin: Marhold, 1991

FURTADO, Erikson F.: Die Entwicklung der kommunikativen Kompetenz im Säuglingsalter. Praxis der Kinderpsychologie und Kinderpsychotherapie 44 (1992), H. 4, 139-145

FURTH, Hans G.: Piaget für Lehrer. Düsseldorf: Schwann, 3 1981

GAGNÉ, Robert M.: Die Bedingungen des menschlichen Lernens. Hannover: Schroedel 2 1970 (1 1965)

GALPERIN, P. J.: Die geistige Handlung als Grundlage für die Bildung von Gedanken und Vorstellungen. In: KITTLER, DOWE, GÖBEL, KRÜGER (Hrsg.) 1968, 317-328

GALPERIN, P. J.: Die geistige Handlung als Grundlage für die Bildung von Gedanken und Vorstellungen (1972a). In: GALPERIN, LEONTJEW u. a. 1972, 33-49

GALPERIN, P. J.: Die geistige Handlung als Grundlage für die Bildung von Gedanken und Vorstellungen (1972b). In: DOWE u. a. (Hrsg.) 1972, 128-138

GALPERIN, P. J.; LEONTJEW, A. N. u. a.: Probleme der Lerntheorie. Berlin (DDR): Volk und Wissen VEB, 3 1972; 4 1974

GELHAUSEN, Henry: Der Lehrkörper tanzt. tageblatt (Luxemburg) vom 23.02.2000, S. 14

GINSBURG, Herbert; OPPER, Sylvia: Piagets Theorie der geistigen Entwicklung. Eine Einführung. Stuttgart: Ernst Klett, 1975

GOEDMANN, M. H.; KOSTER, H.: Was tun mit diesem Kind? Förderung geistig behinderter Kinder. Weinheim, Basel: Beltz, 2 1977

GRÖSCHKE, Dieter: Praxiskonzepte der Heilpädagogik. Versuch einer Systematisierung und Grundlegung. München, Basel: Reinhardt, 1989

GRZESKOWIAK, Ullrich; KLEUKER, Käte: Grundlagen der Sprachheilpädagogik. Eine Einführung für Mitarbeiter in der Behindertenarbeit. Edemissen: Selbstverlag Käte Kleuker, 1979

GUSKI, Rainer: Wahrnehmung. Eine Einführung in die Psychologie der menschlichen Informationsaufnahme. Stuttgart, Berlin, Köln: Kohlhammer, 1989

HABERMAS, Jürgen: Technik und Wissenschaft als »Ideologie«. In: KÄSLER (Hrsg.) 1972, 89-127

HACKER, Winfried: Arbeitspsychologie. Psychische Regulation von Arbeitstätigkeiten. Bern, Stuttgart, Toronto: Hans Huber, 1986

HAUG, Frigga: Kritik der Rollentheorie und ihrer Anwendung in der bürgerlichen deutschen Soziologie. Frankfurt a. M.: Fischer, 1972

HAWKING, Stephen: Die illustrierte kurze Geschichte der Zeit. Aktualisierte und erweiterte Ausgabe. Reinbek bei Hamburg: Rowohlt, 1997

HECKHAUSEN, Heinz: Motivation und Handeln. Berlin, Heidelberg, New York: Springer, [2]1989

HERZOG, W.: Piaget im Lichte der Phänomenologie: Eine pädagogische Erkundung. In: HERZOG, GRAUMANN (Hrsg.) 1991, 288-312

HERZOG, M.; GRAUMANN, C. F. (Hrsg.): Sinn und Erfahrung. Phänomenologische Methoden in den Humanwissenschaften. Heidelberg: Asanger, 1991

HILLER, Gotthilf Gerhard: Erziehung zur Geschäftsfähigkeit. In: HILLER, SCHÖNBERGER 1977, 9-30; 71-73; 78-81

HILLER, Gotthilf Gerhard; SCHÖNBERGER, Franz: Erziehung zur Geschäftsfähigkeit. Entwurf einer handlungsorientierten Sonderpädagogik. Essen: Neue Deutsche Schule Verlag, 1977

HILLIG, Axel: Schülerduden Psychologie. Mannheim, Leipzig, Wien, Zürich: Dudenverlag, 1996

HOLLE, Britta: Die motorische und perzeptuelle Entwicklung des Kindes. Ein praktisches Lehrbuch für die Arbeit mit normalen und retardierten Kindern. Weinheim: Psychologie VerlagsUnion, [2]1992

IMMELMANN, Klaus; SCHERER, Klaus S.; VOGEL, Christian; SCHMOOCK, Peter (Hrsg.): Psychobiologie. Grundlagen des Verhaltens. Stuttgart, New York: Gustav Fischer; Weinheim: Psychologie VerlagsUnion, 1988

JANTZEN, Wolfgang: Materialistische Analyse der Sozialisation von Behinderten und Folgen für Erziehung und Unterricht. Behindertenpädagogik 16 (1977), Beiheft 3-5, 37-55

JANTZEN, Wolfgang: Kritische Psychologie in der Behindertenpädagogik. In: REXILIUS (Hrsg.) 1988, 352-372

JANTZEN, Wolfgang: Allgemeine Behindertenpädagogik, Band 1: Sozialwissenschaftliche und psychologische Grundlagen. Weinheim, Basel: Beltz, [2]1992

JANTZEN, Wolfgang: Zur Neubewertung des Down-Dyndroms. Geistige Behinderung 37 (1998), 224-238

JOSEF, Konrad: Lernen und Lernhilfen bei geistig Behinderten. Berlin: Marhold, [3]1974

KÄSLER, Dirk (Hrsg.): Max Weber. Sein Werk und seine Wirkung. München: Nymphenburger, 1972

KANNHEISER, Werner: Arbeit und Emotion. Eine integrierende Betrachtung. München: Quintessenz Vlg., 1992

KERKHOFF, Winfried; ULBRICHT, Wolfgang: Kleines medizinisches Wörterbuch für Sonderpädagogen und Sozialpädagogen (42 Beilagen zur Zeitschrift Sonderpädagogik). Berlin: Marhold, o. J.

KIRSCH, Rolf: Aspekte der äußeren Differenzierung in der Schule für Geistigbehinderte. Zeitschrift für Heilpädagogik 30 (1979), 478-489

KITTLER, Gerhard; DOWE, Georg; GÖBEL, Rudi; KRÜGER, Heinz (Hrsg.): Psychologische Studientexte. Berlin (DDR): Volk und Wissen VEV, 1968

KIVELÄ, Ari: Gibt es noch eine Theorie pädagogischen Handelns? Zeitschrift für Pädagogik 44 (1998), 603-616

KLAUß, Theo; LAMERS, Wolfgang: Zur schulischen Situation von Schüler(inne)n mit schwerster Behinderung. Geistige Behinderung 39 (2000), 287-289

KOSSAKOWSKI, Adolf; KÜHN, Horst; LOMPSCHER, Joachim; ROSENFELD, Gerhard (Redaktion): Psychologische Grundlagen der Persönlichkeitsentwicklung im pädagogischen Prozeß. Köln: Pahl-Rugenstein, 1977

KOSSAKOWSKI, Adolf; OTTO, Karlheinz: Persönlichkeit – Tätigkeit – psychische Entwicklung. In: KOSSAKOWSKI U. A. (Hrsg.) 1977, 15-63

KRINGS, Hermann; BAUMGARTNER, Hans Michael; WILD, Christopf (Hrsg.): Handbuch philosophischer Grundbegriffe. Studienausgabe in sechs Bänden. München: Kösel, 1973-1974

LANGEWAND, Alfred: Handeln. In: LENZEN, MOLLENHAUER (Hrsg.) 1995, 427-431

LEGEWIE, Heiner; EHLERS, Wolfram: Knaurs moderne Psychologie. München: Droemer Knaur, 1992

LENZEN, Dieter unter Mitarbeit von SCHRÜNDER, Agi (Hrsg.): Enzyklopädie Erziehungswissenschaft. Handbuch und Lexikon der Erziehung in 11 Bänden und einem Registerband. Stuttgart, Dresden: Klett, 1995

LENZEN Dieter, MOLLENHAUER, Klaus (Hrsg.): Theorien und Grundbegriffe der Erziehung und Bildung. Bd. 1 der Enzyklopädie Erziehungswissenschaft, hrsg. von LENZEN, Dieter unter Mitarbeit von SCHRÜNDER, Agi. Stuttgart, Dresden: Klett, 1995

LEONTJEW, Alexejew Nikolajew: Psychologische Probleme der Persönlichkeitsentwicklung im Vorschulalter. In: KITTLER u. a. (Hrsg.) 1968, 176-183

LEONTJEW, Alexejew Nikolajew: Probleme der Entwicklung des Psychischen. Frankfurt: Athenäum Fischer, 1973; Königstein: Athenäum [3]1980

LEONTJEW, Alexejew Nikolajew: Tätigkeit, Bewußtsein, Persönlichkeit. Stuttgart: Klett, 1977

LIUNGMAN, Carl G.: Der Intelligenzkult. Eine Kritik des Intelligenzbegriffs und der IQ-Messung. Reinbek bei Hamburg: Rowohlt, 1973

LJUBLINSKAJA, Anna: Kinderpsychologie. Köln: Rahl-Rugenstein, o. J. ([2]1973); (Original Moskau 1971)

LOMPSCHER, Joachim: Vorwort. In: Ders. (Hrsg.): Sowjetische Beiträge zur Lerntheorie. Die Schule P. J. Galperins. Köln: Pahl-Rugenstein, 1973, 5-14

LOMPSCHER, Joachim (Hrsg.): Sowjetische Beiträge zur Lerntheorie. Die Schule P. J. Galperins. Köln: Pahl-Rugenstein, 1973

LOMPSCHER, Joachim: Psychische Regulation und persönlichkeitsbildende Potenzen der Lerntätigkeit. In: Ders. (Hrsg.): Zur Psychologie der Lerntätigkeit. Konferenzbericht. Berlin (DDR): Volk und Wissen VEV, 1977, 18-36

LOMPSCHER, Joachim; GULLASCH, Reinhard: Entwicklung von Fähigkeiten. In: KOSSAKOWSKI u. a. (Hrsg.) 1977, 199-263

LUCKMANN, Thomas: Grundlagen der Soziologie: Strukturen sozialen Handelns. Kurseinheit 1. Studienbrief 3764-7-01-S1 der FernUniversität Hagen, 1986 (Ausgabe 1998)

LURIJA, Alexander R.: Das Gehirn in Aktion. Einführung in die Neuropsychologie. Reinbek: Rowohlt, 1995

MACMILLAN, Donald L.; GRESHAM, Frank M.; SIPERSTEIN, Gary N.: Conceptual and Psychometric Concerns About the 1992 AAMR Definition of Mental Retardation. American Journal on Mental Retardation 98 (1993), No. 3, 325-335

MAJERES, Mireille; ORIGER, Marianne: Der Einfluß des tätigkeitsorientierten Aspektes der Spielentwicklung des Kindes im Alter von zwei bis sechs Jahren. Mémoire d'intérêt scientifique présenté en vue de l'obtention du diplôme d'éducateur gradué. Fentange-Livange (G. D. de Luxembourg): Institut d'Etudes Educatives et Sociales, 1998

MATURANA, Humberto R.: Erkennen: Die Organisation und Verkörperung von Wirklichkeit. Ausgewählte Arbeiten zur biologischen Epistemologie. Braunschweig, Wiesbaden: Vieweg, ²1985a

MATURANA, Humberto R.: Biologie der Kognition (1985b). In: MATURANA 1985a, 32-80

MATURANA, Humberto R.; VARELA, Francisco H.: Der Baum der Erkenntnis. Die biologischen Wurzeln des menschlichen Erkennens. O. O.: Goldmann, o. J. (1987)

MEISTER, Hans: Förderung schulischer Lernmotivation. Eine Einführung in die Motivationspsychologie unter pädagogischen Gesichtspunkten. Düsseldorf: Schwann, 1977

MESSER, August: Pädagogik der Gegenwart. 2. Aufl. Leipzig: August Kröner, 1931

MEYER, Hermann: Zur Psychologie der Geistigbehinderten. Ein kritischer Beitrag zur Theorienbildung. Berlin: Marhold, 1977; hier zitiert nach dem Manuskript

MICH, Josef: Grundriß der allgemeinen Erziehungs- und Unterrichtslehre. Wien, Troppau: Buchholz & Diebel, ²1875

MIESSLER, Maria; BAUER, Ingrid: Wir lernen denken (Reihe: Neues Lernen mit Geistigbehinderten). Rheinbreitbach: Dürr & Kessler, ⁴1994

MILANI COMPARETTI [, Adriano]: Fetale und neonatale Ursprünge des Seins und der Zugehörigkeit zur Welt. Behinderte in Familie, Schule und Gesellschaft 21 (1998), H. 1, Einheftung

MILLER, Georg A.; GALANTER, Eugene; PRIBRAM, Karl H.: Strategien des Handelns. Pläne und Strukturen des Verhaltens. Stuttgart: Klett-Cotta, ²1991

MÜHL, Heinz: Handlungsbezogener Unterricht mit Geistigbehinderten. Bonn-Bad Godesberg: Dürr, 1979

MUSSEN, Paul Henry; CONGER, John Janeway; KAGAN, Jerome: Lehrbuch der Kinderpsychologie. Stuttgart: Klett-Cotta, ³1981

OESTERREICH, Rainer: Handlungspsychologie, Kurseinheit 1: Handlungsregulationstheorie. Hagen: FernUniversität, Studienbrief 3275/2/01/S1, 1987

PAPOUŠEK, Hanuš; PAPOUŠEK, Mechthild: Vorsprachliche Kommunikation: Anfänge, Formen, Störungen und psychotherapeutische Ansätze. In: PETZOLD (Hrsg.) 1995, 123-141

PETZOLD, Hilarion G. (Hrsg.): Die Kraft liebevoller Blicke (Psychotherapie & Babyforschung Bd. 2). Paderborn: Junfermann, 1995

PEUKERT, Helmut: Pädagogik – Ethik – Politik. Normative Implikationen pädagogischer Interaktion. Zeitschrift für Pädagogik, 17. Beiheft: Das politische Interesse an der Erziehung und das pädagogische Interesse an der Gesellschaft. Weinheim, Basel: Beltz, 1981, 61-70

PFEFFER, Wilhelm: Aspekte eines handlungsorientierten pädagogischen Begriffs von Behinderung. In: SCHMIDTKE (Hrsg.) 1982, 60-70

PFEFFER, Wilhelm: Handlungstheoretisch orientierte Beschreibung geistiger Behinderung. Geistige Behinderung 23 (1984), H. 2, 101-111

PIAGET, Jean: Psychologie der Intelligenz. Olten, Freiburg: Walter, [6]1974

PIAGET, Jean: Gesammelte Werke. Studienausgabe in 10 Bänden. Stuttgart: Klett, 1975

PIAGET, Jean: Das Erwachen der Intelligenz beim Kinde (Gesammelte Werke. Studienausgabe, Band 1). Stuttgart: Klett, 1975a

PIAGET, Jean: Der Aufbau der Wirklichkeit beim Kinde (Gesammelte Werke. Studienausgabe, Band 2). Stuttgart: Klett, 1975b

PIAGET, Jean: Nachahmung, Spiel und Traum (Gesammelte Werke. Studienausgabe, Band 5). Stuttgart: Klett, 1975c

PITSCH, Hans-Jürgen: Entwicklungslogische Didaktik und Methodik. Ergänzungen und Variationen zu Georg Feuers Konzept. Behindertenpädagogik 38 (1999a), H. 1, 31-49. Im Internet unter
http:www.bidok.uibk.ac.at, bhp,1-99-entwicklungslogische-didaktik.html

PITSCH, Hans-Jürgen: Entwicklungslogische Didaktik und Methodik. Ergänzungen und Variationen zu Georg Feuers Konzept. Vierteljahresschrift für Heilpädagogik und ihre Nachbargebiete 68 (1999b) 2, 166-184

PITSCH, Hans-Jürgen: Zur Didaktik und Methodik des Unterrichts mit Geistigbehinderten. Oberhausen: Athena, 1998; 2., durchgesehene Auflage 1999c

PITSCH, Hans-Jürgen: Methodische Konzepte zur Förderung der Handlungsfähigkeit – Versuch einer Systematisierung und Übersicht. In: Verband Deutscher Sonderschulen, Fachverband für Behindertenpädagogik (Hrsg.): Sonderpädagogischer Kongreß 2001, Band II: Entwicklung fördern – Impulse für Didaktik und Therapie. Zus. gest. u. bearb. v. Peter WACHTEL. Würzburg: Verband Deutscher Sonderschulen – Fachverband für Behindertenpädagogik, 2001, 107-140

PÖPPEL, Ernst: Lust und Schmerz. München: Goldmann, 1995

PÖPPEL, Ernst; EDINGSHAUS, Anna-Lydia: Geheimnisvoller Kosmos Gehirn. München: Bertelsmann, 1994

PREKOP, Irina: Förderung der Wahrnehmung bei entwicklungsgestörten Kindern. Ein Beitrag zur Förderung von geistig behinderten und von geistiger Behinderung gefährdeten Kindern. Geistige Behinderung 19 (1980): Teil 1: H. 2, Einheftung SS. 1-20

(1980a); Teil 2: H. 3, Einheftung SS. 21-40 (1980b); Teil 3: H. 4, Einheftung SS. 41-60 (1980c)

REXILIUS, Günter (Hrsg.): Psychologie als Gesellschaftswissenschaft. Geschichte, Theorie und Praxis kritischer Psychologie. Opladen: Westdeutscher Verlag, 1988

RUBINSTEIN, S. L.: Grundlagen der Allgemeinen Psychologie. Berlin (DDR): Volk und Wissen VEV, [9]1977

SAARLAND: Gesetz Nr. 812 zur Ordnung des Schulwesens im Saarland (Schulordnungsgesetz: SchOG). Amtsblatt des Saarlandes Nr. 37 vom 26. August 1996a, 846-863

SAARLAND: Gesetz Nr. 826 über die Schulpflicht im Saarland (Schulpflichtgesetz) vom 21. August 1996. Amtsblatt des Saarlandes Nr. 37 vom 26. August 1996b, 864-868

SCHAEFFLER, Richard: Sinn. In: KRINGS, BAUMGARTNER, WILD (Hrsg.) 1974, Bd. 5, 1325-1341

SCHMID, Rudolf (Hrsg.): Intelligenzforschung und pädagogische Praxis. München, Wien, Baltimore: Urban & Schwarzenberg, 1978

SCHMIDT, R[obert] F., THEWS, G[erhard] (Hrsg.): Physiologie des Menschen. Berlin u. a.: Springer, 25. korr. Aufl. 1993

SCHMIDT, R[obert] F.; WIESENDANGER, M.: Motorische Systeme. In: SCHMIDT, Robert F.; THEWS, Gerhard (Hrsg.) 1993, 87-131

SCHMITZ, Gudrun: Sensomotorische Förderung: »Festhalten und Loslassen«. Ein Projekt zur Beschulung schwer geistigbehinderter Kinder. Zeitschrift für Heilpädagogik 29 (1978), 341-353

SCHULTE-PESCHEL, Dorothee; TÖDTER, Ralf: Einladung zum Lernen. Geistig behinderte Schüler entwickeln Handlungsfähigkeit in einem offenen Unterrichtskonzept. Dortmund: verlag modernes lernen, 1996

SCHWEGLER, Johann S.: Der Mensch – Anatomie und Physiologie. Schritt für Schritt Zusammenhänge verstehen. Mit 200 Beiträgen von Christel BIENSTEIN. Stuttgart, New York: Thieme, 1996

SEIDEL, Reiner; ULMANN, Gisela: Ansätze zu einem neuen Konzept der Intelligenz. In: SCHMID (Hrsg.) 1978, 72-119

SEKRETARIAT der Ständigen Konferenz der Kulturminister der Länder der Bundesrepublik Deutschland (Hrsg.): Empfehlungen für den Unterricht in der Schule für Geistigbehinderte (Sonderschule). Beschluß der Kultusministerkonferenz vom 9.2.1979. Neuwied: Hermann Luchterhand, 1980

SENCKEL, Barbara: Mit geistig Behinderten leben und arbeiten. München: C. H. Beck, 1996

SPECK, Otto: Der geistigbehinderte Mensch und seine Erziehung. München, Basel: Ernst Reinhardt, [2]1972

SPECK, Otto: Menschen mit geistiger Behinderung und ihre Erziehung. 7. akt. u. erg. Aufl. München, Basel: Ernst Reinhardt, 1993

SPECK, Otto; THALHAMMER, Manfred: Die Rehabilitation der Geistigbehinderten. 2. Aufl. München, Basel: Ernst Reinhardt, 1977

STEMME, Gisela; VON EICKSTEDT, Doris: Die frühkindliche Bewegungsentwicklung. Vielfalt und Besonderheiten. Düsseldorf. vlg. selbstbestimmtes leben, 1998

STRAẞMEIER, Walter: Spielerziehung und Kreativitätsförderung Geistigbehinderter. Studienbrief 3508/1/01/S1 der FernUniversität-Gesamthochschule Hagen. Hagen, 1982

SUTTON-SMITH, Brian: Die Dialektik des Spiels. Eine Theorie des Spielens, der Spiele und des Sports. Schorndorf: Karl Hofmann, 1978

THALHAMMER, Manfred: Geistige Behinderung. In: SPECK, THALHAMMER [2]1977, 9-72

UTECHIN, S. V.: Geschichte der politischen Ideen in Rußland. Stuttgart, Berlin, Köln, Mainz: Kohlhammer, 1966

VESTER, Frederic: Denken, Lernen, Vergessen. München: dtv, [20]1993 ([1]1978)

VOLPERT, Walter: Handlungsstrukturanalyse als Beitrag zur Qualifikationsforschung. Köln: Pahl-Rugenstein, 1974

WECHSLER, David: Die Messung der Intelligenz Erwachsener. Bern, Stuttgart, [2]1961 ([1]1956)

WENDELER, Jürgen: Psychologische Analysen geistiger Behinderung. Weinheim, Basel: Beltz, 1976

WILKENING, Friedrich; KRIST, Horst: Entwicklung der Wahrnehmung und Psychomotorik. In: OERTER, MONTADA (Hrsg.): Entwicklungspsychologie. Ein Lehrbuch. Weinheim: Psychologie VerlagsUnion, 3. Aufl. 1995, 487-517

WOCKEN, Hans: Die klassische Hilfsschulmethodik. Versuch einer systematischen Rekonstruktion. Zeitschrift für Heilpädagogik 29 (1978), 469-478

WYGOTSKI, Lew Semjonowitsch: Denken und Sprechen. Frankfurt a. M.: Fischer, 1993

ZIMMER, Renate: Handbuch der Bewegungserziehung. Didaktisch-methodische Grundlagen und Ideen für die Praxis. Freiburg, Basel, Wien: Herder, 1993

ZIMMER, Renate: Handbuch der Sinneswahrnehmung. Grundlagen einer ganzheitlichen Erziehung. Freiburg: Herder, [5]1997

ZIMMERMANN, M.: Das somatoviscerale sensorische System. In: BIRBAUMER, SCHMIDT (Hrsg.) 1993, 207-233I

Sachregister